JN162773

帝国の復興と啓蒙の未来

nakata ko

中田考

太田出版

序

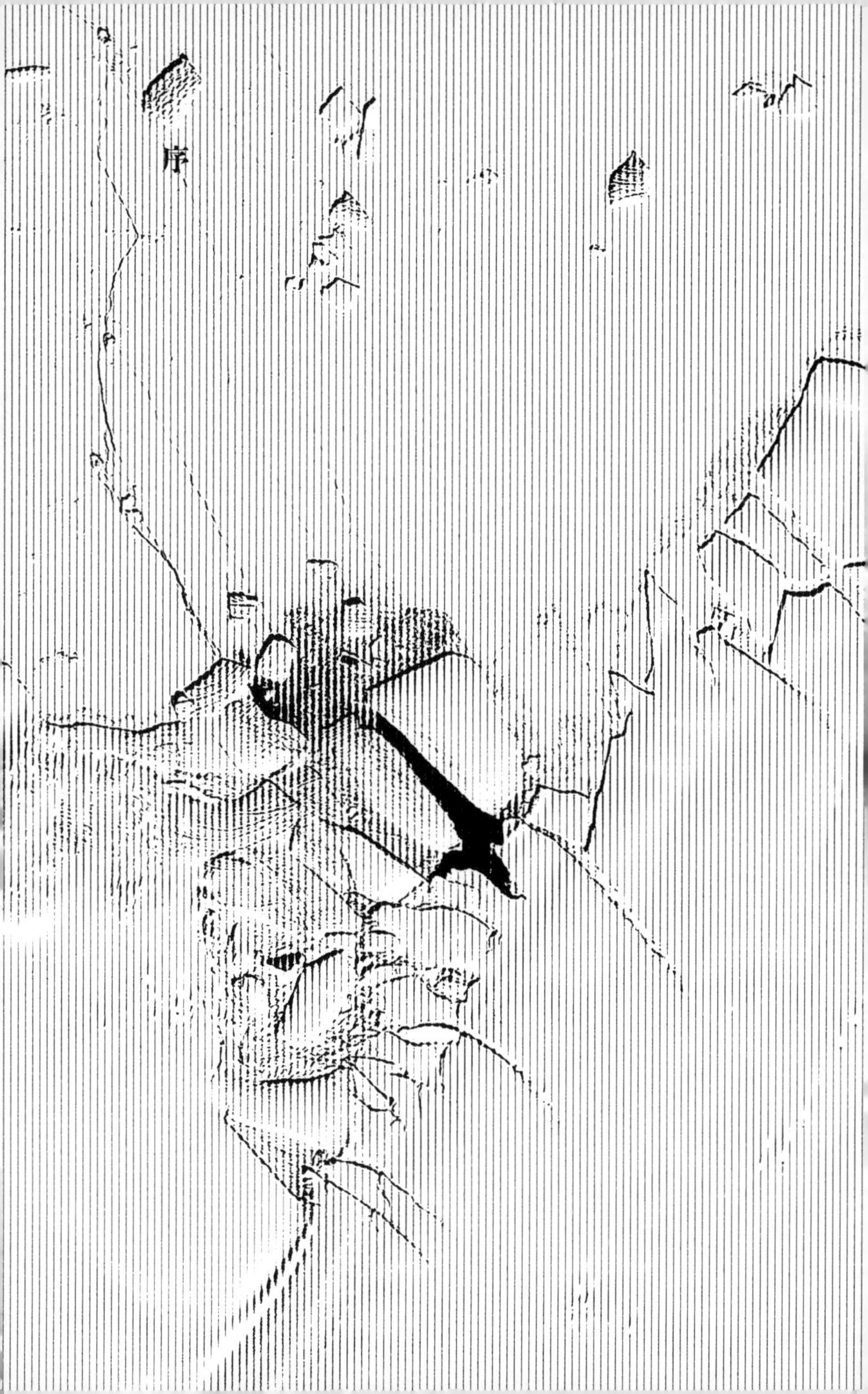

現在、私たちは、文明の再編の時代を生きている。19世紀は帝国主義の時代、西洋の覇権の確立、世界の植民地化の時代であった。現代を生きる者の生活のすべてに西洋文明の印が刻まれている。私たちの日常生活、経済活動、政治制度は、江戸時代の私たちの先祖たちのものより、欧米の同時代人のものと共通するところが多い。それは中国、インド、ロシア、トルコ、イラン、サウジアラビアでも変わらない。

しかし20世紀に入ると西欧は二度にわたる世界大戦で数千万人の犠牲者を出し自滅する。そして没落した西欧に代わりアメリカが西洋文明の覇権の管理者となった。しかしアジア、アフリカにおける西洋の植民地は次々と独立し、第二次世界大戦において本土が戦禍を免れ漁夫の利を得て「独り勝ち」したアメリカの覇権も戦後衰退を続けた。20世紀は西洋文明の拡散の時代であったと同時に、「西洋の没落」（シュペングラー）の時代でもあった。そして21世紀は、西洋文明の覇権の下にあった世界の諸文明がかつての栄光を取り戻すための再起動の時代となる。

文明は場合によっては十数世紀にも及ぶサイクルを有する歴史的存在であるが、21世紀の文明の再編は、海洋国家と大陸国家の覇権をめぐる対立という地政学的側面をも有することになる。「東欧を支配するものがハートランドを支配し、ハートランドを支配するものがワールドアイランドを支配し、ワールドアイランドを支配するものが世界を支配する」と述べたのはイギリスの地政学者ハルフォード・マッキンダー（１９４７年没）であった。19～20世紀において「ハートランド」とは、なによりもコーカサス、中央アジアであり、その支配をめぐって、ロシアとイギリスがアフガニスタンを主戦場の舞台としてグレートゲームを繰り広げた。

　文明論を考慮に入れ地政学の地平を広げたのが、「文明論的地政学（civilizational geopolitics）」の唱道者、「ネオ・オスマン主義者」アフメト・ダウトオール（トルコ元外相、首相）であり、彼の理論はトルコのエルドアン政権のイデオロギーとなっている。ダウトオールはアジア・ヨーロッパ・アフリカにまたがる世界国家オスマン帝国の伝統を再評価することでオスマン朝の発祥の地、中東を21世紀のハートランドの中核として位置付け、その統合の原理をイスラームの多元的政治制度に求める。そして西洋文明の持ち込んだ民族主義を取り込むことで、トルコはオスマン帝国の遺領中東に加え、チュルク系諸民族が居住する東トルキスタン（中国新疆ウイグル自治区）からトルコ共和国にまでつながるイスラーム・スンナ派チュルク民族ベルトの中央アジアをもその「戦略的縦深（strategic depth）」におさめ、新しいグレートゲームにプレーヤーとして参入し、ロシアに代わってハートランドを支配する主役の地位に躍り出ることが可能になる。

　ナチスに奉仕した悪の学問として封印されてきた地政学を現代に復活させたのは、ロシアのネオ・ユーラシア主義者の地政学者アレキサンドル・ドゥーギンであり、そのイデオロギーを政策に採用したプーチンである。ドゥーギンのネオ・ユーラシア主義の地政学、ダウトオール、エルドアンのネオ・オスマン主義の文明論的地政学は、現実を認識する枠組みであるだけでなく現実を動かす力でもある。

　私たちは文明の再編の過程に立ち会っているが、文明の再興の力学と地政学の論理を共に理解する必要がある。文明の力学と地政学の論理は時として対立する。島国、海洋国家としてのイギリスは、1世紀にはローマ帝国の属州になり6世紀にはキリスト教が伝わり西欧キリスト教文明の一翼を担うようになるが、大陸の諸国とは地政学的に対立が運命付けられている。グレートゲームは、不凍港を求めてインドを目指す大陸国家ロシアと植民地英領インドの権益を守ろうとする海洋国家イギリスの間で繰り広げられたが、新しいハートランド、中央アジア、コーカサス、中東をめぐるグレートゲームは、19世紀の覇権国家イギリスの継承国家としての海洋国家アメリカと、正教文明の継承国家ロシア、中国文明の継承国家中国、そして西欧文明西ローマ帝国の継承国家と言うべきEU（ヨーロッパ連合）、オスマン帝国の継承国家でありカリフ制の再興を目指すトルコというそれぞれ異なる文明を代表する4つの大陸国家を主たるプレーヤーとして織りなす文明の再編をもたらすだろう。

この新しいグレートゲームにおいて、独自の文明圏として場を占めるか、ブリティッシュ・ラージュの延長に西欧文明の辺境として振る舞うか、あるいはムガール・ラージュの伝統に戻りイスラームの地（ダール・イスラーム）に復帰するか、インドについてはその将来は不透明である。

19世紀のグレートゲームの一方の主役であった大陸国家ロシア帝国はピョートル大帝以来、西欧をモデルに近代化を目指し、西欧文明入りを目指していた。ロシアは、ソヴィエト連邦を解体したゴルバチョフ元大統領が「ヨーロッパ共通の家」構想を掲げた時点では、ロシアをヨーロッパ国家として位置付け、イスラーム文明圏に属する中央アジア諸国を切り離し、欧州の再統合を目指していた。しかしエリツィン元ロシア大統領（２００７年没）がもたらした経済危機を乗り切ったプーチンは実際には西欧文明世界に吸収されるに過ぎないとして欧州統合を拒否し、東欧正教文明の後継文明をユーラシア主義として定義し直し世界帝国としてのロシアを再確立する政策に舵を切った。

一方で、グレートゲームのもう一方の主役であった海洋国家イギリスは覇権国の地位を同国から独立した同じく海洋国家であるアメリカに譲ったが、２０１６年、国民投票でＥＵ脱退を決めた。かつてヨーロッパ文明は何世紀もかけて跛行《はこう》的に西欧カトリック文明と東欧正教文明に分裂したが、チャーチルが「自由や民主主義を信奉する英米両国民を中核とする英語話者の共同体（the English-Speaking People）」を構想したように（細谷雄一『国際秩序』中央公論社、２０１２年、２２６～２２７頁）、いまや18～19世紀の海洋覇権国家イギリスは、西欧文明世界に残るか、20世紀におけるその覇権継承海洋国家アメリカ、そしてオーストラリア、カナダ、ニュージーランドなどの「アングロサクソン文化を共有する」「アングロスフィア（英語圏諸国）」（エドアルド・カンパネッラ『フォーリン・アフェアーズ・リポート２０１７年４月号』）の海洋国家と共に、西洋文明から分離し新たな英語文明世界を形成するかの岐路にあるように思われる。

21世紀は文明の再編の時代であるが、それは「カロリング朝欧州」（ドイツ財務相ショイブレ）を中核とする西欧の大陸国家がオスマン朝カリフ国の旧領を統合した「新しいローマ帝国」として西欧・中東の文明的見取り図を塗り替え、トルコとイギリスを二つの焦点として、トルコを焦点に中央アジアのチュルク系諸国、ロシア、中国のユーラシア帝国同盟を、イギリスを焦点に、英語文化圏諸国と連帯する楕円構造を有することでハートランドを制し、ワールドアイランドを支配するような未来が可能性として開かれているような世界なのである。

西欧の覇権の衰退は不可逆であるが、西欧文明は今なお世界を動かしており、文明の再編の成否は、まず諸文明圏における「内なる西欧文明」の批判的克服を成し遂げることができるか、そしてそれを西欧（あるいは西洋、欧米）にフィードバックすることができるか否かにかかっている。そして文明の再編は、ウィーン条約体制とも言われる、相互に独立平等と仮定された主権国家を単位とする領域国民国家システムの解体を必要とする。

そしてこの文明の再編の鍵を握っているのは私見によるとトルコである。理由は現在のトルコのエルドアン政権が地政学的にもアフロ・ユーラシアの世界国家オスマン帝国の自覚的な継承国家を目指しており、中央アジアのチュルク系国家の盟主的地位にあることだけではない。西欧の植民地支配の遺制であるサイクス・ピコ協定によるイラクとシリアの国境を「解放」し、領域国民国家システムに真っ向から挑戦し、イスラームの合法政体「カリフ制」の再興を謳った「イスラーム国（ＩＳ）」が２０１４年に成立し、アメリカの主導する有志連合による侵攻で破綻国家化していたイラクに次いで、「アラブの春」の波及による内戦によりシリアも破綻国家化し、１００万人を超える難民がトルコ経由でヨーロッパに流入したことは、域内におけるトルコの存在感を高めると共に、中東における領域国民国家システムの有効性に疑問を投げかけ、オスマン帝国の統治システムの再評価を求め、人権と平等の尊重を唱えるＥＵの難民への対応における二重基準を非難するトルコの主張に重みを与えている。

また仮にエルドアン政権が政敵によって打倒された場合、イスラーム主義者と世俗主義者の対立が激化し、トルコは内乱に陥り、シリア化することが予想される。シリアの4倍の人口規模を持ちヨーロッパと陸続きのトルコが内戦状態になった場合、トルコから1000万人規模の「難民」がヨーロッパに押し寄せることになり、ヨーロッパの「ムスリム難民問題」は制御不能になり、新たな秩序構築のためにやはりヨーロッパは新たな根本的な変化を伴う再編を強いられることになる。トルコが文明の再編の鍵を握るとは、このポジティブとネガティブの二重の意味においてなのである。

2015年1月7日、フランスのパリでイスラームの預言者ムハンマドの風刺画を掲載したシャルリー・エブド社がアルジェリア系フランス人の兄弟により襲撃され12人が殺害される事件が起きたが、奇しくもその日、2022年にムスリムの候補がマリーヌ・ルペンを破ってフランスの大統領になるという近未来小説『服従』が発売された。

ウエルベックの『服従（Soumission）』は出版1か月でフランス、イタリア、ドイツの3か国でそれぞれ35万部、20万部、27万部を売って売上第一位になった。

『服従』はフランスの極右政治家マリーヌ・ルペン、元大統領サルコジ、ムスリム同胞団の創立者ハサン・バンナーの孫でスイス生まれのイスラーム思想家ターリク・ラマダーンら実在の著名人たちが実名で登場するが、フランスの大統領になるムスリム同胞団（スンナ派のイスラム主義組織、ＮＧＯ）の政治家ベン・アッベスは架空の人物であり、ベン・アッベスの目標とはヨーロッパと北アフリカ、レバントを統合するローマ帝国の復活である。

ヨーロッパを代表する啓蒙思想家であり、フランス革命にイデオロギーを提供したことでも知られるルソーはその『社会契約論』の中で「ロシア帝国はヨーロッパを征服しようとするだろうが、反対に自分が征服されてしまうだろう。ロシアの臣民であるタタール人こそが、ロシアの主人となり、ヨーロッパの主人となるであろう。この革命は私には不可避なものと思われる。ヨーロッパのすべての国の国王が、この革命を促進するように手を貸しているのだ。」（光文社古典新訳文庫、99頁）との謎の言葉を残している。

タタール人、つまりチュルク系ムスリムがヨーロッパの主人になる、とのルソーのこの言葉は、トルコのエルドアン政権のネオ・オスマン主義の文明論的地政学を予見するものであるばかりでなく、近代啓蒙主義の所産である西欧文明が、普遍的理性の必然的展開などではなく、開かれた無数の可能性の一つとして形をとったものであり、その未来もまた多くの可能性に対して開かれていることが、当のヨーロッパ人自身にも自覚されていたことを示している、とも言えよう。

ニコライ1世（1855年没）がオスマン帝国に対して使った「ヨーロッパの瀕死の病人」との表現は、19世紀の半ばまでの西洋では人口に膾炙していた。中東史家三木亘によると「中世のヨーロッパはアラブ・イスラーム教徒主導下の一神教諸派複合文明と言える「西欧」の普遍文明の、むしろ周辺の一要素であり、文明としてのヨーロッパというようなアイデンティティが生まれるのははるか後世、十八世紀か、ピレンヌさん（アンリ・ピレンヌ、1862〜1935年）自身の時代」である。（三木亘『世界史の第二ラウンドは可能か』、平凡社、1998年、33〜34頁）

村田奈々子によると、「ヨーロッパ」の概念が「キリスト教圏」に取って代わられるのは、17世紀から18世紀にかけてであり、そこで念頭におかれる「理念としてのヨーロッパ」はカトリックとプロテスタントの西欧のみであり正教とギリシャ文明圏である東欧は含まれなかったのであり、（村田奈々子「理念（Idea）としてのヨーロッパ」『言語と文化』12号、2015年、251頁）、そしてその「理念としてのヨーロッパ」が質的に変容し、「『文明』理念と絶対的な結びつきをもって、文明化の使命を掲げて世界に乗り出していく」のは、19世紀後半の帝国主義の時代になってからなのである。（261頁）

一方、歴史学の泰斗であるアーノルド・トインビーは、現存する文明（原文では社会だがトインビーはここで社会と文明を互換的に使っている、『歴史の研究（サマヴェル縮冊版）1』、社会思想社、36頁）として、大きく分けると西欧文明に加えて、正教キリスト教文明、イスラーム文明、ヒンズー文明、極東文明の4つの文明社会が併存しているとし、1200年前に遡っても、世界地図上の社会の数と種類が今日とほとんど変わっていないことを指摘した上で、前記の4つの文明が現在西欧文明に追い詰められているが、まだ死滅してはおらず、その生命を保っている、と述べている。

トインビーは西欧文明と正教キリスト教文明をヘレニズム文明、ローマ帝国を親とする兄弟文明とみなすが、イスラーム文明は別種のシリア文明、アケメネス朝ペルシャ帝国の継承文明と考える。それはイスラーム・フォビアの産物ではなく、むしろ彼の視野の広い壮大な文明史の構想の帰結であるように思われる。即ち、西欧文明とは、ヘレニズム文明を母体とし、キリスト教徒などのローマ帝国に編入された内的プロレタリアート、ゲルマン民族などの外的プロレタリアートの「蛮族」が作り上げたものである、とトインビーは考えているのであり、彼の文明理解によると、正教キリスト教文明の場合と同じく西欧文明の基礎はヘレニズム文明であり、蛮族がヘレニズム文明にとって外来要素であったように、ローマ帝国の征服によってヘレニズム文明に編入されたシリア文明を出自とするユダヤ教に由来するキリスト教もまたヘレニズム文明にとってコンティンジェントな外来要素であったのである。

トインビーの西欧文明の理解は、ヘレニズム（ギリシャ哲学）とヘブライズム（キリスト教）をアイデンティティとする西欧キリスト教文明の通常の自己理解と異なり、ゲルマン民族、ケルト民族などの蛮族によって変質化させられたカトリックが西欧文明に、スラブ民族の正教キリスト教文明とは異なる西欧的性格を与えたとして、トインビーは相対的に「蛮族」の意義を大きく評価し、「シリア文明の後裔としてのキリスト教」の役割を副次的なものとみなしている、と考えられる。

このような西欧文明理解は、西欧文明の辺境の蛮族の地、大英帝国の歴史家としての出自によるものかもしれない。ともあれ、トインビーが帝国、世界国家の成立を文明の完成ではなく、退廃期の現象と考えていることは注目に値する。「帝国」とは暴力、支配、搾取を論理的に内包するがゆえに、価値中立的ではありえず、イデオロギッシュな概念である。そして「文明」もまた、構造的に「啓蒙」と「野蛮」を生み出すものである以上、「帝国」と同様にイデオロギッシュな概念であることを免れない。

本書は「文明」、「帝国」、「啓蒙」をキーワードとするが、いずれも西欧の伝統に連なるこれらの概念は、対応する「事実」が「客観的」に存在するか否かの真偽が問われるようなものではなく、むしろそのことの自明性によって我々が世界を認識しており、そればかりか我々の世界それ自体がそれによって形成、維持されているような概念である。

本書では、「文明」、「帝国」、「啓蒙」などのキーワードを定義することなく使うが、それはそれらの概念の問題性に無自覚であるからではない。むしろそうすることで、それらが厳密に定義することによって客観的な事実に対応させることができるような概念ではそもそもなく、概念規定を欠くままに流通しているという事実に気づくことで、それ自体がそこに隠された真実の存在を示唆するようなヒューリスティックな作業仮説に過ぎない、との認識に基づいている。

そしてそうした認識を前提とするならば、日本人にとって馴染みが薄く実体的な知識を欠くがゆえに地域紛争や治安問題に矮小化されがちなイスラーム世界認識の問題性を明るみに出すためには、「文明」、「帝国」、「啓蒙」といったキーワードを用い、「分かりやすい」議論を可能とする枠組みを採用することには一定の意義があると筆者は考える。

即ち、現在の世界は、西欧文明がその特殊な啓蒙の歴史的使命を終え、ローカルな一つの文明の地位に沈降しつつある一方、「グローバリズム」の名を纏《まと》ったアメリカの獰猛な経済覇権主義が世界各地で防衛反応としての経済ブロック化を招来し、そのブロック化が文明圏の再編の形を取ることで、ロシア、中国が領域国民国家の枠を超えた帝国としての存在の復興の野望をあからさまに誇示するようになり、第三次世界大戦前夜とも言える状況になりつつある。そしてそうした動きの触媒となっているのが、文明の十字路に位置しユーラシア大陸とアフリカ大陸にまたがるイスラーム世界の中心部オスマン帝国の旧領であり、それゆえ「イスラーム国」の問題、ヨーロッパのイスラーム移民／難民問題もそうした視座から見る必要があるのである。

そこで本書は以下のように構成を取る。

まず第一章で、ウエルベックの『服従』を手掛かりに、西洋におけるイスラーム問題と我々の目に映っているものの真の文明論的布置を概観する。

ついで第二章では、グローバリゼーションの現在状況を正しく歴史的に位置づけるために、西洋文明によるヘゲモニーの成立を用意したイスラームによる世界の一体化の過程を描き出す。

そして第三章で、現代の抱える問題を、西欧文明による啓蒙の概念に内在した問題に遡って分析し、イスラーム文明に焦点を合わせて、その対応の諸相を明らかにし、最後に終章で、我々の前に開かれた可能な世界の未来像を提示したい。

帝国の復興と啓蒙の未来／目次

写真　伊丹豪

ブックデザイン　鈴木成一デザイン室

第一章

西洋とイスラーム

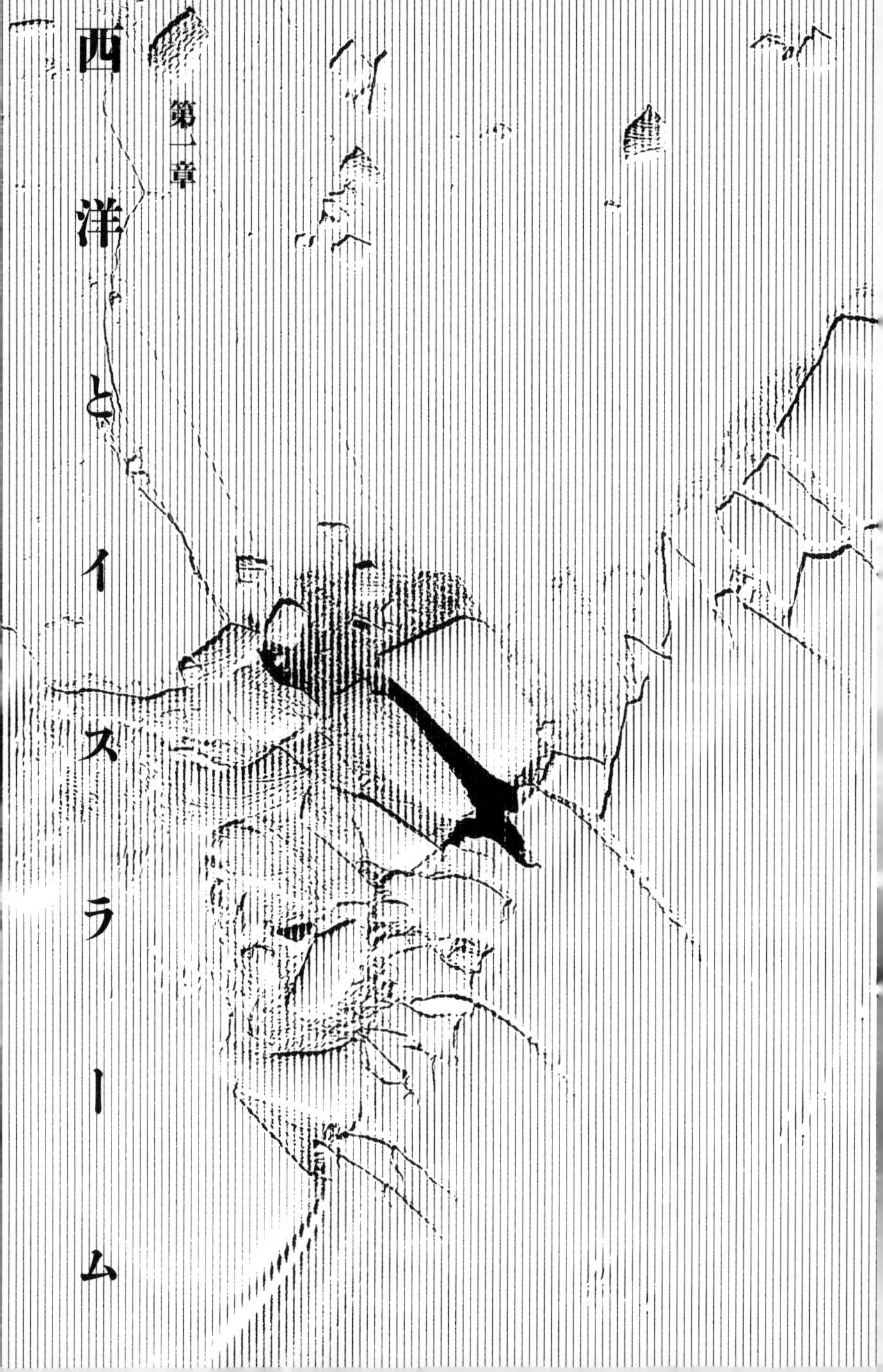

1 ムスリム難民の可視化

ソ連の崩壊による資本主義と共産主義のイデオロギー対立、冷戦の終結の後の国際関係においては文明の衝突が争点となると論じ物議をかもしたハンチントンの論文「文明の衝突（The Clash of Civilizations?)」（『フォーリン・アフェアーズ』、1993年）でも、西欧文明の仮想敵はまずイスラーム文明であった。また2001年のアメリカ「9・11」同時多発攻撃はその衝撃的な映像が衛星放送で同時中継され世界中に拡散したことで、イスラームと西欧文明の衝突を劇的に印象付けた。

確かに「9・11」は、当時のジョージ・W・ブッシュ第43代米大統領から「テロとの戦い、十字軍」との言葉を引き出し、ブッシュは「テロとの戦い」を「敵と味方」を区別する「踏み絵」として、参戦を促し、批判的な独仏を「古い欧州」と呼び、アフガニスタン、イラク侵攻を強行し、ターリバーン政権、サダム・フセイン政権を崩壊させた。この対テロ戦争により、アフガニスタン、イラクは荒廃、破綻国家化し、ソ連のアフガニスタン侵攻とそれに続く内戦で既に600万人以上の難民を出していたアフガニスタンでは新たに300万人が難民化し、イラクでも200万人以上が難民化した。しかし、これらの難民のほとんどは隣国イラン、パキスタン、シリア、ヨルダンなどが引き受けたため、この「テロとの戦い」では「イスラーム世界」が「戦場」となったのに対して、欧米では難民が可視化することはなかった。

なるほど、2001年9月11日のニューヨークの同時多発テロ、2004年3月11日のマドリードの同時多発列車爆破事件、2005年7月7日のロンドン同時爆破テロ事件などの単発的な「テロ」により、欧米にイスラーム・フォビア（イスラーム嫌い）と言われる現象が生じたのは確かである。しかし、これらの「テロ」は欧米の社会構造や人口動態になんらの影響も与えるものではなく、欧米人にとってイスラームとの文明の衝突、「テロとの戦い」はしょせん「他所事」でしかなかった。ムスリム人口比が０・１％にも満たず、一人のムスリムとも口を利くこともなく一生を終える者も少なくない日本とは比較にならないとはいえ、欧米のムスリム人口比は５％足らずであり、存在感は薄かった。

しかしこの状況に根本的な変化が生じた。きっかけは、２０１０年から始まった所謂「アラブの春」、２０１１年のシリア内戦の開始、同年８月のリビアのカダフィ政権の崩壊、２０１３年のフランスによるマリ空爆、そして２０１４年６月29日の「イスラーム国」の成立、カリフ制再興の宣言である。リビアでは２０１１年10月20日フランス空軍が敗走するカダフィ最高指導者の車列を空爆し、車列を離れたカダフィは反カダフィ派武装勢力に惨殺された。マリではアルカーイダ系の反体制派組織アンサール・ディーン（宗教の擁護者）が北部を制圧しイスラーム法による支配を行い、ついで南部にも侵攻を始めたところ、フランスは、マリがイスラーム法によって支配されると、北アフリカ諸国に影響を及ぼし、西欧にも脅威を与えるとの口実で２０１３年１月マリに介入したのである。

アラブの春により、長年、「国際秩序」という名の西欧のヘゲモニーによって延命させられてきたアラブ諸国の独裁政権の支配のタガが緩み、エジプト、チュニジア、リビア、イエメンでは政権が倒れ、アメリカの侵攻以来破綻国家化していたイラクに続き、シリア、リビア、イエメンが破綻国家化し、大量の「難民」がヨーロッパに押し寄せる自体が生じたのである。

最初に問題が顕在化したのは地中海を渡る「密航船」の事故であった。２０１３年10年３日、リビアからイタリアへ渡る「密航船」がランペドゥーサ島沖で沈没し、３６０人以上が溺死した。国連難民高等弁務官事務所（ＵＮＨＣＲ）によると、２０１４年に地中海を越えて欧州に渡った移民は前年比３倍超の21万９０００人にのぼり、航海の途中で約３５００人が死亡したとみられているが、ランペドゥーサ島沖では２０１５年４月にも８００人が死亡する密航船の転覆事故が起きている。２０１６年には日本ユニセフ協会によると最初の６週間で８万人が地中海を渡り４１０人が溺死している。

ランペドゥーサ島は、イタリア本土よりも北アフリカに近い島であり、それゆえリビアやチュニジアなど北アフリカからの「密航船」が目指すにあたって格好の場所となっているのである。なぜこのような事故が頻発化するかというと、ヨーロッパ諸国が自由な航行を禁じているため、命の危険から祖国を脱出せざるをえない渡航希望者は弱みにつけこまれ、悪質な斡旋業者に密航の手配を任せざるをえないからである。即ち、定員を超える乗客を老朽化した船に詰め込み、公海上に出た後は航路を設定して救難信号だけ出し、乗組員はつかまらないように操縦する者がいないままに船を捨てて逃げ出す、というような無責任極まる手法が取られており、それが悲惨な事故を頻発させているのである。

非人道的な環境で一度に数百人規模の「難民」が溺死する「密航船」の事故がヨーロッパの内海である地中海において頻発したことは、西欧人にいや応なくムスリム「難民」問題に目をむけさせるものであった。

地中海ルートでヨーロッパに渡るムスリム難民の多くは北アフリカ・アラブ諸国、アフリカ出身者であったが、地中海ルートの危険性が知られるようになったのと時を同じくしてトルコからバルカン半島を経て東欧ルートで西欧を目指すシリア難民が急増する。2015年9月にはトルコからギリシャに渡ろうとしたシリア「難民」の子供アイラン君が溺死したのもこの東欧ルートであった。

トルコの海岸に打ち上げられたアイラン君の溺死体の写真はメディアを通じて世界に拡散され、ヨーロッパへのムスリム難民の流入問題は一挙に顕在化したが、フランスは他のヨーロッパ諸国と軌を一にして難民の受け入れの制限を発表することになった。100万人単位のムスリム移民の流入は人口動態に大きな変化をもたらし、西欧社会にその文明を揺るがしかねない、との危機意識を呼び起こしたのである。

池内恵はこの間の事情について以下のように指摘する。


「西欧にとって、アラブ諸国やトルコは、地中海の東岸や南岸で、アラブ世界やその背後のサブサハラ・アフリカ、あるいは南アジアから流れ着く移民・難民を、人権や自由の理念・原則からは疑わしい手法を用いながら、食い止めてきた『ダム』か『壁』のような存在だった。この『壁』があったからこそ、西欧諸国は第二次世界対戦後、かつての植民地からの大量難民の波に襲われることもなく、紛争の影響が及ぶこともなく、経済発展に必要な移民のみを、ある程度選択して受け入れることが可能だった。

このダムあるいは壁の存在は、綻びがない間は意識されにくいものだった。しかし『アラブの春』によって中東の諸国家が次々に揺らぎ、領域の管理が弛緩することで、西欧の安定と繁栄を可能としていた条件を、あからさまに示すことになったのである。」（池内恵『サイクス＝ピコ協定百年の呪縛』新潮選書、122〜3頁）

2022年にフランスにイスラーム政権が誕生するというウエルベックの近未来小説『服従(Soumission)』が出版されセンセーションを巻き起こしたのは、ちょうど西欧でムスリム「難民」が可視化し始めたこの時期であった。

2 ウエルベックと『服従』

では、この『服従』の作者ウエルベックとはそもそも何者なのか。

シャルリー・エブド社が襲撃された当日2015年1月7日に発売され店頭に並んだ『シャルリー・エブド』紙の表紙を飾ったのは、ノストラダムスめいた預言者としてのウエルベックの肖像であり、一面には「2015年、私は歯を失い、2022年私は（イスラームの勤行の）断食する」の台詞が入ったウエルベックの似顔絵が掲載されていた。

2022年のフランス大統領選挙で勝利しムスリム同胞団が政権を握り、フランスがアッラーに服従（イスラーム）するとの衝撃的な内容の近未来小説であるとマスコミが前評判を煽っており、発売当日にシャルリー・エブド社が襲撃されるという出来過ぎた偶然により、あらかじめベストセラーになるべく予定されていた『服従』はそれを超えた歴史的事件になった、と言われる。（浅田彰「パリのテロとウエルベックの『服従』」、REALKYOTO）

ミシェル・ウエルベックは1958年フランスのインド洋の島に生まれ、1980年グランゼコールのパリ―グリニョン高等農業学校を卒業した後、精神病で入退院を繰り返し、1991年に文壇デビュー、1994年初の小説『闘争領域の拡大』を発表し、2010年『地図と領土』によって仏文学で最も権威ある文学賞の一つゴンクール賞を受賞している。

また彼は、ニヒリズムとペシミズムを基調とし露悪的な性描写を絡めた実験的な作品、問題作を次々と発表し、『服従』に先立っても、『プラットフォーム』、『素粒子』、『ある島の可能性』、『ランサローテ島』、『地図と領土』が日本語にも訳されている国際的にも現代フランス文学を代表するベストセラー作家の一人である。

イスラームに関しては、2001年に『プラットフォーム』を刊行した時に、「イスラームは最も愚かな宗教」と発言して物議をかもしており、フランスにおけるイスラーム・フォビアの代表人物の一人とも目されており、『服従』の発売の日には、ウエルベック自身がテロの標的になるのでは、と噂されていたとさえ言われている。

シャルリー・エブド社襲撃事件では、経済ジャーナリストで彼の親しい友人であったベルナール・マリスも犠牲になったが、ウエルベックはインタビューに答えて宗教を攻撃する権利を唱え、脅しには屈しない姿勢を示し、「我々には火に油を注ぐ権利がある」と発言している。

また彼自身は同書を「根本的に偽りだと考えていることを口にし、それが人々の神経にさわることを『挑発』と呼ぶならば、今回の作品は挑発とは言えない」と述べ、同書の架空の人物ベン・アッベスのようなフランスのムスリムを纏《まと》めあげることができるような人物は現存せず、たとえ突如として現れても7年という時間で大統領の座を射止めることは難しく、数十年を要すると思われることから、2022年にフランスにイスラーム政権が生まれるという同書のシナリオは「あまり現実的でない」と述べている。

またヴァルス首相が出版当日に「フランスはウエルベックが描くような国ではない」とコメントしているように、確かに、同書のシナリオは現時点では起こりそうには見えない。特に、シャルリー・エブド社襲撃事件に次いで、11月に130人以上の死者を出した「イスラーム国」によるパリ同時多発テロ、2016年3月にベルギーで30人以上が犠牲になった同時多発テロが起き、ヨーロッパでイスラーム・フォビアが高まる一方であることを知っている私たちには、非現実的に見える。

しかし遡って8年前の、2009年の時点では、翌年の所謂「アラブの春」さえ予想した者は誰もおらず、ましてやシリアとイラクにカリフ制の再興を謳う「イスラーム国」が樹立され、西欧からも数千人の義勇兵（ムジャーヒディーン）が参集し、「アラブの春」の失敗により破綻国家化したリビア、シリア、イラクなどから西欧に100万人を超えるムスリム「難民」が押し寄せる事態を誰が予想できただろうか。

それゆえ、ユダヤ系のフランスの哲学者アラン・フィンケルクロートが、『服従』を「確実ではないが、起こりうる未来」だと述べているように、同書の描くフランスはフランスの実現可能な未来の一つであり、それゆえ未来の多くの選択肢が前に開かれている西欧の自己理解を知る貴重な資料とみなすことができる。

浅田彰も『服従』を「作品自体は、西洋の没落とイスラム（繰り返せば、それ自体『《神への》服従』という意味）への服従を穏やかなニヒリズムをもって冷静に受け入れるという物語を、これまた冷静に語るものなのだ。」と評価しているが、本書では3節にわたって以上のような先行理解を基に、イスラームの視点から、『服従』から見えてくるイスラームと西欧の関係を文明論的に解きほぐしていく。

3 『服従』から見るヨーロッパとイスラーム

『服従』の主人公は、いかにもフランス人というフランソワという名の、自然主義からデカダン派を経てカトリックに改宗したフランス作家J・K・ユイスマンス（1907年没）研究を専門とするパリ大学文学部教授である。浅田彰によると、当初ウエルベックは『回心・改宗（Conversion）』というタイトルで、ユイスマンスがカトリックに改宗したように主人公がカトリックに改宗する、という筋書きを考えていたらしい。

ウエルベックにとって、西欧にとってかつてのカトリックと現代のイスラームは機能的に等価であり、西欧に再生をもたらすものである。それは近代西欧のアンティテーゼであり、前近代的、あるいは伝統的なものであるが、それは旧弊ではなく、むしろ時代を超えて普遍的に妥当するものを意味する。

イスラーム政権の誕生が決まると、パリ大学の同僚のマリー・フランソワーズの夫でイスラームの政治運動を長年監視してきたＤＧＳＩ（国内治安総局）分析官タヌールはフランソワに「アンリ・プランタジュネ（１１８９年没）、聖ドミニコ（１１７０年没）、クレルヴォーのベルナルドゥス（１１５３年没）、聖王ルイ（１２７０年没）、端麗王フィリップ４世（１３１４年没）」らが「黒マリアの足下にひざまずくために」参詣した「キリスト教国でももっとも有名な」フランス南部のカトリックの巡礼地ロカマドゥールを訪れるよう勧めて言う。「ロカマドゥール巡礼はキリスト教徒国でももっとも有名でした。聖域に繋がる階段を膝で上ったのです。自らの罪の許しを得るために敬虔に祈りながら。ロカマドゥールでは、中世のキリスト教国がどれほど大きな文明だったか、その偉大さを理解することができますよ。」ちなみにタヌールによると、「中世キリスト教の魂」とは、神でもなくイエスでもなく聖母マリアに生きた心を捧げることに他ならなかった。

タヌールの勧めに応じ、フランソワはロカマドゥールに旅し、黒マリア像を見るためにノートルダム礼拝堂を訪れる。ユイスマンスに感銘を与えたパトスに満ちたバロック後期の苦しみ悶えるキリスト像とは対極的に、その黒マリアは既に消え去った世界を体現する超人的な表象であり、フランソワに自己の個人性が溶け出すような感覚を与えるものであった。フランソワはロカマドゥールの黒マリア像にユイスマンスが理解することができなかった神秘的な祭祀的王に相応しい権威、絶対者のエネルギーを見出したが、その「存在と触れあえなくなって」、

「聖霊の恩寵から棄てられ、傷つき朽ちかかっている自分の身体の中に再び閉じ込められ」ロカマドゥールを去ることになる。（162〜163頁）

またフランソワはユイスマンスが修行したリギュジェ修道院をも訪れるが、「キリスト教は最終的に女性の宗教なのだ。」との発見に至っただけで、パリに戻ることになる。（210〜211頁）

主人公フランソワは、イスラームに入信し、湾岸産油国に買収されたソルボンヌ大学の教授になるところで、『服従』は終わるが、その動機はイスラームの一夫多妻制である。イスラーム大学の教授になれば若い女学生たちを妻にできる、ということで彼は結婚を決意するのである。

『服従』は中世の西欧キリスト教文明自体を「女性的なもの」とみなし、それと「男性的」イスラームを対置する。ウエルベックの文明論は、女性的なキリスト教ではなく、男性的で多産なイスラームこそが、衰亡のヨーロッパを再生させる、との性的なビジョンに支えられている。「オリエンタリズムもまたみずからとみずからの主題とを性差別主義の色眼鏡を通して眺めた。」と述べ、オリエンタリズムが西欧文明の持つ隠れた女性差別、家父長主義をイスラーム文明に投影し「男性的イスラーム」という虚像を作り上げてきたことを暴露したのはエドワード・サイードであったが、『服従』もまたこのオリエンタリズムのイスラーム観を下敷きにしているのである。

ウエルベックの『素粒子』などの翻訳者でもある野崎歓は「フランスにイスラム政権が!?

問題作『服従』の挑発」の中で、「一方で西欧的自由の先端に立ちながら、他方で過度な自由のもたらす荒廃を暴き立てるウエルベックの姿勢は、女性問題をめぐって一見、極めて保守的かつ反動的な色彩を帯びることになる。『服従』のもたらすもっとも強烈な驚きもそこにある。イスラム政党から大統領が誕生するというポリティカル・フィクションの核心には、もう一度女たちを家庭に戻らせ、『服従』させたいという、共和国では公言をはばかられるような欲望がひそんでいる。」とウエルベックの女性観のニュアンスを指摘している。しかし「イスラームの制度においては、女性たちは—つまり、金持ちの夫の欲望を目覚めさせるくらいきれいな女性たち、ということだが、一生子供で居続けられる可能性があった。子供時代とほとんど同時に彼女たちは母親になり、再び子供の世界に入り込む。……もちろん彼女たちは自立性を失っているが、自立性などどくそくらえだ。」とのウエルベックの言葉は、実在のイスラームの女性について語っているというよりも、サイードが指摘する「女性たちは限りない官能の魅力を発散し、多少なりとも愚かで、なにはさておき唯々諾々と従うものなのだ」(『オリエンタリズム』(下)、24〜25頁)とのオリエンタリズムの女性観が紡ぎ出す典型的な言説であることは指摘しておかなければならないだろう。

ウエルベックはまずブロア(1927年没)の研究者でアイデンティティ運動家という設定のランベールというフランソワの同僚であるパリ大学の教員の口を通して、カトリックをアイデンティティの根拠とするアイデンティティ運動が「ヨーロッパの現地民」として「イスラーム教徒たちによる植民地化」に反対し、フランス国軍に浸透し武装蜂起を企てていると語らせる（63〜67頁）。

『服従』はカトリックや極右が「無神論や人間中心主義の拒否、女性の服従の必要、家父長制への回帰など」の本質的な部分においてイスラームと同意見であるという。現実においては、カトリックを中核とするフランスの極右は、むしろイスラーム・フォビアの温床である。しかしウエルベックによるとそれはイスラームに対する無知によるものであり、実のところ、カトリックとイスラームは価値観をほとんど同じくするのであり、本来的には両陣営は手を結ぶことができるはずである。ウエルベックはカトリックが最終的にイスラーム政権の支持にまわるとのシナリオに説得力を持たせるために、分かりやすい現実的な経済的理由としてイスラーム政権が世俗主義と違って宗教団体への公的助成を禁じないため、カトリック教会も利益配分に与ることができるとの打算をあげている。

しかしより重要なのはウエルベックが登場人物に仮託して語るカトリックとイスラームの文明論的理解である。ウエルベックはフランス革命の生み出した、自由、平等、そして国民と祖国に限定された同胞愛といった理念に一定の意義を認めないわけではない。ウエルベックが否定するのは、フランス革命の理念を普遍的なものとして絶対化することである。

ウエルベックはフランス革命の理念を、たとえ偉大なものであるにしても、１０００年以上続いた偉大な中世カトリック文明と比べても、たかだか１００年あまりで賞味期限が切れようとしている期間限定の短命でローカルな思想でしかない、と相対化する。

彼は『服従』の登場人物に仮託して以下のように語る。

「この文明（西欧文明）が、有機的に機能するのに必要な戦いは、現在、キリスト教の名の下で行うことは不可能だ。キリスト教の姉妹宗教であるイスラーム教、より新しくシンプルで真実に満ちた宗教こそが、その聖火を手にしたのだ。……中略……

カトリックの教会は、進歩主義者たちに媚び、おべっかを使い甘やかすことで、恥ずべきことに退廃的な社会の傾向に対抗不可能になり、同性愛者の結婚や、妊娠中絶や女性の就労の権利をきっぱりとそして厳格に否定できなくなったのだ。…中略…

吐き気を催すような解体がここまで進んでしまった西欧の社会は、自分で自分を救う状態にはもうないのだ。古代ローマが五世紀に自らを救えなかったのと同じだ。移民人口が大量に増え、それらの移民がまだ自然のヒエラルキー、女性の服従や先祖崇拝の色濃い伝統的な文化の影響を受けていることは、ヨーロッパの道徳及び家族をリセットする歴史的なチャンスであり、この旧大陸に新しい黄金期をもたらす機運なのだ。これらの意味は時にキリスト教徒であったが、その多くがイスラーム教徒であったことは認めなければならないだろう。」

ウエルベックは『服従』において、中世のカトリックとイスラームの親近性を明らかにした上で、現代西欧をローマになぞらえ、ローマ帝国が衰退し異民族とキリスト教という外部の力によって再生したように、現代では失われた中世キリスト教文明を支えた価値観をいまだ保持している移民とイスラームによって衰退した西欧が再生する、という一つの道筋を示しているのである。

近未来小説『服従』には、国民戦線のジャン＝マリー・ルペン、元フランス大統領サルコジ、ムスリム同胞団の創立者の孫のイスラーム思想家ターリク・ラマダーンらが実名で登場する。大統領に就任するベン・アッベスは、明らかに「ムスリム同胞団（La Sociètè des Frères Musulmans）」をモデルにした「イスラーム同胞（La Fraternitè Musulmane）党」という政党の党首としてウエルベックが造形した架空の人物である。

ウエルベックはこのベン・アッベスのようなフランスのムスリムを纏めあげることができるような人物は現時点では存在せず、たとえ突如として現れても7年という時間で大統領の座を射止めることは難しく、数十年がかかる、と述べているが、それは逆に言うと、このような人物さえ現れれば、イスラーム政党がフランスの政権を取ってもおかしくはない、社会的、文明的条件は既に整っている、と彼が考えていることを意味する。

ウエルベックによると、この「イスラーム同胞党」、つまりムスリム同胞団のようなイスラーム社会政治運動は、フランスの民衆が嫌悪する「イスラーム原理主義」ともジハード主義とも別物であり、危険な存在ではなく、「穏健派」と呼ぶべきものであることを論証する。

ウエルベックは、資本主義と共産主義を対立させる経済問題にイスラーム同胞党が無関心であり、家庭の重視や宗教教育などの価値観であることを強調する。イスラーム同胞党は、経済を争点にあげることは避けるが、明らかに資本主義的、あるいは富裕層に親和的である。ムスリム同胞党の成功の最大の要素は湾岸産油国の富を呼び込むことに成功したからである。

作中人物に「『イスラームサヨク』とは、マルクス主義が解体し腐りかけて瀕死の状態にある現在、イスラームの台頭する力を借りて、歴史のゴミ箱に入れられるのを遁れようとする絶望的な試み」と語らせるウエルベック自身が「イスラーム左翼」に大きな希望を抱いていないことは確かであろう。西欧との共存可能なシナリオをウエルベックが描くイスラームとは、自由、平等、同胞愛というフランス共和国の原理を発展させていく「左翼的・革新的」なイスラームではなく、むしろ西欧中世の伝統と秩序を再生させる「右翼的・反動的」なイスラームなのである。

4『服従』が描くイスラーム政権の未来

ベン・アッベスは湾岸産油国のオイルマネーを呼び込むことでフランスに経済的繁栄をもたらすが、その射程はフランス一国を越えている。それが、『服従』が発売後たちまちフランスだけでなく、ドイツ、イタリアなどでベストセラーになった理由でもあり、また同書が文明論的価値を有する所以でもある。

ウエルベックはルディジュに「ベン・アッベスは、リシュリー（枢機卿、宰相、1642年没）のようにフランス語に対して多大な貢献をしたからです。アラブ諸国との結びつきが強くなることで、ヨーロッパの言語的バランスはフランスの方に傾くでしょう。」と言わせているが、フランス語の紐帯で宗主国フランスを中心に旧植民地国を纏めようとの発想は、同書にも言及のある地中海連合の契機となったサルコジ大統領の構想にも伏流していたものであり、フランス人には馴染みのものである。

旧植民地エジプト、アルジェリア、チュニジア、モロッコなど北アフリカとヨーロッパを統合する構想自体には文明論的意義は薄い。重要なのは、「ベン・アッベスもまたヨーロッパを信じています。……中略……つまり、ヨーロッパについての確かな理念を持っているからなのです。それは文明についての真のプロジェクトです。彼の最終的な理想はアウグストゥス皇帝です。」と、ベン・アッベスが初期に無名の地政学の雑誌に掲載した論文の中でローマ帝国を前提にヨーロッパの再興を構想していた、とされることである。

そしてベン・アッベスは、ヨーロッパの重心を南に移す外交政策を取る。彼はヨーロッパ連合の拡大を目指すが、最初に加入が考えられるのが、トルコ、モロッコ、チュニジア、アルジェリアであり、最終的にはエジプトが加入する。そして、ベン・アッベスの野望は、新しいローマ皇帝であり、それは「拡大されたヨーロッパ、地中海周辺諸国を含めたヨーロッパ」の初代大統領になることとされる。

ベン・アッベスはムスリム同胞団の個人的な友好関係のネットワークによって、レバノン、エジプト、リビア、シリアとの連携を進める。彼の帝国については、『服従』は以下のように述べている。「外交だけの力で、ローマ帝国が何世紀もかけてやっと到達した大事業を成し遂げようとしているのです。それに、北欧、エストニア、スカンジナビア、アイルランドまでを加えようとしている。」「帝国を築き上げた人間は多くはありません。宗教と言語によって分かれている国家を一緒にさせるのは難しい業です。ローマ帝国以外には、わたしが見たところ、オスマン帝国しか思い当たらず、それももっと小さい地域でした。ナポレオンはおそらくそれにふさわしい特質を備えていたのでしょう。彼のイスラエルの運営は特筆すべきもので、エジプト遠征中、イスラームの扱いについても能力があることを示しました。ベン・アッベスのように。……おそらくベン・アッベスも彼と同じタイプだと思います。」

ウエルベックは、ベン・アッベスに託して、ローマ帝国の復活に重ね合わせる形でヨーロッパの再生の構想を示すが、実はこれはトインビーの文明論に基づく。ルディジュ自身が「トインビーの思想に影響されるようになっていきました。つまり、文明は暗殺されるのではなく、自殺するのだ、という思想です。」とそれを明言している。

トインビーは、西欧文明をローマ文明の継続ではなく、子文明とみなしている。即ち、キリスト教は現代西欧文明を形成した本質的要素であっても、ローマ文明にとっては外来の要素に過ぎず、「ヨーロッパ」という概念自体にとってはキリスト教は偶有的であるということである。しかしキリスト教の存命を信じていたトインビーと違い、ウエルベックは、キリスト教は既に死んでいる、あるいは西欧キリスト教文明は既に自殺を遂げていると考えている。

つまり、西欧キリスト教文明は古代ローマ文明の子文明とみなしたトインビーの文明論を下敷きに、西欧キリスト教文明は既にその役割を終えているが、ローマ帝国の一部であり現在はイスラーム文明圏となっている北アフリカ、レバント、アナトリアを再統合する形で、ヨーロッパは再生することができ、そこではもはや「ゾンビ」と化したキリスト教ではなく、いまだに活力を保っているイスラームがヘゲモニーを握ることになる、との未来予測を提示した点にウエルベックの服従の文明論的意義は存在する。

図1　ウエルベック『服従』におけるイスラーム世界像（西欧の南下）

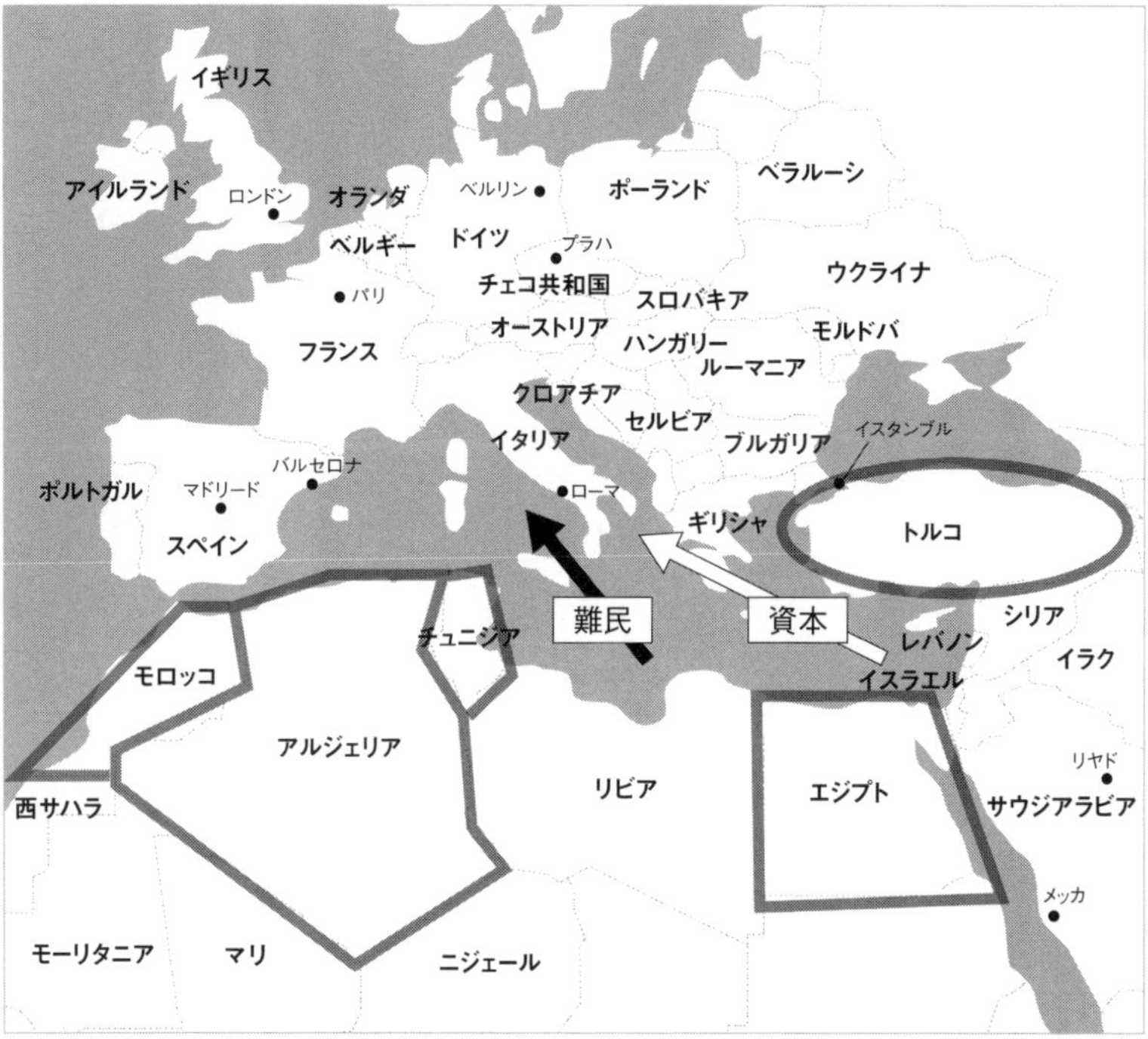

線で囲んだ国：「拡大されたヨーロッパ」新加入国

⇨：湾岸産油国からの資本の流れ

➡：北アフリカからの難民の流れ

『服従』の描くイスラーム政党が政権を握る近未来のフランスにおいて、重要なムスリム勢力はムスリム同胞団とサラフィー主義者で（38頁参照）ある。

フランスの有権者が最終的にイスラーム政権を選択するのは、イスラームの価値観への共鳴である以上に、ベン・アッベスがサウジアラビアをはじめとする湾岸諸国から莫大な資本を呼び込むことに成功したからである。ウエルベックの認識では、ムスリム同胞団とサラフィー主義者は、前者がフランスを潜在的な「イスラームの家《ダール・イスラーム》」の一部とみなしているのに対して、後者はフランスを冒瀆的な地、「異教徒の家」とみなし、シャリーア（イスラーム法）の施行を求めるという違いがあるにもかかわらず、「穏健」イスラームの名の下に纏められるものである。主人公フランソワが改宗して勤めることになるソルボンヌ大学もサウジアラビアの資金援助でイスラーム大学に生まれ変わっている。そしてその「穏健」イスラームは一方でイスラーム原理主義、過激派、テロリストと対立し、他方で革命的イスラームサヨクに対立するものとして描かれている。

そしてベン・アッベスは、フランスの大統領となると湾岸から資金を引き込むだけでなくムスリム同胞団のネットワークを利用してエジプト、リビア、シリア、レバノンとも同盟関係を結ぶ。

サウジアラビアのサラフィー主義者、あるいはワッハーブ派とムスリム同胞団の協力関係は、歴史的に１９６０～１９８０年代にかけてのアメリカを盟主とする西側資本主義陣営とソ連を盟主とする東側共産主義陣営との国際的対立を背景にした湾岸王政諸国とアラブ社会主義の対立の時代に成立したものであった。世俗主義・アラブ社会主義のエジプトやシリアで過酷な弾圧を受けたムスリム同胞団員を受け入れて庇護したのがサウジアラビアなど湾岸王政諸国だったのである。

しかしムスリム同胞団がサウジアラビア国内のワッハーブ派の一部に政治意識の覚醒をもたらしたことから、両者の関係は悪化し始めた。両者の蜜月を終わらせる直接の契機になったのは、湾岸戦争であった。１９９１年に米軍のサウジアラビア駐留を認めたサウジ王家を批判する建白書がサウジアラビア国内の宗教勢力から提出されたが、その宗教関係者の中にサアド・ファキーフやサルマーン・アウダらムスリム同胞団関係者がいたために、「飼い犬に手を噛まれた」サウド王家は、ムスリム同胞団がワッハーブ派を「政治化」させたとして、ムスリム同胞団に対する態度を硬化させた。サウジアラビアとムスリム同胞団の関係悪化が決定的になったのは、所謂「アラブの春」であり、エジプトでムスリム同胞団のムハンマド・ムルスィーが大統領になると、サウジアラビアなどの湾岸王政諸国は自国への革命の波及を恐れ、ムスリム同胞団への警戒を強め、エジプトの軍部がクーデターによりムルスィー政権を転覆させ、ムスリム同胞団をテロ組織認定すると、サウジアラビア、アラブ首長国連邦はそれを支持し、エジプトに歩調を合わせてムスリム同胞団を非合法化しテロ組織認定した。そしてサウジアラビアとムスリム同胞団の決裂は、２０１７年6月に、サウジアラビアがＵＡＥ（アラブ首長国連邦）、エジプトと謀り、ムスリム同胞団を支援するカタルをテロ支援国家と非難し断交したことで劇的な形で顕在化したのである。

つまり、サウジアラビア、ワッハーブ派（サラフィー主義者）とムスリム同胞団の共闘を前提にフランスのイスラーム政権、イスラームのヘゲモニー下の地中海ヨーロッパ帝国の誕生を構想する近未来小説は時代錯誤の誹りを免れないのである。

『服従』はフランスのイスラームについて客観的な情報を提供する目的で書かれたものではないが、『服従』によってフランスのイスラームに触れる機会を得た読者に対して指摘しておくなら、イスラームは宗派として大別して多数派のスンナ派と少数派のシーア派があり、近現代のスンナ派イスラームは、前近代の直近の過去を重んずる伝統主義、イスラームを社会生活領域から排除する欧化主義、過去の伝統を否定し初期イスラームへの原点回帰を唱える復古（サラフィー）主義、近代西欧文明を部分的に摂取しつつ初期イスラームを理想に社会改革を行うとするイスラーム改革主義に大別されるが、『服従』で扱われているのは復古主義とイスラーム改革主義（イスラーヒー）のムスリム同胞団だけであり、シーア派とスンナ派伝統主義、欧化主義は全く触れられていない。

またウエルベックはルディジュの口を借りて、ベン・アッベスのイスラーム同胞党によるフランスのイスラーム化の効用を説いているが、ルディジュが依拠しているのは、フランスの伝統主義学派の思想家ルネ・ゲノン（１９５１年没）である。ウエルベックは述べていないが、ルネ・ゲノンはアブドルワーヒド・ヤフヤーの名で知られたスーフィー導師でもあった。

つまるところ、ウエルベックの描く未来のフランスのイスラームは、互いに対立する改革主義のムスリム同胞団、サラフィー主義、伝統主義という互いに鋭く対立するイデオロギーの寄せ集めであり、子細に検討すると内的整合性がなく、フランスのムスリムの現状に照らすとリアリティーの乏しいものと言わざるをえない。

スーフィズムは、前述の現代イスラームの4潮流のうちの、前近代の直近の過去を重視するイスラーム伝統主義の中核をなし、前近代の伝統的イスラームを否定する復古主義、改革主義と激しく対立している。確かにフランスにおいて現在ルネ・ゲノンはスーフィー導師アブドルワーヒド・ヤフヤーとしてより、むしろヨーロッパの伝統主義者ルネ・ゲノンとして位置付けられているが、彼はフランス語圏のスーフィズム研究、特にイブン・アラビー学派の研究の発展に大きく貢献しており、また彼の属したシャーズィリーヤ教団はフランスの北アフリカ系移民の間にも多くの信徒をかかえている。シャーズィリーヤ教団だけでなくスーフィー教団は一般的に欧米では他宗教に寛容な包括的イスラームを代表するとみなされ、教義的に対極にありサラフィー・ジハード主義、いわゆるイスラーム原理主義者と激しく対立しているばかりでなく、欧米で疎外感を味わう移民の受け皿として競合する関係にもあるのであり、フランス、欧米のイスラーム社会の未来の動向を占うには極めて重要であり、スーフィズムについての言及がないのは片手落ちとの誹りを免れまい。

しかし実は、『服従』のイスラーム世界認識の最大の問題は、『服従』が描いたイスラーム世界像にあるというよりも、『服従』の沈黙にこそある。

「東洋人が東洋人として見られ、注目されることは稀であった。彼らは市民としてでも、人間としてでさえもなく、解決されるべき、限定されるべき、あるいは　―植民地主義的諸勢力が彼らの領土を欲する場合には――接収されるべき問題として、看破され、分析された。」とサイードが述べている通り（『オリエンタリズム』（下）、23頁）、『服従』の作者にとっても、イスラーム世界は、それ自体に関心があるわけではなく、あくまでも自分たちフランス人が対処すべき「問題」に過ぎない。それゆえ『服従』が、既にサルコジ元大統領が構想していた「地中海沿岸」の延長上に、フランスにイスラーム政権が樹立され、ベルギーなどでもヨーロッパでもイスラーム政党が伸長し、トルコ、モロッコ、アルジェリア、レバノン、リビアなどの地中海沿岸の中東諸国もそれに呼応して、ローマ帝国を再興する、という未来のシナリオを描いていることに不思議はない。

しかし所謂西欧と地中海沿岸諸国を統合しローマ帝国の再興を図る、というスケールの大きな文明観を下敷きにする『服従』であれば、その沈黙は看過することはできない。それは『服従』における「カリフの不在」に他ならない。

２０１１年に始まったシリア内戦に乗じてシリアにフロント組織として「シャームの民のヌスラ（支援）戦線」を設立し、２０１３年４月に「シャームの民のヌスラ戦線」と同組織を合併して「イラク・レバントのイスラーム国（ＩＳ）」の樹立を宣言した「イラク・イスラーム国」は、２０１４年６月10日にイラク第二の都市モスルを陥落させると、６月29日にＩＳを「イスラーム国」と改称し、カリフ制の再興を宣言した。

「イスラーム国」は、２０１４年には既に国際的にもアルカーイダをしのぎ、現行の所謂「国際秩序」に対する最大の脅威になっていた。そしてＳＮＳなどを駆使した巧みな広報戦略とあいまって、「イスラーム国」は、フランスでも多くの支持者を集めており、２０１４年末までにフランスから約１２００人が「イスラーム国」に渡航しており、フランスは有志連合の一員として「イスラーム国」の空爆に参加している（２０１４年の時点ではイラク領のみ）のであり、『服従』の「イスラーム国」樹立、カリフ制再興に対する沈黙は極めて不自然である。

「宗教と言語によって分かれている国家を一緒にさせるのは難しい業です。ローマ帝国以外には、わたしが見たところ、オスマン帝国しか思い当たらず、それももっと小さい地域でした。」と述べており、ウエルベックは歴史としてのカリフ制を知らないわけではない。にもかかわらずウエルベックがフランスのみならず世界で最も注目を集めていた「イスラーム国」、カリフ制について一切言及しなかったのは、偶然ではなく、意図的なものと思われる。

つまり、イスラームそれ自体の理解を欠くウエルベックの世界観には、イスラーム教徒をヨーロッパ大統領とするローマ帝国の再興と、オスマン帝国の継承としてのアラビア半島やイラクまでをおさめるイスラームの正当政体としてのカリフ制の再興を、同時代現象として位置付ける「物語」を構想する余地がなかったのであり、それゆえウエルベックは「イスラーム国」とカリフ制について言及すれば同書がより大きな話題を提供することが確実であるにもかかわらず、『服従』の中にそれを組み込むことができなかった、と考えられる。

ウエルベックのイスラーム理解は、イスラームをキリスト教の兄弟宗教と認め、特に伝統主義のキリスト教、カトリックとイスラームは多くの価値観を共有し、イスラームの活力によるヨーロッパの再生を語りうるほどに、キリスト教中心主義から自由であるにもかかわらず、実際にイスラームと共通するところの大きいヨーロッパのキリスト教との類推を超えてはイスラームを理解することはできず、そもそも理解しようとの姿勢もなかったのである。

ウエルベックは作中人物に、西欧には「真の無神論者は稀です。」と言わせている。「無神論は西欧にはいたるところに広まっていると思いますが。」と訝しむフランソワに、ルディジュは「それはうわべだけのことです。……多くの人たちが、そのような問題には関わることなく生きている……現実には無神論はしっかりしたベースがあるわけではありません。」（２４４頁）と言い、ニュートン（物理学者、古典力学の大成者、１７２７年没）やアインシュタイン（物理学者、相対性理論を発見、１９５５年没）が無神論者ではないことをあげ（２４３頁）、「宇宙は確実にインテリジェント・デザインの徴をおびている。」（２４５頁）と結論付ける。ルディジュはまずカトリックに回帰し、最終的にイスラームに改宗し、彼にならってフランソワもまたイスラームに改宗する。

つまり、ウエルベックは西欧（欧米）の理神論の伝統の上に、西欧のイスラーム化を考えているのである。別の言い方をするなら、ウエルベックのイスラーム理解の及ぶ範囲はせいぜい「ヨーロッパ的イスラーム」までであり、アナトリアから中央アジア、インドを越えて東アジアにまで広まるイスラーム世界の全体像、そしてそれを束ねる原理としてのカリフ制にまでは届いてはいないのである。

以上、我々は、3節にわたってウエルベックの『服従』を手掛かりに、西欧とイスラームの関係の問題点を探ってきたが、次節からは『服従』を離れ、イスラームと西欧の関係を文明論的に再考することにしよう。

5 ヨーロッパとは何か

「ヨーロッパ」の語源には諸説あるが、いずれにしてもギリシャ以来、ヨーロッパ諸国が、アジア、アフリカ（リビア）と対比させて自分たちをその住人として呼びならわしてきた言葉である。

地理的には、ヨーロッパとアジアの間に明確な区別はなく、ヨーロッパはユーラシア大陸の東方のアジアと対置される西方の一部であるが、文化的にはギリシャ以来、東洋＝アジアと西洋＝ヨーロッパの間には、サイードが「存在論的・認識論的区別」（『オリエンタリズム』上、20頁）と呼んだような相違が措定されてきた。

4世紀にローマ帝国がキリスト教を国教化すると、キリスト教はヨーロッパのアイデンティティとなった。しかし5世紀末に西ローマ帝国が滅亡し、7世紀までには東ローマ帝国で公用語がギリシャ語化すると、ラテン語を共通語とする「西欧」と東ローマ帝国は徐々に文明圏として別のものとみなされ始めるようになっていった。11世紀になって西欧のローマ・カトリック教会と東欧のオーソドックス教会が「正式」に分裂すると、ローマ・カトリック教会をアイデンティティの中核とする西欧カトリック世界と、東ローマ帝国とオーソドックスをアイデンティティとする東欧との文明圏としての分離は決定的になり、西欧文明のアイデンティティの基礎はラテン語とカトリックに置かれるようになった。

しかし、ヨーロッパとアジア、そしてアフリカも地続きであり明確な地理的境界はないため、ヨーロッパの範囲は流動的である。たとえば、山本雅男の定義によると地理上のヨーロッパとは「ソ連領のウラル山脈および黒海西岸から西、アフリカ大陸のサハラ砂漠より北、北西太平洋岸に向かって広がるユーラシア大陸の最西部および沿岸の諸島をヨーロッパと指す。」（山本雅男『ヨーロッパ「近代」の終焉』講談社現代新書、1992年、69頁）彼はまた「地理的に定義されたヨーロッパは、なにも西側ヨーロッパ、西欧だけに限られたものではなく、東欧と呼ばれた地域や地中海沿岸のアフリカ大陸までをも含むことに注意しなくてはならない。」とも指摘している。

ロシア、東欧諸国の大半は正教の国々であり、地中海に面するモロッコ、アルジェリア、チュニジア、リビア、エジプト、シリア、トルコといった諸国はムスリムの国々なのである。

ソ連のゴルバチョフ書記長は、1987年欧州会議の場で「ヨーロッパ共通の家」を提唱したが、東アジアまで広がり宗教的にも正教文明に属するロシアをヨーロッパに含めるか否かについては一義的には決まらない。特にロシアは13世紀から15世紀にかけて「タタールの軛《くびき》」と呼ばれるイスラーム化したモンゴルのジュチ・ウルス（キプチャク・ハン国）の支配を受け、今なお多くのムスリム民族をかかえており、「ロシア人を一皮むくとタタール人」と言われるように、西欧からはそのヨーロッパ性を常に疑われている。そしてオスマン帝国を「ヨーロッパの病人」と呼んだのはそのロシアの皇帝ニコライ1世だった。

ムスリムの側からも、西ローマ帝国滅亡後、唯一のローマ帝国の継承国家であった東ローマ帝国を滅ぼしたオスマン帝国のメフメト2世、神聖ローマ帝国の首都ウィーンを包囲したスレイマン1世は、公的称号の一つとしてルーム・カイセリ（ローマ皇帝）を名乗っている。異教徒を殲滅しキリスト教一色に塗り込めるキリスト教文明と異なり、イスラーム文明は、最初期から、自治を認められた異教徒の集団との共存を前提とするため、住民がキリスト教徒であろうとも、ヨーロッパがイスラーム文明の外部でなければならない、とは考えられてはいない。オスマン帝国は、コンスタンチノープルを征服しイスタンブールと改称し、ローマ帝国の継承国家となり、コンスタンチノープル正教全地総主教座の庇護者となったことで、ヨーロッパもイスラーム文明の一部になった、と考えたのであり、それゆえスレイマン1世は神聖ローマ帝国の首都ウィーンの征服を目指したのである。

それだけでなくスレイマン1世（1566年没）は神聖ローマ帝国のハプスブルグ家との対抗上、フランス王フランソワ1世（1547年没）と大使を交換し同盟を結んだが、このフランスとオスマン帝国の同盟は、キリスト教国にとって、非キリスト教国との間での「世俗的」国際法上の条約に基づく対等な国家間の外交関係としては初めてのものであり、ナポレオンのエジプト遠征に至るまで16世紀から19世紀にかけて2世紀半にわたって存続した。

このフランス―オスマン同盟の成立は、現行の国際秩序（ウェストファリア体制）の元になったと言われる1648年のウェストファリア条約に1世紀以上先立っている。つまりイスラームの合法政体カリフ制でもあったオスマン帝国は、揺籃期のヨーロッパの「国際政治」の当初からの重要なアクターであったのであり、イギリスもまたロシアとフランスとの対抗上、16世紀以来オスマン帝国と外交関係を結んでおり、クリミア戦争（1853～1856年）においてはオスマン帝国はフランスとイギリスと共に、ロシアと戦ってもいるのである。

「中世のヨーロッパはアラブ・イスラーム教徒主導下の一神教諸派複合文明と言える『西欧』の普遍文明の、むしろ周辺の一要素」、「文明としてのヨーロッパというようなアイデンティティが生まれるのははるか後世、十八世紀か、ピレンヌさん自身の時代」との三木亘の言葉は既に引用したが、歴史的には近世においてもなおヨーロッパとイスラーム世界の関係は互いに他者と言い切れるような排他的なものとは言い切れなかったのである。

6 ヘレニズムとヘブライズム

ウエルベックの『服従』が言う通り、西欧には真の無神論者は稀である。ニュートンやアインシュタインも無神論者ではなく、最近はやりの「インテリジェント・デザイン論」も有神論（theism）の一変種である。

キリスト教をアイデンティティとして採用したヨーロッパは異教ギリシャの哲学の中に一神教を発見した。現象界の存在の根源であるプラトンの「一者」、世界の主宰者であるアリストテレスの「不動の動者」は、キリスト教の主なる神と同定された。啓示によらずに神の認識に達したギリシャ哲学は、有神論の一種である一神教（monotheism）、そして人格神を否定する理神論（deism）を生み出した。碩学井筒俊彦が西欧哲学について「ヘレニズムとヘブライズムという二本の柱を立てれば、大ざっぱながら、一応は、一つの有機的統一体の自己展開として見通すことのできる」と述べている通り、キリスト教ヨーロッパが文明的アイデンティティとしたのはこのギリシャ哲学、即ちヘレニズムと、キリスト教がイエスのもたらした「新しい契約」に対して「旧約」と呼ぶ「ヘブライ語聖書」の伝統、ヘブライズムであった。

ところがこのヘブライズムとヘレニズムはイスラーム文明の源流でもあるのである。ヘブライズムはヘブライ語聖書の思想を意味し、それはイスラームと起源を同じくする古代中東のアブラハムの伝統の一部であり、ヘレニズムもまたイスラーム文明の支柱の一つを成している。順に説明しよう。

「アブラハムの子孫、ダビデの子孫、イエス・キリストの系図。アブラハムにイサクが生まれ、イサクにヤコブが生まれ、……」

日本語の新約聖書の冒頭、マタイの福音書の1章1節は、このように始まる。何故「アブラハム」なのだろうか。新約聖書の冒頭に置かれた「アブラハム」とは一体何者か。

アブラハムは「ノアの箱舟」で有名なノアから数えて10代目（創世記によると。ルカの福音書では12代目）の子孫である。アブラハムはエジプト人の婢女ハガルとの間に、長男イシュマエルをもうける。旧約聖書の創世記では次のように言われている。

「ハガルは、アブラム（アブラハムの旧名）に男の子を産んだ。アブラムはハガルが生んだ男の子をイシュマエルと名づけた。ハガルがアブラムにイシュマエルを産んだとき、アブラムは八十六歳であった。」（16章15～16節）

マタイの福音書にあるイサクの名はここに初めて現れる。このアブラハムの嫡男イサクの子孫が「イスラエル（イサクの嫡男ヤコブの別名）の民」、即ちユダヤ人であり、アブラハムの長子イシュマエルの子孫がアラブ人なのであり、中世のヨーロッパのユダヤ教徒、キリスト教徒はムスリムを「イシュマエル人」と呼んでいる。

マタイの福音書がアブラハムに至るイエス系図をその冒頭に置いたのは、モーセの律法に基礎を置く既成のユダヤ教に対してその正当性を主張するために、モーセより更に遡るユダヤ教の大祖アブラハムの教えの正統な継承者であるとの原始キリスト教会の自己理解を表現している。

イスラームもまたアブラハムの宗教の再興を謳う。

「アブラハムはユダヤ教徒ではなくキリスト教徒でもなかった。彼は邪教を離れたムスリムであり、多神教教徒ではなかった。」（クルアーン3章67節）

ムスリムは一日に5回の礼拝が定められているが、この日課の礼拝の中では、必ず「アブラハム（アラビア語では「イブラーヒーム」）の祝福」と呼ばれる以下の祈願句を唱える。

「アッラーよ、ムハンマドとその人びとに、アブラハムとその人びとに祝福を与えてくださったように祝福を与えてください。まことにあなたは称えられるべき偉大な御方です。アッラーよ、ムハンマドとその人びとに、アブラハムとその人びとに恵みを垂れたように恵みを垂れてください。まことにあなたは称えられるべき偉大な御方です。」

聖書の創世記には「主はアブラム（アブラハム）に言われた。『……私はあなたを大いなる国民とし、あなたを祝福し、あなたの名を大きくしよう。あなたは祝福の基となるであろう。あなたを祝福する者を私は祝福し、あなたを呪う者をわたしは呪う。』……」（12章3〜4節）

聖書のこのアブラハム預言は、むしろアブラハムの長男イシュマエル（アラビア語では「イスマーイール」）の子孫、即ちアラブ人に遣わされた預言者ムハンマドによってこそ成就された、と言うこともできるのである。

イシュマエルの子孫たちは、アブラハムの教えを報じていたが、西暦1世紀の末頃にマッカのカアバ神殿の守護職アムル・ブン・ルハイユによって偶像崇拝が導入されたと言われる。「イスラエルの民」、つまりイサクの子孫たちがアブラハムとの契約を破り、バアル神、アシュタロテ神等の偶像崇拝に陥ったのと同じことが、イシュマエルの子孫にも起こったのである。

聖書によるとイサクの子孫たち、つまりイサクの子ヤコブ（イスラエル）の子、即ちユダヤ人をアブラハムの正しい教えに引き戻すために幾多の預言者たちが遣わされている。そして同じようにイシュマエルの子孫たちをアブラハムの教えに立ち返らせるために預言者ムハンマドが遣わされたのである。それゆえ、クルアーンにはサーリフ、シュアイブ等のアラブ人の預言者たちと共に、ヤコブ、モーセ、ダビデ、ソロモンらイサクの裔、ユダヤ人の預言者たちの物語が満ちている。ちなみにクルアーンに登場するズルカルナイン（両角）はアレクサンドロス大王を指すと言われ、アリストテレスがアレクサンドロス大王の家庭教師であったことから、伝統イスラーム学の中でもギリシャ哲学がイスラーム的正統性を有する、との議論もなされている。

イスラームはユダヤ教徒の「教祖」モーセ、キリスト教の「教祖」イエスを、「イスラエルの民」を正道に戻すために遣わされた「民族的」預言者とみなす。ムハンマドはアラブに遣わされた預言者であるが、最後の預言者ムハンマドのメッセージはアラブ民族のみではなく人類全体に向けられた教えであり、それが歴史的に人類に最後に現れた普遍宗教としてのイスラームなのである。

キリスト教はヨーロッパ経由で日本にもたらされたため、キリスト教はヨーロッパの宗教である、と日本人は考えがちであるが、イエスの活動したキリスト教の発祥の地は中東であり、今日に至るまで最も古い形態の東方キリスト教が保存されているのはシリアやイラクなどのイスラーム世界である。

イエスが話していた言葉は当時既に典礼言語となっていたヘブライ語でもなく、語族の違うインド・ヨーロッパ語族に属するギリシャ語でもなく、ヘブライ語やアラビア語と同じくセム語族に属する当時の中東の共通語アラム語であった。そして今日に至るまで、シリア教会の典礼ではイエスが語ったアラム語が用いられており、信徒は立っては跪《ひざまず》きひれ伏し、イスラーム教徒と同じ姿で礼拝を捧げている。イエスの説いた教えは、今日のヨーロッパ化されたキリスト教ではなく、中東のアブラハムの伝統に連なるセム語文化圏の宗教であったのである。

一方ヘレニズムについても「アリストテレスの論理学書『オルガノン』……中略……はアラビア語の文法と並んで、イスラム世界における人文研究の基礎としての地位を占めるにいたった。そしてこの状態は現在まで続いている。」（フィリップ・K・ヒッティ『アラブの歴史』(上)、講談社学術文庫、1982年、599～600頁）と言われる通り、ギリシャ古典論理学は、伝統イスラーム学の不可欠な道具となっており、ギリシャの自然学、倫理学、政治学の知見も、そのギリシャ的起源が意識されないまでにイスラーム学の不可分の構成要素となっている。

預言者ムハンマドの宣教開始時の中東で「文明」と言えばローマ帝国とサーサーン朝ペルシャ帝国であったが、ムハンマドの生まれたアラビア半島はこの両帝国の支配にも服さない、いわば文明の辺境に位置した。しかしそれはアラビア半島がこの二大文明圏から全く孤立していたことを意味しない。イスラームは成立当初よりヘレニズム文化と関係を有していた。ムハンマドは12歳と25歳の時、隊商貿易のため、当時のローマ帝国の領土であったシリアのブスラーの町に旅している。またローマ（東ローマ）出身のギリシャ人スハイブの名がムハンマドの高弟の中に数えられている。

ムハンマドの直弟子の時代にはヘレニズム世界の北半分はイスラーム世界に組み込まれる。シリアの征服は初代カリフ・アブー・バクルの時代に始まるが、第2代カリフ・ウマルの時代には、キリスト教最大の聖地エルサレムはムスリム軍によって占領され、次いでエジプトもイスラーム国家に編入された。ヘレニズム文化というと我々はついついギリシャ本土を思い浮かべがちであるが、ヘレニズム時代にギリシャ古典を研究する文献学の中核を占めたのはユークリッド、アルキメデス、アポロニウス、プトレマイオスなどにより代表されるエジプトのアレクサンドリアの学者たちであり、地理的にもこのエジプトこそがヘレニズム文化の中心地だったのである。

実は西欧ではヘレニズムは反知性主義的な西方キリスト教会の支配下で衰退の一途を辿っており、この時代の西欧にはこれらのギリシャの学術文献はほとんど知られていなかった。一方、イスラーム世界では、8世紀から10世紀にかけてギリシャの学術文献の多くがアラビア語に翻訳された。こうして翻訳されたギリシャ語文献は、「異人の学（ウルーム・アジャム）」と呼ばれる人文・自然科学の基礎となったのみならず、イスラーム神学、イスラーム法学、スーフィズム（霊学）などの伝統イスラーム学にも組み込まれていった。

西欧は11世紀以降、イスラーム世界を通じてこれらのヘレニズム文化を知り、ヘレニズム文化及びそれを発展させたイスラーム文化が11～12世紀の「翻訳の世紀」にアラビア語訳から、あるいはギリシャ原典からラテン語に訳され、それが西欧のルネサンスを準備することになったのである。

7 イスラーム・コンプレックス

サイードが明らかにした通り、ヨーロッパにとってイスラームはトラウマであり、神秘的魅力と恐怖の念を引き起こす両義的存在であった。

西欧によるイスラーム理解の歪みは単なる無知によるものではない。それは正しい理解による修正を拒む、執拗に纏わりつく脅迫的な歪曲されたイメージであり、そうした歪曲が生ずるのは、イスラームに自己の内にある負のイメージを投影することで自己イメージを護ろうとする「イスラーム・コンプレックス」に由来する。

ギリシャ文明の延長上に西欧を位置付ける西欧の自己イメージ、歴史観は今日修正を迫られている。科学史家伊東俊太郎が以下のように指摘する通り、西欧のギリシャ文化継受は、イスラームを経由したものである。

「我々は、西欧文明というと、ユークリッドやアルキメデスや、アリストテレスくらいは、はじめから知っていた、早くからギリシャ科学、ギリシャ文明はヨーロッパに入っていただろう、と思いがちなんですね。特にヨーロッパの学者はギリシャ以来三千年の西欧文明と言うわけですが、とんでもないことで、そのところに実は大きな断絶があるのです。ギリシャ科学は、西欧世界ではいったん途絶えてしまいます。……中略……12世紀になってはじめて、彼らはアラビア語を一生懸命勉強してアラビアの科学や哲学の文献をラテン語に翻訳する、またギリシャ語からも翻訳する、そういう大運動を起こしまして、そこでギリシャやアラビアの進んだ学術の成果をわがものとし、その後の発展の知的基盤を獲得するということになったのです。」

（伊東俊太郎『十二世紀ルネサンス』岩波書店、1993年、13～14頁）

西欧思想の二大源流と言われるヘブライズムとヘレニズムは実はイスラームにも共有されており、むしろ上述の通り、イスラームこそヘブライズムとヘレニズムの正当な継承者であるとも言える。西欧はヘブライズムの正統な継承者たる「キリスト教徒」、ヘレニズムの遺産たる「文明」の担い手としての自己のアイデンティティを確立するために、どうしてもヘレニズムとヘブライズムのより正統な継承者であるイスラームを一旦「邪教」、「未開」として否定し、貶めねばならない内在的必然性があった。これが今日のオリエンタリズムにも直結する西欧のイスラーム・コンプレックスの源泉なのである。

「ですから西欧文明なるものの形成そのものが、このような異文明圏との接触を通じて、初めてかちとられたものであるということが、忘れられてはならないと思うのです。ヘーゲル以降の十九世紀につくり出された西欧中心主義の歴史観は、このような事実をしばしば覆い隠してしまい、ヨーロッパ文明の単純な連続性というようなドグマをつくってしまいます。」（『十二世紀ルネサンス』、268頁）と伊東俊太郎が看破したように、西欧科学はイスラーム科学の影響なしには存在しえなかった。しかしそれを認めることはギリシャ文明の正嫡としての西欧のアイデンティティの根幹を揺るがすことになり、それゆえ西欧は殊更に西欧へのイスラームの影響を隠蔽し「異質なイスラーム」というオリエンタリズムの言説を紡ぎ出し続けているのである。

12世紀が、西欧がイスラーム文化を吸収し、イスラーム文化を通してギリシャ科学を発見した異文化間文化交流の時代であったと同時にイスラームによって侵食される一方であったキリスト教世界の反撃の開始、十字軍の時代でもあったことが忘れられてはない。

イベリア半島でも、イスラームの支配を脱するための国土回復運動「レコンキスタ」が展開されたが、レコンキスタもまた十字軍の名で呼ばれた。実際にはレコンキスタは11世紀に至って後ウマイヤ朝（756〜1031年）が没落し始めると共に進展し、13世紀中葉までにはグラナダを除いてスペインの再征服はほぼ完了し、最後に残ったグラナダのナスル朝も、最後の21代スルタン・ムハンマド12世（1527年没）が、キリスト教徒の征服者の法律下で人格を保護され宗教の自由を持つことを条件に、1492年、アラゴンのフェルナンド2世（1516年没）に降伏して滅亡した。しかしこのムスリムの信仰の自由の保証の約束は守られず、

1501年以来、スペインのイスラーム教徒に対しては強制改宗か追放かの二者選択を迫る勅令が発布され、1609年のフェリペ3世（1621年没）による最終的なイスラーム教徒追放令により、約50万人のモリスコ（キリスト教に改宗したムーア人）が追放されイベリア半島におけるイスラーム教徒の「民族浄化」は完了した。

グラナダ陥落以来、この間に約300万人のイスラーム教徒が処刑か追放の運命にあったと見積もられている（『アラブの歴史』（下）397頁、403〜404頁）。このレコンキスタの結果として、イベリア半島は宗教の共存を許すイスラームの統治システム下の多元社会から、カトリック教会の異端審問の嵐の吹きすさぶ全体主義社会に変質したのである。

イスラームを敵対視するこのヨーロッパのイスラーム認識の基調低音となる「十字軍パラダイム」はこの時期に形成され、今日まで欧米人のイスラーム認識を規定している。9・11の直後にブッシュ元大統領がアルカーイダとの戦いを、「この十字軍、テロとの戦い（This crusade, this war on terrorism)」と呼んだことは、いまだに欧米人にとって、イスラームとの戦いであった十字軍が「聖戦／正戦」のパラダイムであったことを示しているが、そのことはイスラームの側にも十分理解されているのであり、アルカーイダも1998年に「ユダヤと十字軍に対する聖戦のための国際イスラム戦線」を立ち上げている。

この十字軍パラダイムの問題は、単にイスラームに敵対的であることではなく、イスラーム世界とヨーロッパの敵対関係を特別視し絶対化し、事実を相対化し客観視することを妨げる点にある。

ヨーロッパ世界は、自らのアイデンティティの核であるヘレニズムとヘブライズムの正嫡がむしろイスラーム世界であり、ヨーロッパはイスラーム世界を通じてそれを学んだ、というコンプレックスから、イスラームを不当に軽視、蔑視する知の様式、即ちオリエンタリズムを発展させたのである。

ところが、このオリエンタリズムの認識構造は、実は我々「日本人」にとっても馴染みのものである。伊東俊太郎は言う。

「ところが日本人の日本史研究は、えてして朝鮮や中国のことを問題としないで、日本の中だけで考えてゆく傾向があったし、いまでもそういうことが残っているかもしれません。そして朝鮮から影響を受けた、などということはなるべく隠してきました。

それと同じように、ヨーロッパの研究者の間には、西欧文明がアラビアから大きな影響を受けたなんてとんでもない、という気持ちがあるように思います。アラビアなんて石油だけの国ではないか、そこの文明からいろいろなものをもらって自分たちの文明の基盤ができたなどということがあってたまるかという自尊の念がどこか頭の端にあって、それで、そうした事実をひたかくしに隠すか、隠しきれなければ、それを最小限に抑えるとか、過小評価してしまう、あるいはその文脈をそらしてしまうというようなことがあると思うのです。たしかに日本古代史における『朝鮮問題』と西欧中世史における『アラビア問題』というのは似た側面がありま
す。」(『十二世紀ルネサンス』、26頁)

中国、韓国、北朝鮮の認識が難しいのは、それが日本人のアイデンティティにかかわる問題

だからである。そしてそれは単なる「文化」の問題ではなく、現在にまで禍根を残す植民地支配の歴史を隠蔽、あるいは正当化するイデオロギーとして、国際政治の「現実」に大きな影響を今も及ぼしていることが忘れられてはならない。

「エドワード・サイードさんが『オリエンタリズム』と名付けているこのコンプレックスは、日本列島人の対中国意識とたいへん似ています。ヨーロッパ人・日本列島人、とくにその知識層は十七、八世紀ごろまで、それぞれイスラム文明、中国文明の影響、刺激をうけて文明を形作ってきたところから、むしろ畏敬の念を持ってそれを見てきたのですが、ひとたび軍事的に制覇すると、一転、これを差別、侮蔑の対象とするようになった。」（『世界史の第二ラウンドは可能か』、31〜32頁）

三木亘が言う通り、西欧にはイスラームに対するコンプレックスがあるため、「客観的事実」を突きつけられても、容易にイスラーム認識を変えることができない。我々日本人は、日本の対中国コンプレックスから類推することで、イスラーム・コンプレックスによる西欧のイスラーム認識の歪曲を見抜くのが容易であり、またイスラーム・コンプレックスを持たねばならない歴史的背景がないことから、イスラーム世界をより冷静、客観的に見ることができる立場にある。それゆえまず我々は西欧のオリエンタリズムの言説を鵜呑みにすることなく、イスラームそれ自体を虚心に見るように心掛けなければならないのである。

8 十字軍パラダイムを超えて

アッバース朝中期はアッバース朝、ファーティマ朝、後ウマイヤ朝のカリフによるイスラーム文明の成立、イスラーム世界の拡大による世界の一体化の時代であった。イスラーム世界の拡大は、先ずヨーロッパ・キリスト教世界の犠牲の上に行われた。

当時のヨーロッパ・キリスト教世界は、ゲルマン民族の侵入による西ローマ帝国の滅亡により、政治的に混乱し経済的に衰退し、文化的にも「不合理なるがゆえに我信ず」とのテリトゥリアヌス（220年頃没）に帰される言葉に端的に示されているような「非合理主義」が支配的であったが、イスラームの征服は、そのヨーロッパ・キリスト教世界から最も文化的・経済的に豊かであったエジプト、シリアを奪取した。それにより、ピレンヌの言う通り、ヨーロッパ・キリスト教世界は地中海南東岸から切り離され、内陸に退縮し、政治・経済・文化的に停滞し、イスラーム世界の後塵を拝することになった。

ギリシャ・ローマ（ヘレニック）文明の世界国家であったローマ帝国によるヨーロッパ・キリスト教世界の一体性は失われ、（東）ローマ帝国のギリシャ化によって、ラテン語を共通語とする西欧カトリック世界と、正教世界は別の文明世界に徐々に分離しつつあったが、地中海南東岸から切り離され内陸に退縮したことにより排外的な西欧（カトリック）キリスト教文明が形成されることになった。そしてイスラームによって侵食される一方であったこの西欧キリスト教世界の反撃の開始が十字軍であった。

この時点において文明的にはるかに進んでいたのはイスラーム世界であり、十字軍はイスラーム世界の進んだ文物を西欧にもたらし、国際的なイスラーム文明がアラビア語からラテン語への翻訳によって西欧に伝わったことが、所謂「12世紀ルネサンス」の引き金となった。

一方、ムスリム側には、十字軍は西欧の野蛮さの印象を残したのみで、文明的な影響を与えなかった。アッバース朝初期のギリシャ語からの翻訳運動のようなものは、ラテン語の西欧文化に対しては生じなかったのである。少し長くなるがタミム・アンサーリー著『イスラームから見た「世界史」』の該当箇所を引用しよう。

「十字軍はイスラーム世界の人々の心に、西ヨーロッパに対する知的好奇心を掻きたてもしなかった。このフランジ［フランク人］たちはどこからやって来たのだろう、故郷でどんな暮らしをしているのだろう、いったい何を信じているのだろう、などと真剣に考えるムスリムは皆無だった。1300年代初期に、イスラームに改宗したユダヤ教徒でモンゴルの宮廷に出仕していたラシードゥッディーン・ファズルッラー（1249／50～1318）が、『書史を集めたもの』すなわち『集史』と題する壮大な史書を（モンゴルの君主の命令によって）編集した。本書の叙述は中国、インド、チュルク系諸族、ユダヤ教徒、イスラーム以前のペルシア、ムハンマドとカリフたち、さらにフランジの歴史にまでおよんでいる。だが、十字軍の記憶がまだなまなましかったであろう時期に書かれたにもかかわらず、フランジに関する記述はおざなりで、その典拠も示されていない。要するに、十字軍は事実上、ヨーロッパ文明の影響をイスラーム世界にまったく及ぼさなかったのだ。十字軍の影響はまったく違う方面で現れた。

それは、いかなる分野だったのだろうか？　そう、十字軍の事業はヨーロッパの商人にレヴァントとエジプトで活躍する機会を提供したのだ。フランジ戦争［十字軍］の時期を通じて西ヨーロッパとミドルワールドの貿易は増大した。その結果、イングランドやフランスやドイツといった地域に住む人々は東方産の珍しい品々を手に入れた。それらの中にはナツメグ、丁子、黒胡椒などの香辛料のほかに、絹や繻子、そしてワタという不思議な植物によってつくった織物が含まれていた。

東方からヨーロッパに帰った商人や巡礼者や十字軍兵士（その区別はかならずしも明確ではなかった）は、豊かなイスラーム世界で見聞したことを故郷の人々に語った。インドや半ば伝説的な『インド諸国』［インドネシアとマレー諸島］の島々など、さらに遠い地方についてもさまざまに語り伝えた。これらの話はヨーロッパの人々の心に、東方世界に対する興味をいやがうえにも掻きたてた。それは年を経るごとに強まる一方で、のちにはなはだ重大な結果をもたらすことになった。」（タミム・アンサーリー『イスラームから見た「世界史」』、紀伊國屋書店、2011年、285～286頁）

十字軍は、真に国際的な世界文明としての先進イスラーム文明に対する新興の西欧キリスト教文明の反撃の狼煙であり、イスラームが先鞭をつけたユーラシア、アフリカの諸地域における商業ネットワーク形成によって地球の一体化、グローバリゼーションの主役の西欧キリスト教文明による交代劇の始まりを告げるものでもあった。それゆえ、同時代のイスラーム世界ではさして重要視されていなかったにもかかわらず、遡及的に西欧とイスラーム世界の関係を超歴史的に規定する範型「十字軍パラダイム」として再構成され、今日の世界情勢にまで暗い影を落とすことになる。

西欧はイスラーム・コンプレックスゆえにイスラームとの関係をなかなか客観視できない。自分たちを迫害する野蛮で邪悪な異教徒に正義の鉄槌を下す、との十字軍パラダイムも、イスラーム・コンプレックスの産物である。中世の十字軍、近代の西欧によるイスラーム世界の植民地化と、西欧とイスラーム世界の間に多くの衝突、軋轢があったのは事実である。問題は十字軍パラダイムが、そうした歴史的事実に、正しい解釈の枠組みを与えるのではなく、イスラームとの対立が本質的、絶対的なものであると思いなさしめることである。そこでムハンマドの宣教開始から現代に至るイスラームとヨーロッパ、キリスト教との関係を概観してみよう。

「ヒジュラ（聖遷）」と言うと、一般に預言者ムハンマドが622年にマッカからマディーナに逃れた事件を指すが、実はムハンマドがマッカの多神教徒に迫害された信徒の一部をキリスト教国エチオピアに逃がしたのが最初のヒジュラであり、イスラームとキリスト教との関係は必ずしも敵対的ではなかった。

キリスト教世界とイスラームの対立が最初に表面化したのはムハンマドが亡くなる直前にヨルダンで東ローマ軍とムスリム軍が戦った629年のムウタの戦いであるが、対立が本格化するのは正統カリフ時代であり、ムスリム軍が東ローマ帝国から637年にはシリア、641年にはエジプトを奪い取る。

　文明論的に重要なのは、このシリア、エジプトのイスラームの征服には、ほとんど現地民の反乱が記録されていないことである。ムスリムは現地のキリスト教徒にイスラームへの改宗を強制せず、征服後１００年後にもシリア、エジプトのムスリムの比率は２％に過ぎず、ムスリムの比率が50％を超えるのは３００年が経過してからとも言われる。このイスラームの征服において、キリスト教徒の強制改宗、民族浄化のようなことは行われず、イスラーム化は、「平和」に行われた。そして西欧の十字軍によるパレスチナ侵略後も、庇護民であったキリスト教徒が裏切り者として殲滅されるような事態は全く生じず、シリア、エジプトでは、現在に至るまで、キリスト教の様々な宗派が残存している。

　ヨーロッパ全土の異教を殲滅した後、ヨーロッパのキリスト教の宣教の空間的に最も身近に接する敵はイスラームであった。北アフリカのイスラーム化は平和裏に行われたが、756年にウマイヤ王家の生き残りアブドゥッラフマーン1世はイベリア半島に渡りコルトバにウマイヤ朝を再興した。後ウマイヤ朝は、アッバース朝と同じくキリスト教徒、ユダヤ教徒にも寛容で、キリスト教徒が人口の約半分を占める一神教共存社会であり、学術、文芸が栄えたが、異教徒の存在を認めないキリスト教徒のレコンキスタによりイベリア半島はイスラームの支配を離れることになった。そして既述の通りこうしてイベリア半島は、宗教の共存を許すイスラーム的多元社会から、他者の存在を認めないキリスト教的全体主義社会となった、このレコンキスタはイスラームとの戦争におけるキリスト教のほとんど唯一の失地回復の例である。

十字軍を例にとっても、確かに、第1回十字軍は、「宗教的」であり、エルサレム攻略は虐殺を伴った。しかし、それ以降は、十字軍諸勢力と現地のムスリムの諸勢力の間で和平協定が結ばれることも珍しくなく、第4回十字軍に至っては行き先を変更し東ローマ帝国に向かいコンスタンチノープルを攻略し市民を虐殺し略奪を行っており、十字軍は東ローマ帝国に向かっただけでなく、異端カタリ派を殲滅したアルビジョア十字軍もあり、必ずしもイスラームのみを敵とするものではない。

実のところ、十字軍戦争を含むイスラーム世界とヨーロッパ・キリスト世界の間で起きた戦争はどれもイスラーム世界内部、ヨーロッパ内部での王侯同士の通常の戦争であり、ドイツでは人口が3分の1にまで減ったとも言われる16~17世紀にヨーロッパで起きたカトリックとプロテスタントの間の宗教戦争のような殲滅戦は両者の間では起きていない。レコンキスタにしてもムスリムの消滅は戦争によるものではなくキリスト教国スペインによる大量追放によるものである。

現代に目を転じても、4000万人近くの犠牲者を出した第一次世界大戦もほとんどはヨーロッパの内部で起きており、ムスリムによるものとして特記すべきはオスマン帝国領内で生じた100万人を超える犠牲者を出したと言われるアルメニア人の虐殺だけである。また5000万人から8000万人の犠牲者を出したとされる第二次世界大戦には主権国家としてはムスリムの国は一国も参戦しておらず、ヨーロッパ内部だけでもキリスト教徒同士の戦いで4000万人弱の死者を出している。

ヨーロッパ・キリスト教世界は、カトリックとプロテスタントの間の宗教戦争による凄惨な相互殺戮にもかかわらず、ウェストファリア条約により共存の道を見出し、また二度にわたる世界大戦でナショナリズムの名の下に殺し合い7000万人以上の犠牲者を出しながら、半世紀後にはEUを発足させるに至っている。

歴史の事実を客観的に見据えるならば、ヨーロッパ・キリスト教世界の内部での戦争と相互殺戮に比して、イスラーム世界とヨーロッパ・キリスト教世界の対立は決して共存を不可能とする克服できないものではない。

しかし西欧人にとって、この「骨肉の争い」は意識下に封印すべきトラウマになっており、その「戦争の原因となった主権とナショナリズムを克服することで、加盟国のあいだに平和と安定、繁栄と連帯をもたらした」という「神話」を信じており、そのことを問うだけで「異端視される」。（遠藤乾『欧州複合危機』中公新書、2016年、223頁）

つまり、十字軍パラダイムとは、ヨーロッパ・キリスト教世界とイスラームの対立を殊更に取り上げて絶対化、固定化させ、キリスト教徒同士の量的にも質的にもはるかに凄惨な相互殺戮の歴史の事実から目を逸らさせ、平和なヨーロッパと交戦的なイスラームという誤った自他イメージを人々の心の中に植え付けるイデオロギーなのである。

カール・シュミットが明らかにした通り政治の本質とは友と敵の区別なのであり、現在我々に求められているのは、あらゆる政治集団の間にある関係は「敵対的共存」でしかない、との冷めたリアリズムであり、その現実認識の目を曇らせる十字軍パラダイムからの脱却なのである。

9 キリスト教の神の国とイスラームのウンマ

西ローマ帝国の晩期に生きたラテン教父アウグスティヌス（430年没）はその大著『神の国（*De Civitate Dei*）』の中で、神の国と地の国を対立させる二国論を展開し、後の西欧キリスト教思想に大きな影響を与えた。

アウグスティヌスは聖書の記述を元に、教会がキリストを頭とするキリストの身体（corps Christi）であるとみなす。アウグスティヌスは教会を「キリストとその教会なる神の国」「聖なる教会である神の国」「この世において遍歴している神の国、即ち教会」などと呼んでおり、キリストに従順な「神の国」を代表するものは教会であり、「地の国」の覇権を代表するのがローマ帝国であった。しかし真の神の国は天上的なものであり、地上の可視的教会には、地の国が入り込んでおり、この世の教会には悪人が善人の間に混ざっており、最後の審判にふるい分けられる。（松田禎二「アウグスティヌスにおける『神の国』の意義」『中世思想研究』第21号、中世哲学会、75〜76頁、加藤信朗「アウグスティヌス『神の国』における二つの国の理」（『中世思想研究』第45号、中世哲学会、15頁））

このアウグスティヌスの二国論に基づく西欧中世のキリスト教の世界観は、「教会の外に救いなし」（キプリアヌス）との立場から、異教世界に対しては、西欧、神の国を代表する即ち（ローマ・カトリック）教会と（西／神聖）ローマ帝国と、地の国を代表する異教の諸国を対立させるものであると同時に、西欧内部では神の国の地上における代表である可視的（ローマ・

カトリック）教会と、地の国である（西／神聖）ローマ帝国を並立させる二重構造の二元論的なものであったが、「地上における神の国」の政治権力の所在をめぐってローマ教皇と神聖ローマ帝国皇帝の間で所謂教権と俗権の対立が生ずることになる。そして宗教改革後、西欧で教皇権が弱まり、ついにはカトリックのキリスト教の独占が崩れると、キリスト教系のカルト諸宗派までもが自宗派を神の国を代表する教会とみなすようになり可視的教会は内実を失い、政教分離が既成事実化し、世俗化の進展、教会人口の減少とそれに反比例する主権国家の権力の肥大化に伴い教会は世俗国家と対抗する実体であることをやめることになる。

キリスト教によると「教会の外に救いなし」との原理により、全ての異教徒の支配は「地の国」の覇権として範疇的に悪であるばかりか、可視的教会による統治ですら、「地の国」の悪による汚染を免れない。ところがその一方でキリスト教は「神のものは神にカエサルのものはカエサルに」との福音書のイエスの言葉、「人は皆、上に立つ権威に従うべきです。神に由来しない権威はなく、今ある権威はすべて神によって立てられたものだからです。」との「ローマ人への手紙」13章1節のパウロの言葉によって、キリスト教が覇権を握っている限り、たとえ悪であろうとも「地の国」の支配には服従が義務であると説く。

西欧中世においては、コンスタンティヌス1世（337年没）が313年にミラノ勅令でキリスト教を公認し、392年にはテオドシウス1世（395年没）はキリスト教を国教化した。コンスタンティヌス1世は325年に第1回ニカイア公会議を開き、三位一体説を正統と公認し、以降、キリスト教の教義への国家の干渉が常態化する。それゆえこれ以降の政治化したキリスト教をコンスタンティヌス体制とも呼ぶが、このコンスタンティヌス体制下の中世西欧はカトリック教会がローマ帝国を利用し、異教徒を殲滅し、臣民にカトリックを強制する全体主義的社会となった。

しかしこの西欧のコンスタンティヌス体制のカトリック全体主義体制は、ルネサンス、宗教改革、それらの結果としての社会の世俗化の進展により崩壊し、アウグスティヌスの二世界論に基づき、キリスト教の諸宗派が、自分たちの教会こそが真の「神の国」であると自任しつつ、現世ではそれぞれの「地の国」の覇権を追認し、その下にある他の諸々の可視的教会と異教、無神論とも共存する近代的政教分離の多元社会に変質するのである。

イスラームにおいてキリスト教の教会におおまかに対応する概念はウンマである。クルアーンにおいては「ウンマ」は人間のみならず動物に対しても用いられる「集団」を指す語であったが、イスラーム学の用語としては、宗教集団、特に定冠詞を付して「アル＝ウンマ」といった場合には、ムスリムの集団を指すことになる。

カトリック教会は1869〜70年の第1回バチカン公会議で教皇の無謬を正式に決定したが、伝統的に教皇、公会議の総意、全ての司教の総意、全ての教会員の総意の無謬を認めてきた。一方、イスラームにおいては、預言者ムハンマドの無謬性については合意が存在するが、ムハンマドの没後については見解が分かれている。スンナ派法学は、「私のウンマは誤謬において合意することはない」とのハディースに基づき、ウンマの総意（イジュマー）は無謬とされ、イジュマーはイスラーム法のクルアーン、ハディースに次ぐ第三法源となる。他方、シーア派は、預言者ムハンマドの後継者に指名したイマームが預言者ムハンマドの無謬性を継承したものと考える。

つまりキリスト教の教皇とシーア派のイマームが共に無謬の教主であるのに対して、その総意において無謬である、との意味において、キリスト教の教会の概念とスンナ派イスラームのウンマの概念は、真理の護持者としての共同体という性格において共通性を有している。

確かにキリスト教の教会とスンナ派のウンマは、共に無謬の共同体である点においては類似しているが、実は似て非なるものである。キリスト教の「教会」は「地の国」が混じることでより善人に紛れて悪人が入り込んでいるため、地上の可視的教会が「天の国」と同一視されることはない。しかし、キリスト教には、キリスト教徒になるために資格のある聖職者によって公式に洗礼を施される必要があり、それゆえメンバーシップが明確で外延が定まった可視的教会といったものが成立しうるのに対し、イスラームには誰かをムスリムと認可する資格がある聖職者もいなければ、認可の手続きもなく、それを登録する機関もないため、ウンマにはそもそもメンバーシップもなく、外延もはっきりと定まらないため、可視的ウンマなどという概念そのものがそもそも成立しないのである。

信仰がないのにムスリムを自称する者は、クルアーンの中でも「偽信者たちは獄火の最下層にいる」（クルアーン4章145節）と言われており、預言者ムハンマドの時代にも存在したが、ムハンマドは彼らが表面的にイスラームの規則を守り自分でムスリムを名乗っている以上、獄火の住人である偽信者であっても現世では法的にムスリムとして扱うべきと定めた。

預言者ムハンマドの没後、第4代正統カリフ・アリーの時代に、カリフ・アリーを認めないシリア総督ムアーウィヤとの内戦が起き、ムアーウィヤの反乱へのアリーの対応をめぐって、イスラーム史上最初の分派が現れる。罪を犯したムスリムは背教者として処刑すべきである、と考える「聖徒の共同体」ハワーリジュ派である。

ハワーリジュ派はアリーに反旗を翻して粉砕されるが、後にカリフ・アリーはその刺客の手で暗殺される。その後、ハワーリジュ派は分裂を繰り返し最終的に殲滅されるが、他宗派を全て異端視し殺害する「過激派」、「テロリスト」、「狂信的カルト」ともいうべきこのハワーリジュ派の出現とそれによるカリフの暗殺というスキャンダルにもかかわらず、イスラームは、正統教義を決める資格のある聖職者制度を設けることもせず、カリフが教学に介入し正統教義を定めるといったことは生じなかった。

つまり、キリスト教の教会に生じたように俗人の上に立つ霊的権威を有する聖職者階級が公式に信徒のメンバーシップの内包と外延を定め、世俗権力が聖職者階級の人事や彼らによる教義の決定に公式に介入する、といった制度は、イスラームのウンマには成立せず、誰がムスリムであるのか、イスラームの正しい教義は何であるか、についての判断は、神の前に一人立つムスリム個々人に委ねられる、とのイスラームの理念は、預言者の高弟たちの時代に早くも生じた内戦と暗殺の混乱にもかかわらず維持されたのである。

イスラーム法学の多数説では、ムスリムになるためには、イスラームの証言法の一般規定に基づき2人の証人の前に「アッラーの他に神はなく、ムハンマドはアッラーの使徒なり」と唱えればよく、承認が制度的に認められた聖職者である必要もなく、裁判所など公的機関に届ける必要もない。どこで誰がムスリムになったか、を統括する者も機関も存在しないのである。またハナフィー派の少数説では、多神教徒や無神論者がムスリムになるのは神の唯一性だけを信ずれば十分であり、証言をしなくても、ムスリムの真似をして礼拝をしただけでもムスリムとみなすことができるとされる。インドやチュルク系諸民族の間ではハナフィー派が大多数であるが、彼らの改宗にあたっては、入信のハードルが低いこのハナフィー派の入信規定が有用であったと考えることもできよう。

イスラームは全人口のおよそ8～9割を占める多数派のスンナ派、1～2割のシーア派に大別されるが、シーア派も9割以上を占める12イマーム派、その他ザイド派、イスマーイール派に分かれ、また300万人弱のハワーリジュ派の流れを引くとも言われるイバード派、更にはイスラーム教の一派か否かが曖昧なアラウィー派、ドルーズ派などの分派が存在する。しかしウンマは、その内部で分派が時に殺し合いに至る争いを繰り返しながらも、ついに1000年以上にわたって一度もその内包（教義）と外延（メンバーシップ）を公式に制度化してどれか一つを正統としそれ以外の諸分派を異端として排斥することなく、いわばこの世における「不可視的教会」として存続してきたのである。

10 キリスト教世界とダール・イスラーム

ウンマが教会（Church）に対応するムスリムの集合概念であるとすれば、地理的概念としてのキリスト教世界（Christendom）に対応する概念は「ダール・イスラーム（イスラームの家）」である。「ダール・イスラーム」の語は、クルアーンやハディースには存在しないが、後のイスラーム法学は、預言者ムハンマドの生前に彼に服しイスラームの支配を受け入れたアラビア半島をモデルに「ダール・イスラーム」の概念を定式化した。専門用語としての「イスラームの家」はムスリムの支配者によってイスラーム法によって統治される法治空間を指す。

イスラームの世界観では宇宙の創造神アッラーは天と地の主であり、主権はアッラーのみにあり、大地は全てアッラーに属す。主権を有する特定の民族が独占する固定した境界を持つ特定の地域「領域国民国家」によって地球が分割される、という発想はイスラームには存在しなかった。地球の主権は神にあり、神授の天啓法シャリーアを世界の隅々まで施行することが地上における神の代理である人間の義務である。

そこでイスラーム法学は世界を、ムスリムの支配者によってイスラーム法によって統治されている法治空間である「ダール・イスラーム」と、異教徒が「不法」に治めておりシャリーアが施行されていない「ダール・ハルブ（戦争の家）」に二分する。

イスラーム法学が「ダール・イスラーム」と「ダール・ハルブ」を区別したのは、ムスリムが権力を有さず、社会関係行為におけるシャリーアの解釈に争いがあった場合に公権解釈を与えるイスラーム裁判官も、その裁定を執行する行政官も存在しない「ダール・ハルブ」では一部のイスラーム法の効力が停止されるため、「ダール・ハルブ」の住人と「ダール・イスラーム」の住人では法学上の規程が異なり別個に論ずる必要があるからである。

「ダール・イスラーム」と「ダール・ハルブ」の境界は固定されておらず流動的である。それは、地球の主権が神にあるとのイスラームの世界観からして当然であり、世界は全て、神の主権が行われる「ダール・イスラーム」となるべきであり、不断の「ダール・イスラーム」化の過程にあるからで、ムスリムはこのシャリーアの法治空間「ダール・イスラーム」を世界中に弘める義務を有する。そのための戦いがイスラーム法の定めるジハードである。

ジハードの規程において、ムスリムは先ず「ダール・ハルブ」の住民に、ムスリムとなってイスラーム法の施行主体として、あるいは税金（ジズヤ）を納めて生命、財産、名誉の安全を保障される受動的な庇護民（ズィンミー）として、その居住地を「ダール・イスラーム」に編入するように呼びかける。そのいずれかが受け入れられた場合には、戦争は生じず、その地は「ダール・イスラーム」に編入される。その場合、住民がイスラームに改宗しない場合、編入にあたって交渉し条件を付けて和議がなった場合は、その土地では異教徒の庇護民は「ダール・イスラーム」に編入後も、その条件に則った自治が認められる。このような地域を「和議（スルフ）による征服地」と呼ぶ。一方、住民が抵抗して戦争により武力征服された場合、異教徒の庇護民にはイスラーム法の定める自治権が与えられる。このような地域を「武力（ウンワ）征服地」と呼ぶ。

なお、庇護民としてイスラームの家に永代居住を許される異教徒の範囲については、キリスト教徒、ユダヤ教徒、ゾロアスター教徒のみとする学説とイスラームからの背教者を除く全ての異教徒を認める学説が対立するが、歴史的には学説に変化がないまま、法学派の違いを超えて全ての異教徒の永代居住の承認が既成事実化している。

異教徒が「ダール・イスラーム」への編入を拒み戦争になったが決着がつかず、休戦が成立した場合、ムスリムは休戦協定に定められた条件を遵守する義務がある。「戦争の家」の中でも、この休戦協定が存在する土地を特に「休戦（アフド、フドゥナ、スルフ）の家」と呼ぶこともある。

なお、世界を「ダール・イスラーム」と「ダール・ハルブ」に大別することは、スンナ派とシーア派に共通である。そして「ダール・イスラーム」はスンナ派ではカリフ、シーア派ではイマームの下に政治的に統一されシャリーアに則り統治される単一の法治空間である。

整理すると、イスラームは、世界を「ダール・イスラーム」と「ダール・ハルブ」に大別し、更にアラビア半島の外で新たに「ダール・イスラーム」に編入された土地は、異教徒が和議の条件に基づく自治権を与えられる「和議による征服地」とイスラーム法の定める自治権を有する「武力征服地」に分類し、「ダール・ハルブ」の中にも休戦協定が成立している「休戦の家」の下位区分を設けている、ということになる。

キリスト教の「キリスト教世界」とはキリスト教徒の国であると同時にキリスト教徒の集まりであり異教徒の存在は想定されていない。ところが、イスラームではムスリムの集合であるウンマと違い、ダール・イスラームは最初から、内部に宗教自治権を有する異教徒の共同体の存在が前提されている。

イスラームもキリスト教と同じく普遍宗教であり、全人類への宣教、教化を目標とする。しかし、両者の間には根本的な相違が存在する。キリスト教の宣教はイエスの福音を人々に知らしめ教会に編入させることであり、それ以外にはない。他方、イスラームにおいては、ジハードの規定に明らかなように、武力によるジハードによってでも広めるべきは、イスラーム法の支配であって、イスラームの信仰ではない。異教徒でもムスリムが払う浄財（ザカー）の代わりに税金を納め、公的空間においてイスラーム法の支配に服すれば、兵役を免除され、私的空間では宗教共同体ごとに自治が認められ、生命、財産、名誉の安全が保証され、「ダール・イスラーム」に子々孫々にわたって住み続けることができる。

イスラームが、武力に訴えてジハードによってでも滅ぼすべきと考えているのは、人間による人間の不正な支配、「無法」である。人間による人間の支配から人類を解放し法の支配へと導くことがイスラームの宣教の第一の目的であり、イスラームへの入信は、税金の支払いによって免除される、いわば「オプション」であり、正統カリフ時代の所謂「イスラームの大征服」も、既に述べた通り、イスラームを信仰する者たち、ウンマの増大であるよりも、むしろイスラーム法の法治空間「ダール・イスラーム」の拡大であったのである。

原始キリスト教会は、ローマ帝国の支配下において迫害される非合法カルトであり、キリスト教徒だけの排他的な信徒組織であったが、イスラームはムハンマドの生前から既に異教徒を支配下におく都市国家の「国教」であった。このキリスト教とイスラームの宗教としての形の違いが、文明としての西欧文明とイスラーム文明の相違を生み出すことになったのである。

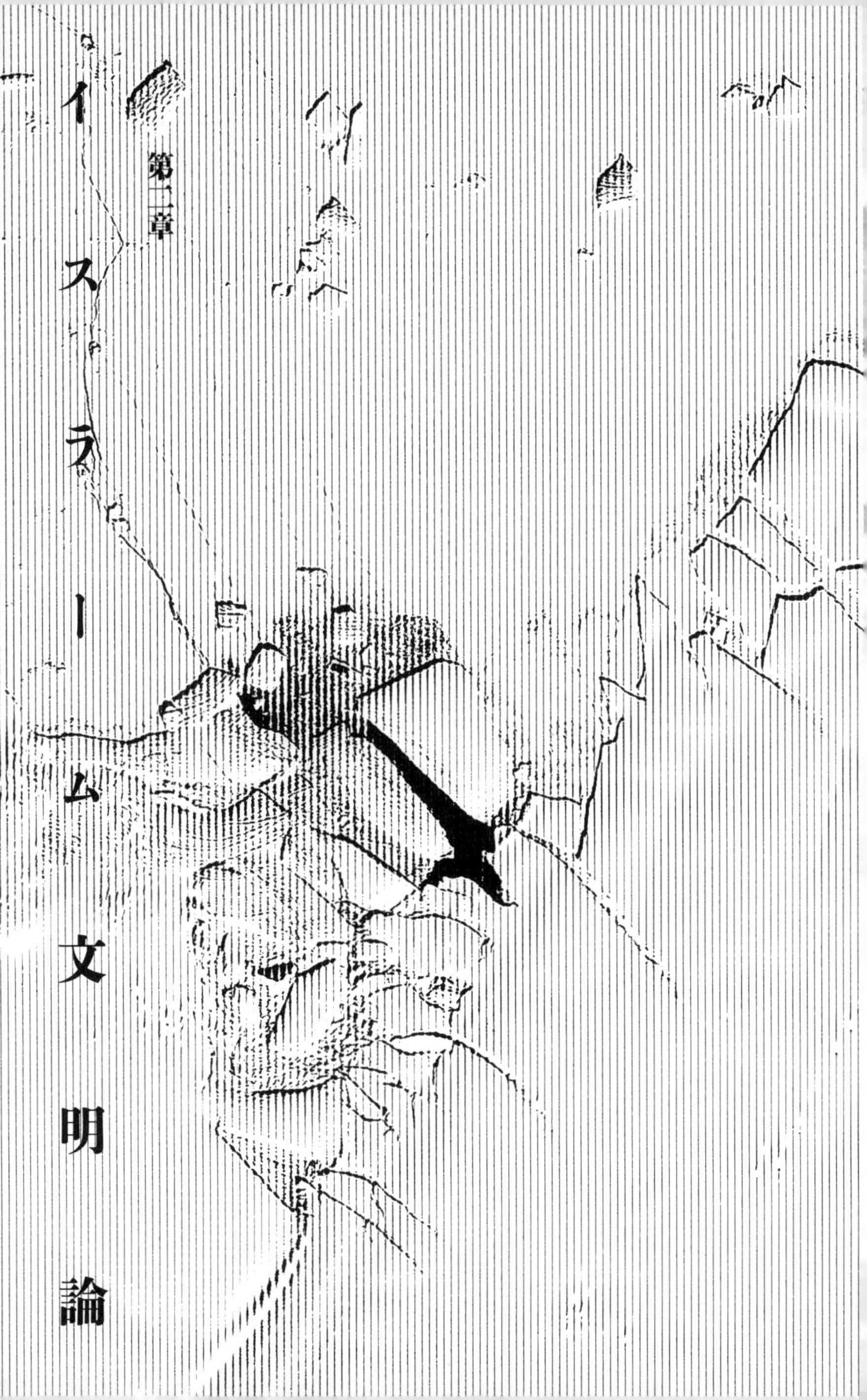

第二章 イスラーム文明論

1 イスラーム文明

イスラーム文明を、ヘレニズム文明、ローマ帝国の継承文明ではなく、シリア文明、アケメネス朝ペルシャ帝国の継承文明とみなし、正教キリスト教文明、ヒンズー文明、極東文明と並んで西欧文明に追い詰められながらも存続している文明とみなすトインビーの文明論、それに対して「一神教諸派複合」を文明の基礎とする西アジア・北アフリカ・地中海・ヨーロッパを「西洋」として括る三木亘の文明論は本書の序論で紹介したが、三木は「東洋」を「儒教、仏教、道教複合」文明、「南洋」を「仏教・ヒンズー教複合」文明と考える。（『世界史の第二ラウンドは可能か』、33〜34頁）

他方、比較文明学者梅棹忠夫（2010年没）は、1957年に発表したその代表作『文明の生態史観』において、古代以来西欧と日本を除く旧世界には中国世界、インド世界、ロシア世界、地中海・イスラム世界、という4つの自己完結的な単位があり、近世になってそれが清帝国、ムガール帝国、ロシア帝国、トルコ帝国においてその構造が完成したとし、「植民地主義者のつごうからつくられた」「たいして根拠のあるものではない」「こまかな国境わり」を超えて「おのおのの『世界』の再建」の過程にあるが、「ロシア・ブロックがまず、革命による厚生策に成功する。中国、インドも着々と効果をおさめつつある。四つのうち、いちばん事態がおくれているのが、地中海・イスラム世界である。」と分析している。（梅棹忠夫『文明の生態史観』、中公文庫、1998年、197〜199頁）。

トインビーと梅棹はイスラーム文明を西欧文明と別個のものと考え、三木は両者を一神教複合文明として一括りにしているとの違いがあるが、三者共にイスラーム文明をその発祥の地中東の社会と同一視している点においては共通している。しかしインド亜大陸は、11世紀以来イスラーム化が進み16世紀から19世紀まではイスラームのムガール帝国がその大半を支配し、現在も人口の約4分の1はイスラーム教徒であり、東南アジアでも総人口の約3分の1がイスラーム教徒であり、宗教別に見るならイスラーム人口が最大であり、最大の国家インドネシアは人口の8割弱がイスラーム教徒である。

ロシアと中国に関してはイスラームを無視しうるマイノリティーとして扱うことがかりに許されるとしても、トインビーや梅棹のように、イスラームを無視した上でインド亜大陸をインド文明とみなしてイスラーム文明と並べるのには無理があるし、インド亜大陸と東南アジアでイスラームがヒンズー教に次ぐ人口を有する以上、三木のように、イスラーム抜きに、南洋を「仏教、ヒンズー教複合文明」とみなすのも妥当性を欠く。

トインビー、梅棹、三木の文明概念は世界を理解するためにヒューリスティック（仮説形成法的）な価値を有するが、イスラームそのものを知るためにはそれぞれ短所がある。ここで参考になるのが、世界的なイスラム学の権威井筒俊彦の言葉である。

「ひるがえって反省してみますと、従来われわれ日本人はイスラームに対してあまりにも無関心でありすぎました、学問的にもまた常識的にも。……中略……真に日本的という形容詞をかぶせるに値するようなイスラーム学は全く存在していません。……中略……日本人にとってイスラームはいままで、いわばまるで赤の他人でした。ところがそのイスラームが歴史的現実としてわれわれに急に近づいてまいりました。……中略……イスラームという文化はいったいどんな本質構造をもっているのか、――それをわれわれは的確にとらえなければならない。それがはっきり主体的に呑みこめないかぎり、イスラームを含む多元的国際社会なるものを、具体的な形で構想したり、云々したりすることは出来ないからであります。イスラームという宗教の性格、イスラームという文化の機構が根源的な形で把握されてはじめて、イスラームはわれわれ日本人の複数座標的な世界意識の構成要素としてわれわれのうちに創造的に機能することができるようになるでありましょう。」

世界的文明学者でもあった井筒俊彦（1993年没）が1981年に書いた『イスラーム文化』（岩波文庫、1991年）の中で述べた言葉である。

井筒はここで「文明」ではなく「文化」の語を用いており、同書（16頁）だけではなく代表作である『意識と本質』（岩波文庫、1991年）においても（406〜407頁）、20世紀末からの流行の「文明間対話」ではなく「異文化間の対話」を語っている。しかしアラビア語、ヘブライ語のセム語、近代ヨーロッパ諸語は言うまでもなく、ギリシャ語、ラテン語、サンスクリット語のような古典語から現代ペルシャ語に至るインド・ヨーロッパ諸語、トルコ語、マレー語、中国語と語族を異にする30数か国語を自在に使いこなした語学の天才であった彼は東洋と西洋の古今の文化を知り尽くした上で、「同じ東洋」の思想としての日本独自のイスラーム理解を追求しており、井筒のイスラーム研究は、真の意味で文明論的であり、ここで彼の言う「文化」は文明論で言う「文明」を意味していると言うことができる。

我々にとって、井筒の文明論の長所は、思想、文化としてのイスラーム自体を、現実の国際社会にも影響を及ぼす独自な世界形成のマトリクスとして動的に捉えていることである。井筒は言う。「イスラーム文化もまた、地中海文化、イラン文化、インド文化、アフリカ文化等との文化枠組み的接触の、創造的エネルギーの働きの所産にほかならないのであります。」（15頁）

極東、中東、近東を合わせた広大なアジア文化圏を「東洋」として一括りにする（『意識と本質』岩波文庫、1991年、7頁）井筒は、イスラームを西洋ではなく東洋の思想として把握している。つまり、トインビー、梅棹、三木らのイスラーム文明理解が、地理的な中東という枠組みを越えることができていないのに対し、井筒のそれは宗教としてのイスラーム自体に定位することにより、地理的限界を超えてインド亜大陸、東南アジアは言うに及ばず、中国をも越えて、日本のイスラームまでを射程におさめることができるのである。

実は、イスラームを地理的、系譜的にユダヤ・キリスト教に連なる中東の宗教と考えるのではなく、仏教、ヒンズー教、儒教、老荘思想などと並ぶ東洋の宗教とみなすのは井筒の創見ではない。イスラームが東洋の宗教の一つであるとの認識は、第二次世界大戦前の日本人の間では広く共有されていた。

１９０９年、明治の元勲伊藤博文（内閣総理大臣、１９０９年没）は、亡命タタール人アブデュルレシト・イブラヒムからイスラームを教わるが、その時伊藤は「イスラームは、とくに東洋の民族の間でよく広まっているようですので、日本人にも容易に受け容れられると思います」と述べ、「ラーイラーハ・イッラーラー、ムハンマド・ラスールッラー（アッラーの他に神はなく、ムハンマドは神の預言者なり）」です」との信仰告白の言葉を唱えている。（アブデュルレシト・イブラヒム『ジャポンヤ』第三書館、1991年、143〜144頁）

しかし、戦前の日本人がイスラームを東洋の宗教の一つと考えていたことは、日本的な万教帰一的観でイスラームを理解していたということでもある。伊藤博文にしても、彼がイスラームの信仰告白の言葉を「正しく」理解して「本当に」イスラーム教徒になったと言えるのか、極めて疑わしい。

東洋の宗教としてのイスラームの日本的理解が成り立つには、万教同根として神道、仏教、儒教の混淆を厭わぬ日本的宗教観を安易にイスラームに投影するのではなく、自らの解釈枠組み自体を反省に付す主体の変容が要請される。井筒は言う。

「H・G・ガダマー（ドイツの哲学者、解釈学者、2002年没）の語る『地平融合(Horizontverschmelzung)』の現成です。……かつて中国文化との創造的対決を通じて独自の文化を東洋の一角に確立し、さらに西欧文化との創造的対決を通じて己を近代化することに成功した日本は、いまや中近東と呼ばれる広大なアジア的世界を基礎づけるイスラーム文化にたいして、ふたたび同じような文化的枠組みの対決を迫られる新しい状況にはいっているのではないでしょうか。」（17頁）

しかし、『イスラーム文化』が書かれてから36年が経った今も現状は何も変わっておらず、日本人は現在に至るまでイスラームそのものに対する関心は極めて薄く、イスラーム文明と主体的に対決する日本独自のイスラーム学はいまだに生まれていない。

私事になるが、同書が出版された1981年は、私が東京大学イスラム学科への進学を決めた年であり、出版されたばかりの同書は当時の私の愛読書の一冊でもあった。本書は『イスラーム文化』における井筒の呼びかけに対する私なりの応答と言うこともできよう。

2 イスラームと歴史

陽は昇りまた沈み、春夏秋冬と季節は廻る。時間は円のように繰り返し同じところに戻ってきてそれを無限に繰り返す。古代の社会の多くでは時間はそのように考えられていた。これを円環的時間観と呼ぶ。高名なルーマニアの宗教学者のミルチャ・エリアーデ（1986年没）は、古代社会の神話と儀礼の基本構造を「偉大な始源の黄金時代」への周期的回帰の反復として捉え、それを「永遠回帰」の神話と呼んだ。

またスイスの新訳学者オスカー・クルマン（1999年没）は、ヘレニズムの円環時間論に対して、創造によって始まり終末に向かって流れる一回限りのユダヤ・キリスト教の時間観を直線的時間と名付けた。

現代の我々の歴史意識も基本的にこのユダヤ・キリスト教の時間によって規定されている。ユダヤ教、キリスト教徒と同じセム系一神教、あるいはアブラハム的宗教であるイスラームも同じ歴史観を共有する。イスラームでも世界はアッラーの創造によって始まり一直線に世界の終末、最後の審判を迎える。

しかしイスラームとユダヤ・キリスト教、あるいはクルアーンと聖書は、歴史観の大枠においては一致しているにもかかわらず、一見して顕著な違いが存在する。それはイスラームの相対的な「歴史軽視」である。確かにイスラームにおいてもユダヤ・キリスト教と同じく、救済史としての一回限りの歴史は教義の根幹であり、その重要性は否定できない。しかし歴史記述のディテールを見れば、ユダヤ・キリスト教との相違は明白である。

聖書では、天地創造の7日間の創造の御業が詳細に記されている。一方、クルアーンでは天地が7日で創造された、とあるだけである。

創世記5章から9章にかけてはアダムの創造からノアの洪水までの歴史についてアダムからノアまでの子孫たちの年齢をアダム930歳、セツ912歳、エノス905歳、カイナン910歳、マハラレル895歳、ヤレド962歳、エノク365歳、メトセラ969歳、レメク777歳、9章ノア950歳と全員の寿命を書き出しているが、クルアーンにはそのような記述は全くない。

それゆえキリスト教では現代の聖書根本主義者（fundamentalist）だけでなく、古来より聖書に基づき宇宙の年齢が計算されてきたのに対して、クルアーンには、「天使と霊は五万年にあたる一日で登る」（クルアーン70章4節）、「おまえたちの数えるところでは千年にあたる一日でそこに登る」（32章5節）と、同じ「一日」といっても天の時間と地の時間が違うことが、しかも千年と5万年という様々な尺度があることが、明言されているため、地球の年齢や宇宙の年齢を計算しようなどという動きは、現代の所謂「イスラーム原理主義者」の間にも存在しない。

神学的にも、ユダヤ教のヘブライ語（旧約）聖書は、族長アブラハムの選びとメソポタミアからの脱出、その息子イサク、そしてユダヤ人の祖となる孫のヤコブ（イスラエル）、曾孫のヨセフのエジプト移住、そしてモーセに率いられたヤコブの子孫、イスラエルの民（ユダヤ人）がシナイ山で律法を授かり、律法の遵守を条件にアブラハムに約束されたパレスチナの地に入り、ダビデが王国を建て、イスラエルの民の罪により滅びた王国がメシアによって再興されるとのユダヤ人の救済史の物語そのものと言っても過言ではない。キリスト教のギリシャ語（新約）聖書はその全体が、イエスという人物が（旧約）聖書に約束された救い主メシアであり、律法の遵守に代わってイエスへの信仰によって救われるとの新しい契約（新約）による救済史の書き換えの書である。つまりヘブライ語聖書は、ユダヤ民族が体験した出来事、ギリシャ語聖書はイエスの生涯の出来事、つまり歴史的事件を中心に編集されたものであり、歴史は決定的に重要なのである。

そのことはユダヤ教、キリスト教の祭りにも表れている。ユダヤ教では、ユダヤ人が出エジプトで荒野の天幕に住んだことを記念する仮庵《かりいお》の祭、エジプトでファラオの初子の殺害命令からユダヤ人が救われたことを記念する過ぎ越しの祭、シナイ山で神から律法を授かったことを記念する7週の祭などの重要な祭りはいずれもユダヤ民族の運命を決める重要な歴史的事件を記念するものである。キリスト教ではイエスの生誕を祝うクリスマス、十字架の死からの蘇りを祝うイースター、復活後のイエスが弟子たちに予言した聖霊の降臨を祝うペンテコステなどが、福音書の出来事を記念して祭りとされている。

一方、イスラームにおいては、イスラーム法の定める祭りは、イード・アルフィトル（開斎《かいさい》祭り）、イード・アルアドハー（犠牲祭）の二つしかないが、イード・アルフィトルはラマダーン月の1か月の斎戒断食の終わりを祝う祭りであり、特に歴史的事件に因むものではない。イード・アルアドハーは確かに歴史的事件に因む祭りであるが、既にムハンマドがイスラームの教えを説く以前からマッカの多神教徒たちも行っていた儀礼であり、イブラーヒーム（アブラハム）が息子のイスマーイール（イシュマエル、聖書ではイサク）を屠る代わりに家畜を犠牲に捧げた故事に基づいており、ムハンマドに因んだ歴史的事件とは関係なく、イスラーム法は、ムハンマドの生誕、逝去、クルアーンの啓示の始まりなどを祝祭日としていない。第2代正統カリフ・ウマルの時代にそれに因んでイスラーム暦元年と定められたヒジュラ（聖遷）の出来事も特に祝われることもないのである。

ユダヤ・キリスト教と比較してのイスラームの歴史性の希薄さは、クルアーンに帰される預言者たちの物語にも表れている。伝統イスラーム学は、クルアーンを内容別に（1）神の唯一性、（2）命令と禁止、（3）（諸預言者）物語、に三分しており、預言者の物語は重要である。しかし、それらの物語は、我々の考える歴史ではない。

イスラーム学は、神の啓示を授かった者を預言者、中でも特に固有の聖法の啓典を授かりその宣教を命じられた者を使徒と呼ぶが、預言者の数は12万4000人、使徒の数は313人とも言われる。クルアーンは使徒たちの中には預言者ムハンマドに物語られた者と語られなかった者がいる、と明言している（4章164節）。クルアーンに名前が記されている預言者は、新旧約聖書に登場する人物と同定可能なアーダム（アダム）、イドリース（エノク）、ヌーフ（ノア）、イブラーヒーム（アブラハム）、ルーツ（ロト）、ヤークーブ（ヤコブ）、イスマーイール（イシュマエル）、イスハーク（イサク）、ユースフ（ヨセフ）、アルヤサア（エリシャ）、イルヤース（エリヤ）、ムーサー（モーセ）、ハールーン（アロン）、ダーウード（ダビデ）、スライマーン（ソロモン）、ユーヌス（ヨナ）、アイユーブ（ヨブ）、ズー・アル＝キフル（エゼキエル）、ザカリーヤー（ザカリア）、ヤフヤー（ヨハネ）、イーサー（イエス）の21人、クルアーンのみに現れる預言者サーリフ、シュアイブ、フード、ムハンマドの4名の、合計25名であるが、聖書に現れる預言者たちも逸話が語られることがあっても時系列順にいつ何をしたのか、つまり歴史が語られることはない。

そもそもクルアーンの預言者たちは聖書の預言者に比べると没個性的である。ある程度纏まった逸話が語られているのは、アーダム（アダム）、ヌーフ（ノア）、ユースフ（ヨセフ）、ハールーン（アロン）、アイユーブ（ヨブ）、ザカリーヤー（ザカリア）、ヤフヤー（ヨハネ）、イーサー（イエス）のような聖書の預言者たちぐらいであり、アルヤサウ（6章86節、38章48節）、イルヤース（エリヤ、37章123節）、ズー・アル＝キフル（エゼキエル、クルアーン21章85節、38章48節）に至っては、名前が言及されているだけでいつの時代の人物かも具体的に何を行ったのかも何も記されていない。

クルアーンの中で預言者たちの言葉として最も多用されているのはヌーフ（聖書のノア）、サーリフ、ルート（聖書のロト）、シュアイブが述べた「私はおまえたちに対する信頼すべき使徒である。それゆえアッラーを畏れ、私に従え」（3章50節、26章107〜108節、125〜126節、26章143〜144節、162〜163節、178〜179節）であり、後段の「それゆえアッラーを畏れ、私に従え」についてはイーサー（聖書のイエス）も「私はおまえたちの主からあなたがたに徴をもたらした。……中略……それゆえアッラーを畏れ、私に従え」と述べており、次に多いのがヌーフ（ノア）、フード、サーリフ、シュアイブの「我が民よ、アッラーを崇めよ。おまえたちには彼以外に神はない」（7章59、65、73、85節、11章50、61節、23章23節）である。

聖書の預言者たちの物語が、救済史の歴史的な文脈の中でそれぞれ独自の意味を有するのに対して、クルアーンの中に多くの預言者たちが登場するのは、どの預言者も民に自分が伝える「ただ一人の神を崇めよ」とのただ一つのメッセージを伝え、そのメッセージに背いた民は滅びた、との事実を伝えるために過ぎない。つまりクルアーンに多くの預言者たちの物語が記されているのは、それぞれの独自のメッセージを教えるためというよりも、預言者たちの数は多くともその教えは一つ、アッラー以外に崇めるべき神はなく、背く者は誰であれ——たとえイスラエルの民であれ、キリスト教徒であれ——滅ぼされる、ということを伝えるために、ことに数多くの預言者たちの名があげられているのである。

要言するなら、イスラームは宇宙の創造に始まり終末、最後の審判に向けて流れる直線的時間観をユダヤ・キリスト教と共有するが、ユダヤ民族の興亡、イエス・キリストの公生涯という特別な歴史的事件を救済史の中核に据えるユダヤ教、キリスト教と比べて、アーダム（アダム）以来の全ての預言者たちの教えとの自己理解を有するイスラームは、預言者ムハンマドの個別的歴史性より、全ての人類に対する慈悲の教え（「われら（アッラー）がおまえ（ムハンマド）を遣わせたのは人類に対する慈悲として他ならない」、クルアーン21章107節）としての普遍性を強調する教えであり、そのことはユダヤ・キリスト教とイスラームの祝祭日、聖書とクルアーンにおける預言者の物語の比較によって明らかなのである。

3 規範的イスラーム

本書が論ずる「イスラーム文明」は、「まことにアッラーの御許の宗教はイスラームである」（クルアーン3章19節）との規範的イスラームの実在を前提とし、その規範的イスラームが文明を生み出すマトリクスであるとの仮定に立つ。その規範的イスラームが生み出すイスラーム文明とは、「ダール・イスラーム」の中でイスラーム教徒と異教徒が協同して生み出したもの、及び「ダール・ハルブ」においてイスラーム教徒の営みを合わせたものとなる。

したがって本書が論ずるイスラーム文明は、地理的に中東に限定されず、アフリカ、中央アジア、南アジア、東南アジアにまたがり、ヨーロッパ、アメリカ、日本の文化とも部分的に重なり合うことになる。

そうだとして、そもそも「イスラーム」とは何を意味するのか。「イスラーム」とは、字義的には、アラビア語、s-l-mという3つの子音からなる語根から派生する動詞第4形の動名詞で「服従」、「帰依」を意味し、預言者ムハンマド以降の世界史の中では、通常は「絶対唯一神アッラーへの帰依」の一言に纏められる実定宗教（positive religion）の名前となる。ユダヤ教、キリスト教、仏教、ヒンズー教といった宗教の名前が後世になって他者からつけられた名前であるのに対し、イスラームだけは、啓典自体がその名を告げている（クルアーン3章19節）。イスラームの視点からは、イスラームは預言者ムハンマドが始めた実定宗教では決してない。クルアーンにおいてムーサー（モーセ）やイーサー（イエス）もアッラーの啓示を伝える使徒であり、イスラームは「（イブラーヒーム）アブラハムの宗旨」とも呼ばれる。アーダム（アダム）以来の全ての預言者の教えは全て一つの宗教、イスラームなのである。そればかりかクルアーンには「天と地にある者は自発的に、また強制されて彼にイスラームする」（3章83節）とも言われている。つまり、イスラームとは、イスラーム教徒ではない人間、動植物ばかりか無生物や天体をも含む森羅万象の存在様態でもあるのである。

それゆえ、西欧では自然科学に分類される学問も、イスラーム学においては、自由意志と啓典を授けられた倫理的存在である人間を除く、アッラーに自発的に従っている――西欧科学なら「自然法則に従っている」と言う――森羅万象の存在様態、即ちイスラーム、の研究とし位置付けることもできる。

人間を除く森羅万象のイスラームが「事実的」であるのに対して、規範的イスラームとは人間のイスラームを意味する。物理的存在としての人間は、森羅万象の一部として、アッラーの命に従って存在しており、その一挙手一投足、それればかりか、感情の微細な動きに至るまで、全てはアッラーの命令による素粒子の生成の束に過ぎず、アッラーの命令を寸毫《すんごう》たりとも離れることはない。しかし人間は物理的存在として否応なくアッラーに「イスラームしている」と同時に、それらの行為において、アッラーの啓示に則っているか否か、を常に問われる倫理的存在でもある。アッラーの存在付与的意志（イラーダ・カウニーヤ）から離れることがない物理的存在であると同時に、アッラーの聖法的意志（イラーダ・シャルーヤ）に背き悪を犯しうる倫理的存在である、というこの二重性が人間の存在様態を特徴付け、イスラームの教えに反して罪を犯す存在でありながらアッラーへの服従（イスラーム）を志向する倫理性こそが人間存在の本質なのである。

森羅万象の存在様態が全てイスラームであるとしても、伝統イスラーム学が研究対象としてきたのは、この意味のイスラームではなく、この人間のイスラーム、規範的イスラームであり、それは預言者たちの宗教（ディーン）を指す。但し、預言者たちの「宗教」は全て同一なイスラームであるが、それぞれの預言者たちのおかれた時と場合に応じて授かった啓示のシャリーア（聖法）は異なる。

4 宗教とシャリーア

預言者はムハンマドだけではなく、彼には、ヌーフ（ノア）、イブラーヒーム（アブラハム）、ムーサー（モーセ）、ダーウード（ダビデ）、イーサー（イエス）など多くの預言者が先行している。ムハンマドのシャリーアが先ず天啓のクルアーンであったのと同様に、シャリーアは預言者への天啓の概念と不可分である。ムーサーの律法（タウラー）、ダーウードの詩篇（ザブール）、イーサーの福音（インジール）などはクルアーンと同様に天与の啓典である。古典アラビア語辞典『アラブの言葉（リサーン・アラブ）』にも「宗教は一つであるがシャリーアは相違する」とある通り、預言者たちのシャリーアの真髄は一つであり、それが「イスラーム」という「宗教」である。しかしムハンマドのシャリーアは先行する預言者たちのシャリーアに比べてより普遍的かつ包括的な完全なシャリーアであり、それゆえ預言者ムハンマドの登場により、過去のシャリーアは全て乗り越えられ用済みとなった。したがって、ムハンマド以降のムスリム世界を考える場合には、宗教としてのイスラームは、ムハンマドのシャリーアによって最終的な形を与えられたアッラーの教えを指すことになる。

それゆえ「イスラーム」の語には万物の存在様態としての事実的意味、人間の主体的なアッラーへの帰依としての規範的な意味に加えて、「イスラーム」には預言者ムハンマドのシャリーアとしてのもう一つの意味があることになる。

アッラーへの帰依としての「イスラーム」が個々人の生き方であるとすると、シャリーアは教義の体系である。「シャリーア」とはアッラーの言葉である啓典クルアーンとそれを補完する預言者ムハンマドのスンナの教えの総体であるが、クルアーンは言葉であり、スンナもまた言語的に範型化された記録（ハディース）として編集されており、つまり言葉の束として存在する。共に事物の存在様態としての事実的なイスラームと区別された規範的なイスラームでありながら、人間の生の事実である帰依としてのイスラームと、言葉の体系であるシャリーアとしてのイスラームが次元を異とすることには注意しなければならない。

　帰依としてのイスラームとは、個々の人間の個々の瞬間における生き方であって、一般的な教義や規則の束ではない。全ての個体が異なる個性と能力を持ち、あらゆる瞬間がそれぞれに異なった環境におかれている以上、求められるイスラームは個体ごとに瞬間ごとに相違する。しかも一つの個体がある瞬間に求められるイスラームのあり方は一つに決まるわけではなく、大きな幅がある。人間の数に応じて、それぞれに無数のイスラームの可能性が存在するのである。しかし大きな幅があるとはいえ、ムスリムの全ての行為がイスラームであるわけではなく、ムスリム自身がイスラームと信じている行為ですらその全てがイスラームであるわけではない。

　たとえばムスリムが病気治しを願って薬師如来像を拝めば、もはや彼はムスリムではなく偶像崇拝者であり、その行為がイスラームでないことは明白である。しかし高名なムスリム聖者に病気の癒しを願うことが敬虔な行いと信じて聖者廟を詣でる善男善女の行為がイスラームなのか、イスラームからの逸脱なのか、あるいは多神崇拝そのものなのか、は判断が難しいところである。

　また一見してイスラームではなさそうな行為であってもイスラームである場合もある。豚肉を食べるのは一般論としてはイスラームではないが、他に食べるものがなく餓死の恐れがあるような状態で食べることは問題なくイスラームである。また飢えて食べ物がない、といった状況ではなく、ついつい食欲に負けて食べてしまった、というような場合でも、豚を食べる、という行為を単独で取り上げれば、確かにそれはイスラームではないとしても、豚を食べる、という行為は人間の認識作用の中で切り取られた抽象であり、実際にはより広い文脈の中に埋め込まれているのである。豚を食べながら激しく後悔していて後になって悔い改める、といった場合もあれば、異教徒の敵に囲まれて自らの信仰を隠して生きている中で、成り行きから知人と豚料理でいやいや会食することになった、などといった文脈も考えられる。こうした場合、豚を食べるという行為だけを文脈から切り離せばイスラームではないにしても、豚を食べているその人のその時点の行為の総体的意味の文脈の中において、「豚を食べる」という瞬間を含むその人の生がイスラームではなかった、ということには必ずしもならない。

ムスリムが知るべきは、今ここで自分がいかにイスラームすべきかであるが、その答えはどこにもない。有限な「語」は無限な世界に事象をその総体において記述することは決してできず、また有限な人間の脳は、無限に複雑な世界の事象をその総体において処理、把握することはできない。それゆえ言語と人間の情報処理能力の限界ゆえに、いかに神の言葉である啓典クルアーンであれ、神の使徒である預言者ムハンマドであれ、個々のムスリムの特定の場所と時の状況における全ての行為について個別に具体的な行動指針を述べることはできないからである。

クルアーンとスンナ、シャリーアとしてのイスラームは、言葉の束である以上、一般的な道義的教えだけでなく、具体的な法規範であっても、あくまでも言語的に範型化された抽象であり、生の事実ではない。イスラーム法のカズイスティク（決議論的）をムスリムの行為と混同することは厳に慎まなければならない。シャリーアとしての規範的イスラームは、神に対する正しい帰依としての規範的イスラームの基準となるものであり、両者の規範性の階層の違いを見落としてはならないのである。

あらゆるムスリムは常にその言動、思考の「イスラーム性」を厳しく問われているのであり、それには最後の審判に至るまで、答えは与えられない。なぜならば真の宗教としてのイスラームはアッラーの御許《おんもと》にある、つまり、イスラームとは「アッラーがイスラームとして承認されたもの」をおいてないからである。しかし回答は現世で与えられないとしても、そのヒントは、アッラーが遣わされた使徒ムハンマドが伝えたシャリーアとしてのイスラームによって十分に与えられている、というのがイスラームの宗教理解である。

以上、アッラーの御許における真の「宗教」である預言者ムハンマドが伝えたシャリーアの教義体系としてのイスラームと、個々の人間のアッラーへの帰依の様態としてのイスラームがあることが明らかになった。この両者は人間の視点からは別物であるがアッラーの視点からは同一である。なぜなら全知のアッラーは、教義体系を構成する全概念の全ての外延と、世の始めから終わりに至る全ての人間のおかれた全ての個々の状況におけるイスラームのあらゆる可能性を見渡す視野に立っているからである。

つまり「イスラーム」を「アッラーが『イスラーム』として承認するもの」と再帰的に定義することにより、その教義体系と個々人の帰依の二つの側面を統合的に把握することが可能となるのである。「アッラーが『イスラーム』として承認するもの」としての「イスラーム」は「あるべきイスラーム」、「規範的イスラーム」であるが、その基準となるのは預言者ムハンマドのシャリーアとなる。

それゆえ、本書が論ずる「イスラーム文明」は、中東からアフリカ、ヨーロッパ、中央アジア、南アジア、東南アジアにまたがるダール・イスラームに成立した文明、その外のダール・ハルブで生きるムスリムの生の営みの一部を含む概念であるが、それらの地域で行われた、それらの人々が行ったことの全てを無批判に「イスラーム」文明と呼ぶわけではない。シャリーアに照らして、正しくイスラーム的と呼べるもの、あからさまに反イスラームであるもの、そしてイスラーム性が曖昧なグレーゾーンの総体がいわば大括りの「イスラーム文明」として語られるものであり、その個別のそれぞれの要素の事象をいかにイスラーム文明の中に位置付けるかについては、そのつどシャリーアに照らして判断していくことになる。

5 イスラーム前史

既に述べたように、クルアーンには天地創造についてはほとんど歴史的記述がなく、預言者ムハンマド以前の歴史についても、預言者たちの逸話が時系列とはかかわりなく断片的に記されているだけで、クルアーンからイスラーム前史を再構成することはできない。

イスラーム史学はクルアーンの記述をイスラーイーリーヤートと呼ばれるユダヤ教、キリスト教起源の伝承によって補い、イスラーム前史を再構成してきた。タバリー（923年没）の『使徒たちと諸王の歴史（ターリーフ・ルスル・ワ・ムルーク）』、マスウーディー（956年没）の『黄金の牧場と宝石の鉱山（ムルージュ・ザハブ・ワ・マアーディン・ジャウハル）』、イブン・アシール（1234年没）の『完史（カーミル・フィー・ターリーフ）』はアーダム（アダム）以来の人類の通史であり、イル・ハン国の第7代国王ガーザーン・ハンの勅命により宰相ラシードゥッディーンらにより編集されモンゴル史を第一部、第二部に人類史を配した『集史（ジャーミゥ・タワーリーフ）』は「最初の世界史」とも称されるが、イスラーム前史については、ユダヤ・キリスト教の歴史観を下敷きにしている。

世界史をユダヤ民族への救済の約束の成就の歴史とみなすユダヤ教、アダムの原罪の贖罪のために死んだ神の子イエスによる全人類の救済の歴史とみなすキリスト教と違い、イスラームは、アーダム（アダム）以来、全ての民族にイスラームの教えとそれぞれの民族に相応しいシャリーア（聖法）を携えた預言者たちが遣わされ、最後に民族を超えた普遍的なシャリーアを授かった預言者ムハンマドが全人類に対して遣わされることによって、イスラームの教えが完成した、と考える。

既述のようにイスラームはユダヤ民族の太祖アブラハム（イブラーヒーム）をムハンマドに次ぐ大預言者とみなす。しかし正妻サラの息子イサク（イスハーク）を嫡子としユダヤ人の祖とし、召し使いの子イシュマエル（イスマーイール）を救済史から排除するユダヤ・キリスト教とは違い、イスラームはイブラーヒームの長子イスマーイールも預言者とみなす。つまり、イスラームにおいては、アラブ人の祖イスマーイールはユダヤ人の祖イスハークと同じく預言者であり、イブラーヒームの教えイスラームの継承者として、アラブ人はユダヤ人と対等であり、ユダヤ人にも預言者が遣わされたようにアラブ人にも預言者が遣わされており、ユダヤ人たちがイスラームの教えから逸脱するために新しい預言者が遣わされたように、アラブ人も父祖イブラーヒーム、イスマーイールの教えから逸脱し多神教に堕したために預言者ムハンマドが遣わされた、と考えられているのである。

クルアーンは「まことに我ら（アッラー）は全ての民族に、アッラーを崇拝し邪神を避けるようにと、使徒を遣わした……。」（16章36節）と述べており、地上の全ての民族はアッラーのみの唯一神崇拝を教える使徒である預言者を遣わされているとの前提に立つ。それゆえ、全ての文明はその基礎には唯一神教イスラームがあることになる。しかし一方で人々は使徒たちがいなくなるとイスラームの教えを改竄、歪曲してしまう、ということもクルアーンの教えであり、ユダヤ人の歴史は、この使徒の派遣、使徒の没後の人々による教えの歪曲、新たな使徒の派遣による歪曲の矯正、使徒の没後の人々による教えの歪曲、というこの歴史の繰り返されるパターンを教えるためにクルアーンに挿入されていると言っても過言ではない。

黎明期の人類の宗教の歴史については文字資料が不足しているが、「未開社会」についての人類学的知見で補いつつ、西欧の宗教学は、宗教の起源を考察してきたが、定説はない。イギリスの人類学者タイラー（1917年没）は宗教が万物に霊魂が宿ると信ずるアニミズムから多神教を経て一神教に発展したと唱えた。一方、同じイギリスの人類学者フレーザー（1941年没）、フランスの社会学者デュルケーム（1917年没）は本来の一神教から逸脱したユダヤ教、キリスト教に代わってそれぞれの部族がそれぞれ異なった動物を先祖に持つとするトーテミズムを宗教の最古の形態と考えた。これに対して、オーストリアの人類学者でカトリックの司祭でもあったシュミット（1954年没）は、人類の初めの宗教は一神教だったが後に多神教に堕した、との原始一神教説を唱えた。人類の太祖アーダム（アダム）の宗教が創造主アッラーの唯一神崇拝（タウヒード）の教え、イスラームであるとのイスラーム史観は、シュミットの原始一神教説と一致する。

日本を例にとっても、日本にも預言者が遣わされ、イスラームが伝えられていなければならない、との仮定に立って、『古事記』や『日本書紀』といった現存する日本神話を読み直してみると、天御中主神などの造化神たちが、天照大神らの神統譜の神々と根本的に異なり、「生みも生まれもしない独神（ひとりがみ）」とされているのは、「言え。アッラーは独りなるお方、……生みも生まれもしない。」（クルアーン112章1、3節）を思い起させるが、相違点が大きいため、日本神話の中に「実証的」にイスラーム伝来の痕跡が見いだされる、とは言い難い。

資料的制約から、人類の宗教の始まりがイスラームであった否か、を論ずることは、実証史学的には生産性が低い。したがって本節では、クルアーンに記述のないアジア、アフリカなどについてイスラームの視点から文明史を論ずることはせず、預言者の派遣によるイスラームの教示と人々によるその歪曲、改竄という人類史の一般的パターンの代表としてクルアーンが比較的詳しく論じているユダヤ・キリスト教史について、西欧の大歴史家トインビーの文明史理解と比較しつつ分析を加えよう。

井筒思想も「ヘレニズムとヘブライズムという二本の柱を立てれば、大ざっぱながら、一応は、一つの有機的統一体の自己展開として見通すことのできる西洋哲学」と述べているが、本書もイスラームはヘレニズムとヘブライズムの継承者であるとの立場を取る。ところがトインビーは、西欧キリスト教文明と正教キリスト教文明をヘレニズム文明の継承文明とみなす一方、イスラームをシリア文明の継承文明とみなす。（『歴史の研究（サマヴェル縮冊版）3』、384～385頁）

トインビーは一神教の発明をシリア文明の最大の偉業とみなす一方（『歴史の研究（サマヴェル縮冊版）1』、167頁）、キリスト教については、その「創造力の萌芽は、ヘレニック社会本来ものではなく、外から来たものであった。」、「キリスト教がその役割を演じた社会にとって外来の萌芽から生じた世界教会」（48頁）と、「うわべの装いの下からはっきり透けて見える、依然として改悛の様子のないヘレニック社会の異教主義」を指摘し、「キリスト教自身は理論上は一神教と偶像崇拝の禁止を忠実に遵守しながら、実際上は、……中略……キリスト教に改宗したヘレニック社会人の多神教徒偶像崇拝に譲歩したからである。」（『歴史の研究（サマヴェル縮冊版）3』、230頁）と述べている。つまりトインビーによると、キリスト教は一神教としてはその発祥のシリア文明に由来しながらもシリア文明の生み出した一神教の正嫡であるユダヤ教から分離しヘレニズムの多神教と偶像崇拝と混淆しており、また地理的にはヘレニズムのヨーロッパ社会にとって外来の異質なものであったことになる。

またトインビーはユダヤ教については、普遍宗教に脱皮したキリスト教、イスラームと比較して、神ヤハウェの地方性と排他性という二つの特徴を残した宗教であり（『歴史の研究（サマヴェル縮冊版）1』、232頁）に過ぎないとみなしている。

トインビーによると、ユダヤ教は排他的な民族宗教であり、既に化石化しており、歴史的使命を終えている。我々にとってより重要なのは、キリスト教とヨーロッパの関係である。ヨーロッパにとってキリスト教は偶有的であり、キリスト教にとってヨーロッパは異教的なものである。

トインビーは、キリスト教とイスラームを比べて言う。「創造力の萌芽は、ヘレニック社会本来のものではなく、外から来たものであった。それとは反対に、イスラム教の創造的萌芽は、シリア社会の外から来たものでなく、シリア社会はえぬきのものであった……中略……キリスト教がその役割を演じた社会にとって外来の萌芽から生じた世界教会であるが、イスラム教は土着の萌芽から生じたものである。」（『歴史の研究（サマヴェル縮冊版）1』、48頁）

イスラーム文明と西欧文明を対比することによって、歴史的に西欧文明の根幹がヘレニズムの異教主義であり、シリア文明由来の一神教であるキリスト教もヨーロッパにとって決して本質的ではなく、ローマ帝国で国教になって以来、中世においては表面的にはヨーロッパを覆ったそのキリスト教も、あくまでも偶有的であり表層的なものにとどまり、また本来の一神教からは逸脱したものであったことをトインビーは浮き彫りにすることに成功している。

本書において重要なのは、ユダヤ教徒は偏狭な民族宗教として唯一なる真主の教えを遍く人類に伝える器ではなくなっており、またキリスト教は西欧にとって外来の宗教に過ぎず、西欧のアイデンティティをなすものではなく、またキリスト教がローマ帝国の国教となり、ゲルマン民族やケルト民族などの周辺民族もまた表面的にキリスト教を受け入れたものの、それはキリスト教の一神教からの逸脱と引き換えであったとのトインビーの認識であり、それは全人類に普遍的に通用する聖法シャリーアを携えた使徒ムハンマドが解き明かした一神教の最終形態としてのイスラームが、本来の一神教から逸脱したユダヤ教、キリスト教に代わったとのイスラームの歴史理解とおおまかに符合するということである。

6 イスラーム文明の誕生

イスラームの視点からは、イスラーム文明は人類の太祖アーダム（アダム）と共に始まることになるが、本書では、狭義の「イスラーム」、ムハンマドのもたらしたシャリーア（聖法）の教えに基づく文明を「イスラーム文明」と呼ぶ。

イスラームの教義は「アッラーの他に神はない。ムハンマドはアッラーの使徒である。」という信仰告白の表現に凝縮される。ムハンマドの使徒性は、アッラーの唯一性に次ぐイスラームの根本教義であり、イスラーム文明の誕生がムハンマドの生涯にかかわっていることは間違いない。しかしイスラーム文明は正確にいつ始まったのか。ムハンマドの「公生涯」は、610年頃、彼の許に臨んだ天使ジブリール（ガブリエル）からアッラーの啓示を授かった時に始まる。ムハンマドは40歳になる頃から、山に籠もって瞑想にふけることが多くなっていた。最初の召命体験はこの山籠もりの瞑想中に生じたが、この時下されたのがクルアーン第96章1—5節「読め。創造を成された汝の主の御名に於いて読め。凝血から人間を創造された御方。読め。汝の主は最も尊い御方。筆とる術を教えられた御方。人間にその知らぬことを教えられた。」である。

ムハンマドはこの啓示を最初は家族と親しい友人のみに教えたが、3年ほど経つと、マッカの多神教徒たちに公然と宣教を始めた。しかしマッカの有力者たちは、イスラームを受け入れず、ムハンマドを信ずるムスリムたちはマイノリティーとして迫害を被ることになった。この時点では、いかなる意味でも、イスラーム文明はまだ存在していない。

新興のムスリム共同体の運命が変わるのは、預言者ムハンマドが、ヤスリブ（後のマディーナ）の為政者として招かれ、マッカから移住（ヒジュラ、聖遷）した古参のムスリム（ムハージルーン）とマディーナ在地の新入ムスリム（アンサール）と共に「都市国家」の建設に着手した時である。既に述べた通り、このヒジュラの年は、第2代カリフ・ウマルによりイスラーム暦元年とされたが、ヒジュラが時代を画するものであったことは、広く認められている。

しかしヒジュラがイスラームにとって画期的であったとしても、世界的観点からは、文明の辺境の地アラビア半島の一地方都市マディーナでの出来事を新しい文明の誕生とみなすことは難しい。

ヒジュラによって、イスラームは単なる個人的信仰、狭義の宗教を超えて、社会を形成する力となった。マディーナで、クルアーンの啓示に則り、ムハンマドはムスリム間の社会生活を律するのみならず、ムスリムと異教徒との間の戦争と共存の関係をも規定するイスラーム法の基礎を置いたのであり、遡及的には、ヒジュラをイスラーム文明誕生の萌芽とみなすことができるかもしれない。しかし、現実に、イスラームが世界史の表舞台に登場し、新しい文明として認知されることになるのは、イブラーヒーム（アブラハム）とアラブ民族の祖イスマーイール（イシュマエル）が建てたとされるカアバ神殿を擁しムハンマドの召命以前からアラビア半島の宗教的中心地でもあった故郷のマッカをムハンマドが征服し、アラビア半島の諸部族が彼に服属を誓った所謂「遣使の年」６３１年である。イスラームの伝承によると、この時すでにムハンマドは、東ローマ帝国皇帝、サーサーン朝ペルシャ帝国皇帝などにイスラームへの帰依を説く使節を遣わしていた。たとえば東ローマ帝国皇帝への手紙は以下の文面であった。

「慈悲遍く仁愛厚きアッラーの御名によりて

アッラーに使徒ムハンマドより、東ローマ皇帝ヘラクレイオスへ

（アッラーの）導きに従う者に平安あれ

私はあなたをイスラームの教えに招く。

イスラームに入信せよ。さすればあなたは安全となろう。

イスラームに入信せよ。さすればアッラーはあなたに2度の報酬を与う。

もし背を向けるなら、あなたは臣下の罪をも負うこととなろう。

『啓典の民よ。我々とあなた方の間で共通の「我々はアッラー以外のなにものをも崇拝せず、また同位に配しません。またアッラー以外に、我々の同輩である人間を主としません。」との言葉のもとに来たれ。もし彼等が背き去るなら、「我々はムスリムである」と証言して言うがよい。』」（クルアーン3．イムラーン家章64節）

ちなみにムスリムの歴史家の伝えるところでは、この書簡を受取った東ローマ帝国皇帝は

マッカの多神教徒の指導者アブー・スフヤーンを召喚し、預言者について質問し、その返答を聞いて「もしお前の言うことが本当なら、まことに彼は預言者である。私はその者が現れるのを知っていたが、お前たちの間から現れるとは思っていなかった。もし私が彼に近付けると分かっていれば、私は彼に会いたいと思ったことだろう。また私が彼の側にいたなら、彼の両足を洗ったことであろう。彼の権勢は私の足下にまで及ぶことであろう。」と述べた、とされるが、東ローマ帝国の同時代資料にはそれを裏付ける文書はなく、オリエンタリストはその信憑性を疑っている。

ともあれ、預言者ムハンマドは、既に存命中に、東ローマ帝国、サーサーン朝ペルシャ帝国の併合をも視野におさめており、630年のアラビア半島征服によりその客観的条件が整うことになった。しかしムハンマドは東ローマ帝国の征服の準備を進めていたが、その事業を成し遂げることなく632年に亡くなる。世に言う「イスラームの大征服」が始まるのは、第2代カリフ・ウマルの時代であり、第2代カリフ・ウマル、第3代カリフ・ウスマーンの時代に、イスラームの支配はアラビア半島を越え、ペルシャ帝国を滅ぼし、東はイランの大部分とアフガニスタンの西半を、東ローマ帝国からその経済的、文化的に豊かなシリアの南半分と北アフリカを奪い、広大な地域に及ぶことになったが、これらの地域は現在ではムスリムの人口比率が9割を超えるイスラーム世界の中核地域となっている。また第3代カリフ・ウスマーンの時代には、井筒俊彦が「イスラーム文化を究極的に一つの文化たらしめているこの統一要素こそ、宗教としての、あるいは信仰としてのイスラームであり、さらにその根底にあってそのすべてを統一しているのが『コーラン』というただ一冊の書物」（『イスラーム文化』、32頁）と述べた聖典クルアーンの結集が行われている。

我々が今日イスラーム世界と呼びならわしている地域の中心部は、預言者ムハンマドの直弟子正統カリフたちの時代に既にダール・イスラームに組み込まれており、その意味ではイスラーム文明は正統カリフの時代に成立したと言うこともできるように見える。

しかしイスラームが、征服にあたって異教徒に改宗を強制しなかったため、正統カリフの時代にダール・イスラームとなったこれらの地域では、その時点ではムスリムの推定人口比は数％に過ぎず、25％に達するのは預言者ムハンマドが宣教を始めてから200〜300年が経ったアッバース朝中期であったと考えられている。

実は現在のイスラーム社会の骨格をなすスンナ派2神学派―4法学派の学祖アブー・ハニーファ（767年没）、マーリク（795年没）、シャーフィイー（820年没）、イブン・ハンバル（855年没）、アシュアリー（935年没）、マートゥリーディー（944年没）、スーフィズムの巨匠ジュナイド（910年没）、ハッラージュ（922年没）、12イマーム派の法学祖ジャアファル・サーディク（765年没）が活躍したのも、このアッバース朝中期である。またクルアーンに次ぐイスラームの第二聖典であるハディース集成もこの時代に成立する。ブハーリー（870年没）、ムスリム（874〜5年没）の『サヒーフ（真正伝承）』、アブー・ダーウード（888〜9年没）、ティルミズィー（892〜3年没）、イブン・マージャ（886〜7年没）、ナサーイー（915〜6年没）の『スナン（スンナ集）』はハディース6正伝と呼ばれる。

図2　7〜8世紀のイスラーム世界

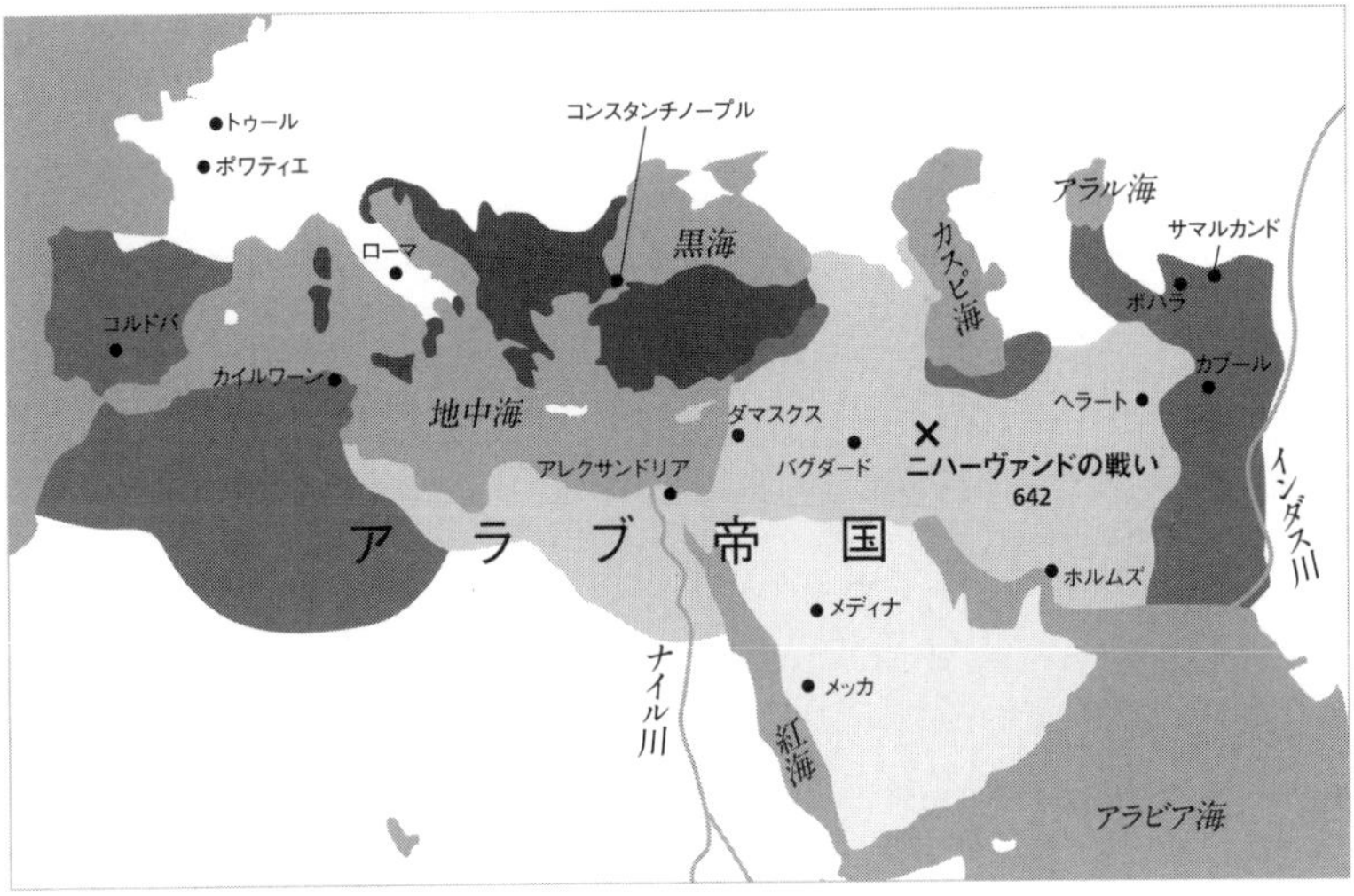

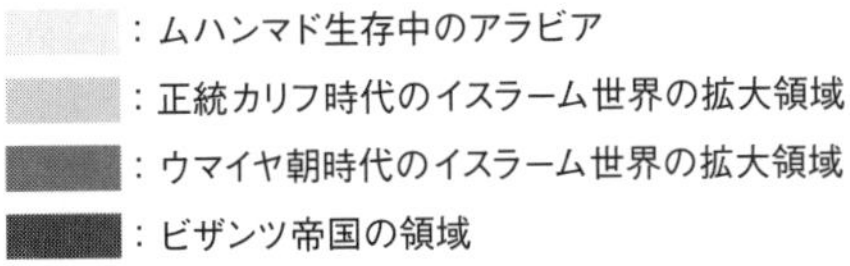

イスラーム文明がヘブライズムとヘレニズムの正統な継承文明であることは既に述べたが、ギリシャの学問がシリア語話者のキリスト教徒を介するなどしてアラビア語に翻訳されたのもこの時代である。正統カリフ時代の続いたウマイヤ朝のアラブ中心主義を否定しイスラームの普遍主義の実現を目指した所謂アッバース朝革命によって成立したアッバース朝時代、学問の担い手としてのペルシャ人、戦士としてのトルコ人がイスラーム化し、イスラームがアラブの民族宗教から名実共に普遍宗教に脱皮するのもこの時代である。

そこで本書は、イスラーム文明は、預言者ムハンマドのヒジュラによって祖型が用意され、正統カリフ時代にその地理的輪郭ができあがり、アッバース朝中期までにその文明としての実体が完成した、との立場を取り、以下の諸節で、預言者ムハンマドのヒジュラからアッバース朝中期にかけてのイスラーム文明の成立を歴史的に再構成しよう。

7 イスラーム文明の祖型マディーナ

ヒジュラはイスラーム史における分水嶺となり、イスラームは、預言者ムハンマドの誕生でもなく召命でもなく、このヒジュラの年をもって、イスラーム暦元年と定めた。

ヤスリブに定住したムハンマドはマッカから亡命したムスリム信徒団と、マディーナ在住のアラブのムスリム、多神教徒、ユダヤ教徒の諸部族の間で、集団安全保障協定を締結した。所謂、「マディーナ憲章」である。このマディーナ憲章は、ムハンマドに司法、行政、外交の最高決定権を委ね、対外的には団結して外敵にあたる集団安全保障、対内的には無差別血讐システムの廃止、犯罪者の引き渡しと罰則の規定、信教の自由、正義の原則、財産権の保証、戦費負担の義務などを定めるものであった。

既に述べたように、当時のアラブは国家を有さなかった。その意味で、マディーナ憲章は、国家を創設する社会契約の名に相応しい。そしてこの時点においてマディーナには、ユダヤ教徒のカイヌカーウ、ナディール、クライザの三大部族のユダヤ教徒の部族、マディーナのアウス、ハズラジュの二大部族内にもイスラーム未信の多神教徒と部族が3部族あったと言われる。つまりムハンマドは、マッカからの亡命者とヤスリブのムスリムだけではなく、ムスリムと非ムスリムの多神教徒、ユダヤ教徒が、自発的な合意により、諸共同体の基本権と義務を定める社会契約「マディーナ憲章」の締結により、「立憲連邦国家」とも言うべき政体を創立したのであった。

マディーナ憲章の締結は、イスラームにおける「国家」の原型となったばかりでなく、イスラームにおけるムスリムと異教徒との共存の最初の試みでもあった。

このマディーナ憲章を基に、現代トルコのイスラーム思想家アリ・ブラチュが、多数の集団がそれぞれ広範な法的自治権を有する「イスラーム的多元モデル」と呼ばれる国家モデルを提示していることは、このマディーナ憲章が、単に憲政史上の金字塔としての歴史的意義を有するのみならず、民族問題への有効な処方箋を持たない現代国民国家システムに対する一つの有力なアンティテーゼとして、今なお価値を失っていないことを示している。

但しマディーナ憲章締結の時点においては、なるほどムハンマドは司法、行政、外交の最高決定権を委ねられてはいたが、彼の性格は統治者というよりも調停者であり、諸部族の自治権はなお大きく、マディーナに生まれた都市国家は、部族連合の色彩を色濃く残していた。またユダヤ教徒と多神教徒を数多く抱え、社会規範にかかわる啓示がまだ少なかったこともあり、当初は全体としてのこのマディーナの都市国家はまだイスラーム国家と呼び得る実体を備えていたとは言い難かった。しかしこの新しい国家の建設は障害なしには進められなかった。ムハンマドと信徒たちはマッカの多神教徒の襲撃を迎え撃たねばならなかった。

最初の戦いは、ヒジュラ暦2年に起きたバドルの戦いであった。バドルの戦いは約1000名の多神教徒軍を300名あまりのムスリム軍で迎え撃った戦いであったが、多神教徒軍はアブー・ジャフルら有力者約70名の戦死者を出して敗走した。預言者ムハンマドはマディーナに移住してから逝去までの日々をイスラーム国家のための戦いのうちに終えることになる。バドルの戦い以来、預言者自らの参戦した戦役は20回あまりにのぼる。

このバドルの戦いの中で、預言者ムハンマドの宗教/政治的権威の性格を知る手掛かりとなる、以下のような興味深い伝承が残されている。使徒が軍を進め、バドルの地に近い水場に到着し、そこに野営しようとした時、教友の一人フバーブが進み出て、預言者に「アッラーの使徒様。この場所は、至高なるアッラーがあなたにここで止まることを命じられたのでしょうか。それなら、我々はここから前にも後ろにも動きますまい。それとも、ここで止まったのは、あなた様ご自身の判断、戦略、作戦でしょうか」と尋ね、預言者が「いやこれは私自身の判断、戦略、作戦である」と答えると、フバーブは、バドルの水場から、多神教徒の敵軍を遮断できる戦略的により良い他の場所にまで軍を進めて野営するように献策した。

このエピソードは信徒たちにとって、預言者の政治的権威において「宗教的」権威と「世俗的」権威が概念的に明確に区別されていたことを示している。預言者の政治的決定には、アッラーからの天啓の指示による神的命令の執行、個人的判断に基づく人的裁定、という二つの異なる種類のあることになる。前者が全てをみそなわす神の命令の代弁に他ならないがゆえに議論の余地のない絶対的権威であるのに対して、後者はあくまでも人間の決定である。それゆえ採用するかしないかは最終的に預言者の判断によるとしても、進言、議論の対象となるのである。つまり預言者の政治的権威には、超越的起源に由来し理性を超えた神的かつ絶対的な「宗教的」権威と、理性的議論の対象となる人々に推戴された為政者としての「現世的」権威があったのである。預言者ムハンマドの統治には、巫（シャーマン）王的側面と、同輩中の第一人者としての政治軍事指導者の側面が同居していた、と言うこともできるであろう。

ムハンマドはマッカの多神教徒と戦いつつ、内なる敵と戦わねばならなかった。内なる敵とは、マディーナの偽信者たちとユダヤ教徒たちであった。偽信者の中心人物はイブン・ウバイユであった。イブン・ウバイユは預言者ムハンマドが裁定者としてマディーナに招かれた時、マディーナの王になろうと画策していた。預言者ムハンマドの来訪の後、イブン・ウバイユは形式的にはイスラームを受け入れたが、預言者のせいで王になり損ねた恨みを忘れず、マディーナに生まれたイスラーム国家の獅子身中の虫として、外敵と通じてイスラーム国家の崩壊を策し続けた。しかし使徒はこれらの偽信者に対しても、外面的にイスラームの信仰を表明している限り、内心の背信を理由に背教の罪を問うことはなく、外患罪によって処刑されることもなかった。

一方、ユダヤ教徒については、外敵に通じてムスリムに危害を加えマディーナ憲章に背いた彼らを、預言者ムハンマドは徐々に排除していった。最初に追放されたのはカイヌカーウ族であり、次いでナディール族が戦闘の後に降伏し追放された。最後に残ったクライザ族も、ヒジュラ暦5年にムスリム軍と多神教徒の部族連合軍との戦闘中に、マディーナ憲章を破棄し多神教徒側についたため、ムスリム軍は部族連合軍を撃退したのち、クライザ族の砦を包囲し無条件降伏させ、戦闘員を処刑し、非戦闘員の子女を奴隷とした。ユダヤ教徒の追放によってマディーナには、異教徒のマイノリティー・エスニック・グループは存在しなくなる。

そして後のイスラーム国家は、ムスリムと異教徒が平等に近い形で協約を結ぶ連邦制に近いマディーナ憲章型の多元社会から、異教徒はジズヤ税を払うことで「庇護民（アフル・ズィンマ、ズィンミー）」となり、「能動市民」とでも言うべきムスリムに対して異教徒はいわば「受動市民」として「宗教的」自治のみを享有する庇護契約（ズィンマ）型の多元社会に変質することになる。

そしてこの頃には、マディーナのムスリムとマッカの多神教徒の力関係は、完全にムスリム側が優位となっていた。預言者ムハンマドの眼差しは既にアラビア半島を越え、東ローマ帝国、ペルシャ帝国、エチオピア帝国等の外の世界に向けられていた。彼が皇帝や、王たちにイスラームへの入信を呼びかける書簡を送ったことは既に述べた通りである。

630年、マッカは進軍したムハンマド率いるムスリム軍の前に無血開城する。20年にわたるイスラームに対する迫害、6年に及ぶ戦争にもかかわらず、預言者はマッカの多神教徒たちに、いかなる処分も行わず損害賠償も求めず過去の罪に大赦を与えた。この大赦から除外されたのは、マディーナで殺人を犯して背教しマッカに走った者など15名だけであったが、その多くも後に処罰を免じられ、実際に処刑が執行されたのは総計4名に過ぎなかったと伝えられており、マッカでは新たな「征服者」ムハンマドの統治に対していかなる反乱も起きていない。ムハンマドのこの「占領地行政」を、近代の西欧によるアジア・アフリカの植民地支配のみならず、近年のアメリカのアフガニスタンやイラクを破綻国家化させた拙劣な占領行政と比べると、その卓越性が明らかになる。

ムハンマドは、マッカ征服に際しての大赦にあたってイスラーム入信を条件としなかったため、マッカ征服の時点ではマッカの住民たちの大半は多神教徒のままであった。ムハンマドはマッカに入るや否や、カアバ神殿に詣で、そこに安置されていた360体にのぼる偶像を全て破壊した。マッカの住民たちがアッラーとその使徒に服従するとの忠誠の誓いを立て、こぞってイスラームに入信したのはその直後のことである。

ムハンマドによるマッカ征服の直後、アラブ遊牧民ハワーズィン族、ターイフのサキーフ族の連合軍がマッカに来襲した。ムハンマドはマディーナから引き連れてきた信徒と新たに加わったマッカの新入信者たちを引き連れて迎え撃ち、これを打ち破り、膨大な戦利品を手にした。ところが彼がその戦利品をマッカの新入信者たちに分け与え、マディーナから随行した古参の援助者たちは何一つ配分に与らなかったため、一部の援助者の中には、「故郷のマッカに錦を飾ったムハンマドの心はマッカの同郷人のもとに戻ってしまい、もうマディーナの援助者たちのことなど顧みられなくなったのだ」、などと不満を述べる者が現れた。そこで彼は援助者たちを集め、戦利品の分配は、信仰のまだ弱い新入信者たちのため現世利益の褒賞であったことを教え、「私はあなたがたを信頼していればこそ、あなたがたには何も与えないで済ませていたのだ。援助者たちよ、他の人々は戦利品として羊とラクダを持ち帰るが、あなたたちはアッラーの使徒と共にマディーナへの帰途につくことで満足はしないのか」と尋ねた。これを聞いた援助者たちは感涙にくれて、「我々はアッラーの使徒様が、我々への戦利品、分け前であることに満足です」と答えた。

こうして預言者ムハンマドはマッカを後にしてヒジュラの地マディーナに戻り、イスラーム教徒の五行の一つマッカ巡礼の目的地でありカアバ神殿を擁する聖モスクのあるマッカは、イスラーム世界の宗教的中心地ではあるが、政治的にはイスラーム史上一度も首都となることはなかった。

翌631年、巡礼の儀を果たすため、預言者ムハンマドは再びマッカに向かう。預言者が召命後に行った最初で最後の巡礼である。預言者がその年に巡礼を行う、との噂が人々の耳に届いたため、アラビア半島の隅々から、信徒たちが巡礼に押し寄せたが、その数は14万人に達したと言われる。

この巡礼における説教の中で自らの死期の近いのを予見して「来年以降この場所で汝らに会

うことはおそらくあるまい」と述べた預言者ムハンマドは、マッカでの巡礼を終えてマディーナに帰還して間もなく亡くなるが、ヒジュラの地マディーナで彼が築いた「都市国家」が後のイスラーム政体カリフ制の祖型、イスラーム文明の礎となったのである。

8 正統カリフ時代

アッラー使徒の崩御の報が流れた時、多くの主だった古参の教友たちが恐慌状態に陥った。後に第2代カリフとなるウマルでさえ、「使徒は今はただお隠れになっただけで、やがて自分たちのもとにまた帰って来るのだ」と口走る有り様であった。

初代カリフとなったアブー・バクルだけが冷静で、死装束に包まれ寝所に横たわったアッラーの使徒にくちづけし、語りかけた。

「アッラーの使徒よ、あなたは私の父や母より愛しい御方です。生も、死も、あなたにはなんと素晴らしいことでしょう。アッラーがあなたに定め給うた死をあなたは既に味わわれ、もはやあなたは決して死を味わわれることはありません。アッラーの使徒よ、あなたの主の御許で、我々のことを思起こしてください」

そしてアブー・バクルは人々に対して「人々よ、ムハンマドを崇拝していた者にとって、ムハンマドは逝かれた。しかしアッラーを崇拝していた者にとっては、まことにアッラーは生きておられ、死に給うことはない」と言い、「ムハンマドは一人の使徒に過ぎない。彼以前にも使徒たちが逝った。もし彼が死ぬか、殺されるかしたら、お前たちは踵を返すのか。しかし誰が踵を返したとて、アッラーを損なうことはできない。しかしアッラーは感謝する者たちに報い給う。」（3．イムラーン家章144節）のクルアーンの一節を読み上げた。これを聞いたウマルは後に「アッラーにかけて、私はアブー・バクルがこの節を読み上げたのを聞くや否や、驚きのあまり、両足で立っていることができず、地に倒れてしまった。そして私はアッラーの使徒が本当にもうこの世にはおられないということを理解したのだ」と語ったと伝えられている。

預言者の死後、マディーナのイスラーム国家は分裂の危機を迎える。預言者の娘ファーティマ、娘婿アリーらの遺族が葬儀の準備に追われていた時、マディーナ在地の「援助者（アンサール）」は、自分たちの将来を決めるべく、町の有力者サアド・ブン・ウバーダを囲んでサーイダ族の集会所に集っていた。

それを聞きつけたアブー・バクル、ウマル、アブー・ウバイダら、マッカからの亡命者（ムハージルーン）の長老たちがそこに駆けつけた。援助者たちは最初、自分たちは独自の指導者を立て、亡命者たちも彼ら独自の指導者を立てるのがよい、と主張した。激論が続いたが、最終的には、アラブの名門であり預言者の出身部族でもあるクライシュ族の亡命者の指導者でなければ、アラビア半島の全てのアラブ部族を従えることはできない、のウマルの説得が功を奏し、援助者たちは、亡命者の最長老アブー・バクルに忠誠を誓うことになる。

サーイダ族の集会所を後にしたアブー・バクルはモスクに向かい礼拝の説教を行い、マディーナの住民全ての忠誠の誓いを受ける。ここに預言者の後継者「カリフ」が誕生する。アブー・バクルは忠誠を誓った人々を前にして、以下のカリフ就任演説を行った。

「人々よ。私はあなたがたの中で最良の者であるからといって、あなたがたの上に立つわけではない。それゆえ私が正しければ私を助け、私が誤りを犯せば私を正してください。まことに信義こそ安全であり、虚言は裏切りである。あなたがたのうちの弱者は私にとっては強者である。アッラーが望み給うなら、私は弱者にその権利を得させよう。あなたがたのうちの強者は私にとって弱者である。アッラーが望み給うなら、私は強者にその義務を果たさせよう。アッラーの道でのジハードを怠る民を、アッラーは必ず卑しめ給おう。人々の間に不品行が蔓延すれば、アッラーは必ずや彼ら全てに災害を及ぼし給おう。私がアッラーとその使徒に従う限り私に従いなさい。もし私がアッラーとその使徒に背いたなら、あなたがたには私に従う義務はない。さぁ、あなたがたの礼拝に向かいなさい。アッラーはあなたがたに慈悲を垂れ給おう」

こうしてイスラーム国家の最初の分裂の危機はひとまず回避される。しかしアブー・バクルのカリフ選出に際して、預言者の遺族が相談に与からなかったことが、後に禍根を残すことになる。預言者の娘ファーティマが、父の遺産の分与をアブー・バクルに請求したのをアブー・バクルが拒んだことが事態を悪化させた。預言者から聞いた「我ら預言者は遺産を残さない。我らの遺したものは喜捨となる。ムハンマドの遺族は、ここにある財産の中から取ることができるだけである」との言葉が、アブー・バクルの遺産分与拒否の理由であったが、ファーティマはこの仕打ちに怒り、生涯にわたって二度とアブー・バクルと口を聞くことはなかった、と伝えられる。

しかしサーイダ族の集会所での談合でアブー・バクルがカリフに推戴され、彼が翌日モスクでカリフの所信表明演説を行い、マディーナの住民たちが彼に忠誠の誓い（バイア）を行い、忠誠の誓いを留保したアリーも間もなく誓いを立て預言者の後継職としてのカリフ制が成立し、ウマル、ウスマーン、アリーが順にカリフ位につき、正統カリフ時代という理想的な治世が行われた、というのは、あくまでも後世のスンナ派が遡及的に再構成した「物語」である。

「背教」戦争でアブー・バクルが破れていればイスラーム自体が消滅し、カリフ制も歴史に残ることはなかったであろう。あるいは、アリーが暗殺されることなく天寿を全うし、ハサンにカリフ位を継がせ、アリー家の支配が確立していれば、アブー・バクルは簒奪者としてカリフの歴史から抹消されていたであろう。しかし、アブー・バクルが「背教」戦争に勝ち、アリーが暗殺されたため、アブー・バクル、そしてアブー・バクルの後を継いだウマルの事績が、事後的にカリフ就任のルールとなったのである。

預言者ムハンマドの崩御の後、サーイダ族の館での談合でアブー・バクルがカリフに推戴され、翌日、モスクにマディーナの援助者と亡命者からなる住民たちを集めてカリフ就任の所信表明演説を行い、彼らと忠誠の誓いバイアを交わすことで、カリフ位が成立したことは既に述べた。しかし、それは予め存在したカリフ位就任のルールに則って行われたわけではなく、全てのムスリムがそれに同意していたわけでもない。

つまり預言者ムハンマドには一人の後継者カリフが存在し、イスラーム法に則り、ムスリム全体の統一を護らなければならないこと自体が、亡命者と援助者の一部の有力者のみの談合によって決められた。そしてそこでその新設のカリフ位にアブー・バクルが初代カリフとして推戴されたのであり、マディーナの他の住民は、カリフ位創設についてもその人選についても、相談に与ることはなく、事後承諾の形で、モスクで新任のカリフと忠誠の誓いを交わしたのである。

新たにイスラームに入信したアラビア半島の諸部族に至っては、アブー・バクルが預言者ムハンマドの後継者カリフとなることに事後承諾すら求められることもなく、イスラームの教える礼拝を行っていたにもかかわらず、法定喜捨（ザカー）の新任のカリフへの納税を拒んだために、一方的に「背教者」の烙印を押され、討伐されたのである。

アブー・バクルは、預言者ムハンマド亡き後も、彼が有した政治的権威によるウンマ（ムスリム共同体）の統一が、その一人の後継者カリフによって継承され、それは預言者の高弟の有力者たち、つまりウンマの政治的中枢の者たちによって決められ、預言者の町マディーナ、現在で言うところの首都、において、住民の事後承諾を得ることで確定し、それ以外のムスリムは、ただその決定に従う、という先例を確立したのである。但し、カリフの就任手続きは、この時点では定式化、明文化されることはない。それはおよそ数百年後のことになるが、それについては後述する。

では背教戦争はいかに起こったのか。預言者ムハンマドが630年にマッカを征服すると、アラビア半島の遊牧民諸部族はこぞってイスラームに入信し、彼が亡くなる632年にはアラビア半島のほぼ全域が預言者ムハンマドの権威を受け入れ、彼に宗教税とも言うべきザカーを納めていた。

ところがイスラームに入信して日も浅く、イスラームの知識も乏しく理解も浅かったアラブ遊牧部族の多くが、預言者ムハンマドが亡くなるとイスラームから離反する。所謂「背教戦争」である。「背教戦争」のきっかけは、遊牧アラブ諸部族が、礼拝の義務だけを追認し、法定喜捨の国庫への納入を拒否したことである。生前の預言者ムハンマドは政治的権威、宗教的権威を一身に体現するカリスマ的指導者であった。そして中央集権国家による統治の経験を有さない遊牧民たちは、「個人」と「公職」を区別する近代的市民的思考法とは縁が薄かった。法定喜捨は、イスラーム国家の長としてのムハンマドが、シャリーアの定める義務たる納入と配分の執行者として徴収するものであったが、多くの遊牧民たちはそれをムハンマド個人への貢納として理解していた。ムハンマドに納めていた法定喜捨の納税義務は彼の死と共に消滅する。遊牧民たちはこう考えたのである。

遊牧諸部族による法定喜捨の支払い拒否という事態への対応をめぐって、マディーナでは意見が割れた。和平派の代表は後に第2代カリフとなるウマルであった。ウマルは戦いを主張するカリフ・アブー・バクルに対して述べた。

〈アッラーの使徒が、「私は人々が『アッラーの他に神はない』と証言するまで戦うように命じられた。そして『アッラーの他に神はない』と証言した者は、その証言に伴う義務を除いて、その身命と財産の保全を私によって保証され、その裁きはアッラーフに委ねられる」と言われたというのに、どうしてあなたは彼らと戦うのか〉

図3　正統カリフ系譜

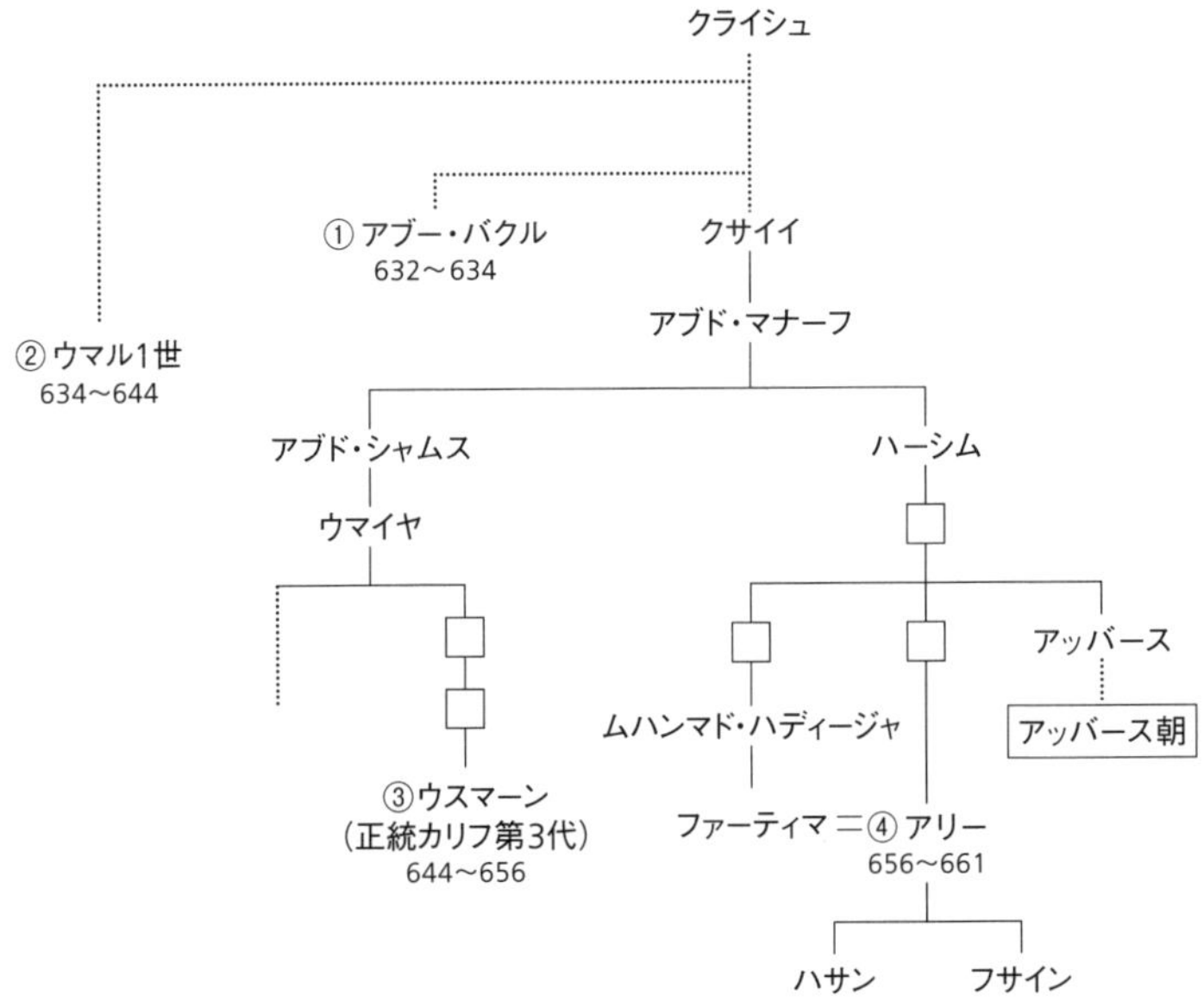

――（実線）＝直接つながっていることを示す。
……（点線）＝世代が離れており、直接つながっていないことを示す。

これに対してアブー・バクルは、「アッラーに誓って、私は礼拝と法定喜捨を区別する者と戦う。なぜならば喜捨とは、『アッラーの他に神はない』との証言に伴う財産にかかる義務だからである」と返答し、ウマルら和平派を論破し、法定喜捨を徴収しイスラーム法を施行するカリフの権威を認めない者を「背教者」とみなし、その討伐を決めた。

アラビア半島全土を揺るがした「背教」戦争は、多くの教友の犠牲の上に、イスラームによるアラブの再統一によって終わる。アラビア半島の再統一を果たしたアブー・バクルは、2年あまりの短い治世を終え病没する。

その統治は短期間であったが、アブー・バクルは後のイスラーム文明の方向性を決定したとも言える重要な決定を行った。まず彼は、預言者ムハンマドに対する服従がアラブの遊牧民の多くが誤解したのとは違い、遊牧民の族長に対する服従のような属人的なものではなく、預言者ムハンマドが伝えた創造主アッラーの命令の体系、即ち後にイスラーム法として整理されるシステムに対する服従であり、預言者ムハンマドの後継者カリフ・アブー・バクル自身も他のムスリムたちと同じくそれに従うことを先ずカリフ就任演説で古参のムスリムたちに対して改めて念を押し、それゆえ法定喜捨もまた預言者ムハンマドの没後も、イスラーム国家の財政制度の要として徴収されねばならないことを、背教戦争によってアラブ遊牧民たちに実力をもって示したのである。そして、この背教戦争は、ムスリムであるためには神との個人的関係である礼拝だけではなく、共同体の運営にかかわり預言者ムハンマドの没後は彼に代わってその後継者カリフが管理する法定喜捨の納入も義務であることを確認するものであり、イエスに帰される「カエサルのものはカエサルに神のものは神に」との言葉により政教分離を正当化したキリスト教文明と異なり、神への奉献である法定喜捨もまたイスラーム国家の元首であるカリフが徴収するという、政教一元のイスラーム文明の形を確定することになったのである。

アブー・バクルは臨終にあたってウマルを次期のカリフに指名し、アブー・バクルの死後、ウマルはこのアブー・バクルの遺言に基づき、マディーナのムスリムたちの忠誠の誓いを受けて第2代のカリフに就任する。

第2代カリフ・ウマルは、635年にはダマスカスを落とし636年にはシリア全土を掌握し、637年にはサーサーン朝ペルシャ帝国の首都クテシフォンを陥落させイランの大半を支配下におさめ、642年にはニハーヴァンドの戦いでペルシャ帝国に決定的な勝利をおさめ、またアレキサンドリアを落としエジプトを征服し、ウマルの時代にイスラームの支配はアラビア半島を越え、シリア、イラン、北アフリカに広まった。

イスラーム文明史上、カリフ・ウマルの業績として特筆すべきは、カリフの別称としての「信徒たちの長（アミール・ムウミニーン）」の名の下に常備軍の管理庁ディーワーン制度を整備し、イスラーム暦を定め、庇護民の規定を実体化したことがあげられよう。

カリフ就任にあたってウマルは、「アッラーの使徒の後継者（カリフ）の後継者（ハリーファ・ハリーファ・ラスール・アッラー）」称号も候補にあがったが冗長過ぎたため、ムスリムたちの軍事総司令官を意味する「信徒たちの長」の名を好んだ。「信徒たちの長」は後にカリフの別称として定着する。ウマルはシリア、イラク、イランの征服の軍を率いたが、軍事行政において、戦利品を原資として俸給の配分のために兵員の名簿（ディーワーン）を作成させたが、これは後のイスラーム帝国の常備軍と官庁の制度化の先駆けとなった。

また既に述べたようにウマルはイスラーム暦を定めたが、イスラーム国家が成立するヒジュラのあった年をもって元年とし、イスラームの五行でもあるムハッラム月の巡礼やラマダーン月の斎戒のような宗教行事がそれに基づいて行われる独自の太陰暦を定めることで、ウマルは政教一元のイスラームの文明的独自性を、イスラームの歴史観が誰の目にも明らかに映し出される暦の形で示したのである。

啓典の民に対するジズヤ（人頭税）はクルアーン9章29節において既に定められているが、預言者ムハンマドの在世中においては、ユダヤ教徒のマディーナからの追放後、ムスリムと異教徒の具体的な関係についての規定はまだ存在していなかった。初代カリフ・アブー・バクルの治世はアラビア半島における背教戦争に費やされ、異教徒の扱いの問題は前景に現れていなかった。異教徒に関する具体的な規定が必要とされるのは、エジプト、シリア、イラク、イランとアラビア半島を越えてイスラームの支配が広がり、膨大な異教徒がそこに組み込まれるカリフ・ウマルの時代であった。

特に638年にムスリムがエルサレムを征服すると、当時のエルサレム大司教ソフロニオスの求めにより、ウマルはエルサレムを訪れ、キリスト教徒がジズヤを払い一定の条件に服することで宗教的自治を保障する条約を交わした。このウマルの文書は、イスラーム文明を特徴付ける異文化共存のシステム、イスラーム帝国における宗教共同体ごとの宗教的自治を享受するズィンミー（庇護民）制度、ミッレト（宗派）制度の基礎になったのである。

ウマルはペルシャ人の奴隷の凶刃に斃れるが、死に臨んで、ウスマーン、アリー、ズバイル、タルハ、アブド・アッラフマーン、サアドの6人の預言者ムハンマドの古参の高弟たちを指名し、彼らの間で協議して次期カリフを選ぶように遺言した。この6人はアブド・アッラフマーンに選定を依頼した。彼は最終的にアリーとウスマーンの二人に絞り、モスクに人々を集め、その前で先ずアリーの手を取り、「あなたはアッラーの書（クルアーン）とその預言者のスンナ（慣行）とアブー・バクルとウマルの功績に則って統治することを私と誓いますか」と尋ねたが、アリーは「いいえ、私は自分自身の能力と裁量によって統治します」と答えた。次いでアブド・アッラフマーンがウスマーンの手を取り、同じことを尋ねると、ウスマーンは「はい、そうします」と答えて、アブド・アッラフマーンの手を取った。そこで人々がウスマーンに忠誠の誓いバイアを捧げ、こうしてウスマーンが第3代カリフに就任したのである。

カリフ・ウスマーンは651年にサーサーン朝を完全に滅亡させイランの征服を完了し、更に唐の首都長安にまで使節を送っている。しかしウスマーンのカリフとしての最大の業績はクルアーンの結集である。既述の通り、クルアーンこそ「イスラーム文化を究極的に一つの文化たらしめている……中略……その根底にあってそのすべてを統一している……中略……ただ一冊の書物」であるが、その正典化が、預言者ムハンマドに長年付き添った高弟ウスマーンが当時の世界最大規模の帝国の元首による国家事業による欽定クルアーンに結実したことは、ヒンズー教、仏教、儒教、キリスト教のように正典化が教祖の死後数世紀を経て行われた、あるいはそもそも正典が成立しなかった他の文明圏の聖典の成立と大きく異なるイスラーム文明の特徴と言うことができよう。

第3代カリフ・ウスマーンがマディーナの自宅で叛徒によって襲われ殺害されると、当時のカリフの座、首都マディーナの信徒たちの忠誠の誓いバイアを受けてアリーが第4代カリフに就任する。

しかしマッカへの巡礼の途にあった預言者の未亡人アーイシャはアリーを許さず、預言者の高弟タルハ、ズバイルらの支持を取り付け、マッカでアリーに反旗を翻した。これがムスリム同士が初めて戦うことになった第一次内戦（フィトナ）であり、アーイシャが駱駝に乗って戦ったことから「駱駝の戦い」とも呼ばれる。

バスラで行われた戦いはアリーの勝利に終わり、タルハ、ズバイルは殺害されたが、アーイシャは赦され、その後、預言者の未亡人として尊敬されて静かに余生を終えた。

第一次内戦に勝利したアリーは駱駝の戦いの後もイラクに残ったが、ウスマーンの親族でもあったシリア総督ムアーウィヤはアリーにウスマーン殺害者の処罰を求めたのに対し、アリーがそれを拒否したことから、アリーのカリフ位の正当性を認めず、自らもカリフ位を要求し、第二次内戦が始まったが、内戦はシリアとイラクの戦いの様相も呈することになる。なお、この後、マディーナは二度と首都「カリフの座」の地位に戻ることはなかった。

しかしアリーの就任にあたっては、第3代カリフ・ウスマーンの親戚でシリア総督であったムアーウィヤと、内乱となった。アリーは、ムアーウィヤとの戦いの途中に、離反した分離派ハワーリジュ派の刺客によって暗殺される。そしてカリフ・アリーの治世のこれらの内乱、分派の発生も、後のイスラーム文明の内乱、分派の処理の範型になったと言うこともできる。

アリーが暗殺されるとその長男ハサンがカリフの位を放棄し、ムアーウィヤがカリフに就任したが、ムアーウィヤはそれまでの慣行を破り、息子のヤズィードへのカリフの世襲を力づくでムスリムたちに押し付けた。以後、カリフ位は世襲王朝に変質する。世襲ではなく人々の忠誠の誓いによってカリフになったアブー・バクルからアリーまでの4代のカリフをスンナ派では正統カリフと呼ぶのである。

正統カリフたちのカリフ位成立を見ると、アブー・バクルは預言者ムハンマドの一部の高弟たちによる談合でカリフに推戴され、翌日マディーナの住民の忠誠の誓いを受けてカリフになり、第2代ウマルは初代カリフの指名を経てマディーナの住民の忠誠の誓いを受け、第3代ウスマーンは第2代カリフの指名したカリフ選定人の裁定を経てマディーナの住民の忠誠の誓いを受けて、第4代アリーはマディーナの住民の忠誠の誓いによって、カリフになっている。つまり、カリフの選定の手続きは様々で、共通点は、カリフの座、首都マディーナの住民の忠誠の誓いによってカリフ位が成立する、ということであった。

スンナ派はアリーのカリフ位を認め、彼を第4代正統カリフとみなす。しかし、実際にはもはや巨大になった「イスラーム帝国」において、カリフの座、首都マディーナは政治経済的にはもはや独占的な影響力を有しておらず、マディーナのムスリムたちだけの忠誠の誓いを得ただけではカリフ位は確立されなかった。

アリーとムアーウィヤの争いは、預言者の町マディーナの有力者だけでカリフを決めるという正統カリフたちの慣行の破綻を意味するものでもあった。マディーナでカリフになったアリーもカリフの座をイラクのクーファに移した。そしてその後現在に至るまで、マディーナは、カリフの座に戻っていない。正統カリフ時代は、後のイスラーム文明の型を決めるカリフ制の基本構造ができあがった時であったが、それはそのままでは既にペルシャ帝国を滅ぼし東ローマ帝国の豊かな南半分をも奪い取り世界最大規模の帝国となっていたイスラーム帝国の統治制度たりえないものとなっていた。

次節では、正統カリフに代わったウマイヤ朝を経てイスラーム文明を完成させたアッバース朝の成立から全盛期までの歴史を概観しよう。

9 ウマイヤ朝とアッバース朝におけるイスラーム文明の成立

人口に膾炙した預言者ムハンマドの有名なハディース「最善の世代は我が世代である。その次はそれに続く世代であり、そしてその次はそれにまた続く世代である」にある通り、イスラームは下降史観をとる。アリーの死によって、後世のムスリムたちが模範と仰ぐ預言者の薫陶を受けた教友たちの理想の時代は名実共に幕を下ろし、イスラーム史は規範的「英雄時代」、「黄金期」から没価値的「歴史」へと移行する。しかし文明史的観点からは、世界国家としてのイスラーム帝国が制度的に完成し、イスラーム文明が成立したとみなされるのはアッバース朝の中期である。

661年、アリーが暗殺されると、アリーの長男ハサンは、ムアーウィヤに自分のカリフ位を譲り、ウンマ（ムスリム共同体）は再統一された。後世のスンナ派の歴史家はハサンのカリフ位禅譲を称え、この年を「団結の年」と呼ぶ。ムアーウィヤは自分の後のカリフ位はハサンに戻す、あるいは、ムスリムの協議で決める、との条件でハサンからカリフ位を譲られたが、彼はその約束を反故にし、自分の息子ヤズィードをカリフの後継者に指名した。

680年にヤズィードがカリフ位に就くとハサンの弟フサインは反旗を翻したが、ヤズィードが派遣した討伐軍の前に衆寡敵せず、カルバラーの地で惨殺された。フサインの敗死後も、マッカでは、ムハンマドの高弟で駱駝の戦いで殺されたズバイルを父に、正統カリフ・アブー・バクルの娘を母に持つイブン・ズバイルが、イラクのクーファでは、シーア派のムフタールがフサインの異母兄弟ムハンマド・ブン・ハナフィーヤを担いで反乱を起こした。これらが第二次内乱と呼ばれる。ムフタールの乱はイブン・ズバイルによって討たれたが、イブン・ズバイルもまた692年、ウマイヤ朝第5代カリフ・アブドゥル・マリクによって殺され、第二次内乱は終結し、ウマイヤ朝の支配が確立する。このアブドゥル・マリクが第二次内乱を鎮圧しウンマを統一した事績は、イスラーム法学において覇権によるカリフ位の成立として正当化され、カリフ位成立の合法的手続きの一つに組み込まれることになる。

カリフ制は30年でその後には王制となる、とハディースに言われる30年とは、アブー・バクル、ウマル、ウスマーン、アリーの4人の治世であり、この4人のカリフは「正統カリフ」と呼ばれ、それ以降の王であるカリフと区別される。というのは、正統カリフは、いずれもクライシュ族の出身ではあったが、アブー・バクルはタイム家、ウマルはアディー家、ウスマーンはウマイヤ家、アリーはハーシム家の出身であり、特定の家門がカリフ位を世襲することはなく、カリフはウンマの有力者の選挙で選ばれたからである。

ところが、ムアーウィヤはこの正統カリフの慣行を破り、息子のヤズィードを力づくで後継者にし、その後、マルワーン2世が750年に殺害されるまで14代に渡ってカリフ位はウマイヤ家に世襲されることになった。ウマイヤ朝がアッバース朝にとって代わられても、カリフの世襲自体は変わらず、ウマイヤ朝以降、カリフは世襲制となる。この世襲カリフ制をカリフ制と区別して王権制（mulk）と呼ぶ。

歴史家は、初期4代のカリフを「正統カリフ」と呼び、それ以降の世襲の王である単なる「カリフ」を区別し、呼び分けることもあるが、イスラーム法学者は、正統カリフも世襲の王であるカリフも、戦争で権力を握り覇者となったカリフも、支配の正当性を有するカリフとみなし、区別せず「イマーム」と呼ぶ。ともあれ、ムアーウィヤからヤズィードへのカリフ位の世襲によって、カリフ制は王権制に変質を遂げたのである。

ウマイヤ朝の創始者ムアーウィヤは、預言者ムハンマドに敵対したクライシュ族の多神教徒の領袖アブー・スフヤーンの息子であり、本人も預言者に長年にわたって敵対し、預言者の晩年にイスラームに入信した新参のムスリムであった。しかしウマイヤ家はマッカのクライシュ族の名門で、預言者ムハンマドが属したハーシム家よりも、有力であった。第3代正統カリフのウスマーンもウマイヤ家の出身であったため、マディーナでウスマーンが叛徒に殺されその後第4代正統カリフに就任したハーシム家のアリーが、ウスマーンの殺害者を罰さなかったため、ウスマーンの縁者のムアーウィヤがアリーのカリフ位を認めず、ウマイヤ家とハーシム家の争いとなった。

武力によりウンマの再統一を果たした覇者アブドゥル・マリクは、カリフの権限を強め、アラビア語を公用語にし、ディーナール金貨、ディルハム銀貨を発行し、中央集権化を推し進めた。そしてそのアブドゥル・マリクの貨幣にはアッラーの使徒のカリフ（後継者）ではなく、「アッラーのカリフ代理人」の称号が刻まれていた。

東ローマ帝国の修道士、年代記作家テオファネスは、ムアーウィヤを王や皇帝ではなく主席評議員と呼んでおり、ウマイヤ朝にはなお「同輩の中の第一人者」との初代カリフ・アブー・バクルの自己規定の残響は感じられたとはいえ、ハディースがカリフ制（khilāfah）と区別して王権制と呼んだように、ウマイヤ朝のカリフは正統カリフとは質的に違うものであった。

ウマイヤ朝のカリフたちを正統カリフから区別する最も分かりやすい違いは、その世襲制であるが、理論的により重要なのは、「アッラーの使徒のカリフ（後継者）」ではなく、「アッラーのカリフ（代理人）」である、との自己規定である。

アブー・バクルは「アッラーの使徒のカリフ」を名乗り、ウマル、ウスマーン、アリーらは「信徒たちの長」と呼ばれることが多かったが、ウマイヤ朝カリフは「アッラーのカリフ（代理人）」を公称とした。ムアーウィヤは、「大地はアッラーに属し、私はアッラーのカリフ（代理人）である」と述べたと言われる。

パトリシア・クローンによると、代理人は単なる使者よりも上であり、したがってアッラーの代理人であるカリフは、アッラーの単なる使者でしかない預言者ムハンマドよりも優れている、というのが、ウマイヤ朝のカリフ理解であった。

ウマイヤ朝のカリフは、「導きのカリフ」として、預言者以上の存在として振る舞った。またウマイヤ朝においては、預言者ムハンマドの言行録（ハディース）は、まだ編纂が進んでおらず、ウマイヤ朝のカリフたちは、預言者の言行を顧みることなく、自ら立法者の如くに振る舞ったのである。

内乱に終始したアリーの治世で一旦止まっていたイスラームの支配は、ウマイヤ朝時代に再開され、東はブハラ、サマルカンドなどを征服し、トランスオキシアナ、中央アジアまで版図を広げた。西では東ローマ帝国領北アフリカを全て征服した後、更にイベリア半島に進出し、西ゴート王国を滅ぼし、トゥール・ポワティエの戦いでフランク王国と戦ったが敗れ、ピレネー山脈を越えてヨーロッパを征服することはできなかった。また攻略はできなかったが、東ローマ帝国の首都コンスタンチノープルを包囲し、地中海の制海権を握ることになった。

ウマイヤ家のカリフは、アッラーの代理人として、預言者ムハンマドの権威に対抗し、預言者の一族ハーシム家を抑圧した。今日までスンナ派とならんでイスラームの二大分派として存在するシーア派が誕生するのもこのウマイヤ朝期であるが、ウマイヤ朝は、ハーシム家によるアッバース朝革命により倒され、アッバース朝において、カリフ制は更に性格を変えることになる。

図4　ウマイヤ朝系譜（14代、661～750年）

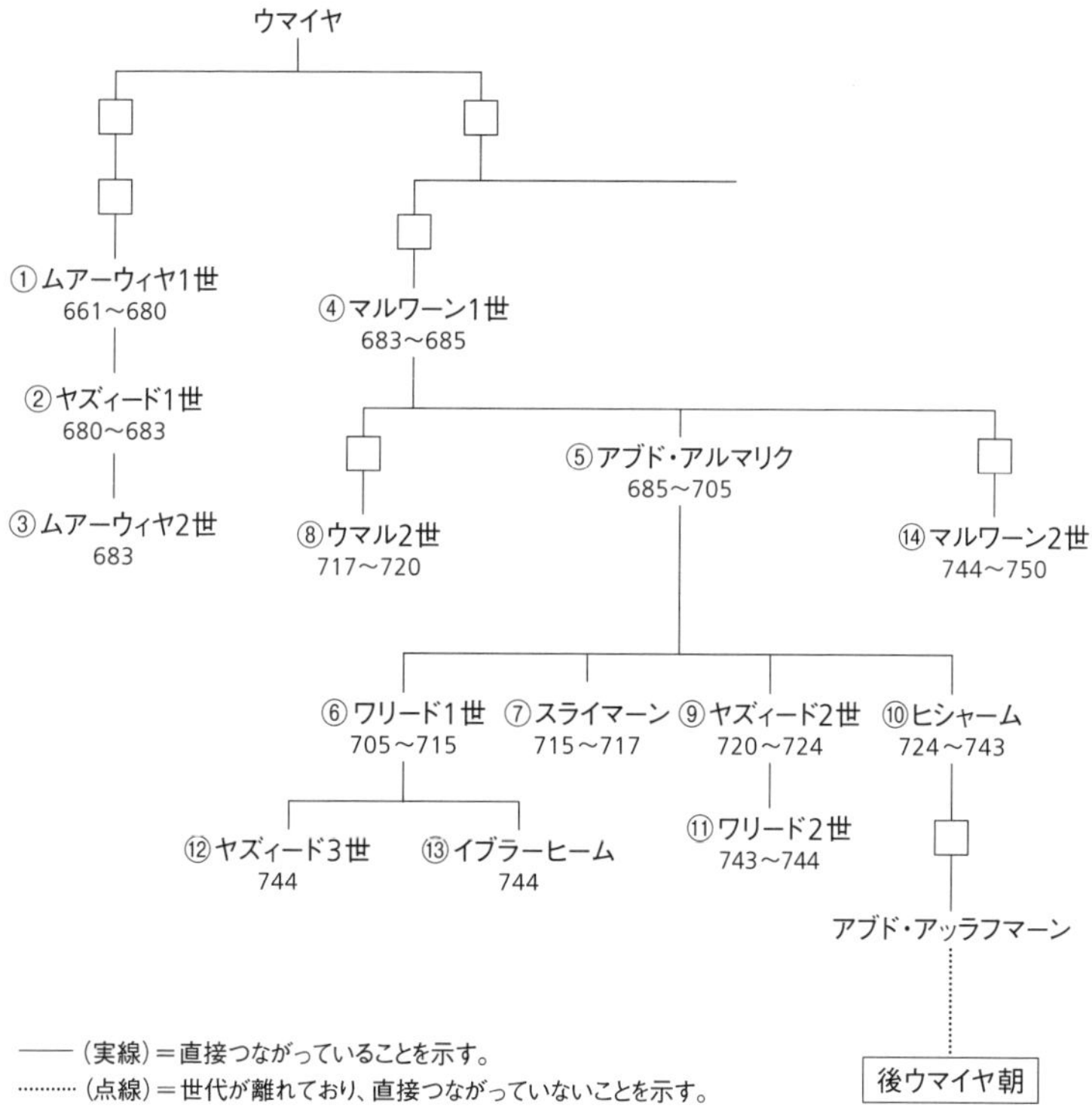

――（実線）＝直接つながっていることを示す。
………（点線）＝世代が離れており、直接つながっていないことを示す。

ウマイヤ朝はアラブ人に税制面などで特権を与えたため、征服地のイスラーム化が進むにつれて、非アラブのイスラーム改宗者マワーリーなどの間で、ウマイヤ朝に対する社会不満が高まっていった。そうした社会不満を背景にウマイヤ朝を倒したのがアッバース朝革命であった。

アッバース朝革命とは、預言者の一族ハーシム家によるウマイヤ家からの奪権であったが、先ず預言者の一族について簡単に説明しておこう。アラブは男系制であり、血統は男子を通して伝えられる。男子を遺さなかった預言者ムハンマド家は断絶している。娘ファーティマの子、ハサンとフサインを我が子と呼んだのは比喩であり、血統的にはムハンマド家は断絶しており、ムハンマドには兄弟がいなかったため、最も近い血族は祖父アブドゥルムッタリブの息子でムハンマドには伯父に当たるアブー・ターリブとアッバースの子孫となる。このアブー・ターリブの息子のアリーが預言者ムハンマドの娘ファーティマと結婚して生まれたのがハサンとフサインである。フサインの殉教後に、彼らの異母兄弟ムハンマド・ブン・ハナフィーヤがムフタールにイマーム（教主）に担がれてウマイヤ朝に反乱を起こしたが、彼の死後そのイマーム位が息子のアブー・ハーシムに受け継がれるとする一派が現れた（ハーシム派）。このアブー・ハーシムが716年に後継を残さずに死ぬ前に、イマーム位をアッバース家のムハンマドに譲ったとも言われる。

こうしてアリー家（アブー・ターリブ家）とアッバース家が結びついたのである。ムハンマドの後を継いだ息子のイブラーヒームは腹心のアブー・ムスリムをホラーサーンに派遣し、アブー・ムスリムはホラーサーンで蜂起に成功し、イラクに攻め入った。イブラーヒームはウマイヤ朝第14代カリフ・マルワーン2世によって殺害されたが、弟のアブー・アルアッバースが後を継ぎ750年カリフに即位し、マルワーン2世を殺害し、ウマイヤ朝を滅ぼし、アッバース朝を樹立した。

アブー・アルアッバースはウマイヤ朝を倒すのにアリー家の徒党を利用したが、カリフ位についてからは、彼らを抑圧した。アッバース朝カリフもまた「アッラーのカリフ（代理人）」と号し、シーア派的な教主的権威たろうとした。

特に第7代カリフ・マァムーン（在位813〜833年）は「導きのイマーム」として、スンナ派の学者たちを弾圧し、自らムウタズィラ派神学を「公定教義」に定め、シーア派の第8代イマーム・アリー・リダー（818年没）を自らの後継者に指名し、政治的権威と宗教的権威を独占しようと試みた。

しかしムウタズィラ派神学の強制は、ハンバリー法学祖アフマド・イブン・ハンバルの反対によって挫折し、アリー・リダーがマァムーンとの旅の途上で急死し、アリー家の支持者からはリダー毒殺の嫌疑をかけられ、マァムーンの試みは失敗に終わった。

アリー家の支持者の取り込みに失敗したアッバース朝は、最終的にシーア派主義と手を切り、第10代カリフ・ムタワッキル（在位847〜861年）が、ムウタズィラ派の公認を取り消し、スンナ派に回帰することで、スンナ派カリフ制となることが確定した。しかしアッバース朝はムタワッキル以降、カリフの権力が衰え、地方政権が乱立するようになる。10世紀には北アフリカにファーティマ朝、イベリア半島に後ウマイヤ朝が成立し、3人のカリフが鼎立することになった。945年にはシーア派のブワイフ王朝がバグダードを占領し大アミール（アミール・アルウマラー）と称しイランとイラクを支配したが、1055年にはトゥグリル・ベクがブワイフ王朝を倒しバグダードに入り、カリフからスルタンの称号を許された。これ以降、カリフの主権は法的なものとなり、政治的実権は、チュルク系のスルタンや大アミールに移ることになる。

セルジューク朝の第2代、第3代スルタンの大宰相ニザームルムルク（1092年没）は、ファーティマ朝に対抗するために、スンナ派イスラーム学を保護奨励し、領内の各地にニザーミーヤ学院と呼ばれる学校を寄進した。このアッバース朝の成立期にあたる西暦8世紀後半からの1世紀はスンナ派4法学祖の生きた時代、つまり職業的専門人としてのウラマー（イスラーム学者）という階層が成立する時代と重なっていた。そして10世紀頃から、スンナ派法学では「イジュティハード（旧説に囚われない独自判断）の門は閉じられた」と言い慣わされるようになり、古典学説が出揃って固定化する。

イスラーム法体系が今日まで続く法的安定性を獲得したのが、アッバース朝期であり、それは職業的専門人としてのウラマー階層が成立するのとパラレルな現象であった。アッバース朝カリフは「アッラーのカリフ（代理人）」として政治と宗教にまたがる権威を得ることに失敗し、その後スルタン＝カリフ制の成立に伴い政治的実権をも失うに及んで、「ウラマーは預言者の相続人である」と言われるウラマーが、クルアーンに次ぐイスラーム法の第二法源としての預言者のスンナ（言行）を知るがゆえにイスラーム法の解釈権を握り、カリフに代わって、

図5　アッバース朝系譜

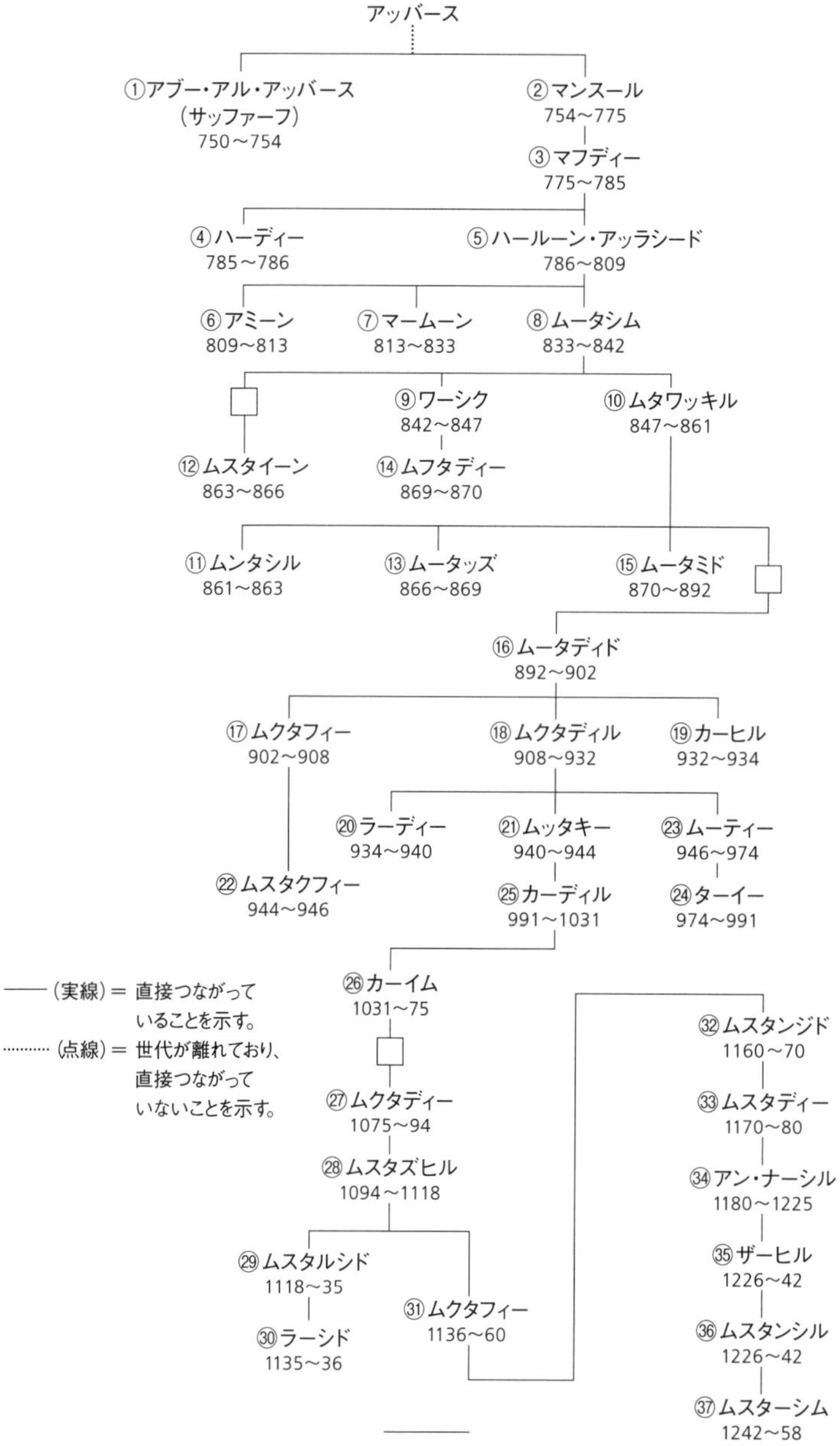
アッバース
①アブー・アル・アッバース（サッファーフ）750〜754
②マンスール 754〜775
③マフディー 775〜785
④ハーディー 785〜786
⑤ハールーン・アッラシード 786〜809
⑥アミーン 809〜813
⑦マームーン 813〜833
⑧ムータシム 833〜842
⑨ワーシク 842〜847
⑩ムタワッキル 847〜861
⑪ムンタシル 861〜863
⑫ムスタイーン 863〜866
⑬ムータッズ 866〜869
⑭ムフタディー 869〜870
⑮ムータミド 870〜892
⑯ムータディド 892〜902
⑰ムクタフィー 902〜908
⑱ムクタディル 908〜932
⑲カーヒル 932〜934
⑳ラーディー 934〜940
㉑ムッタキー 940〜944
㉒ムスタクフィー 944〜946
㉓ムーティー 946〜974
㉔ターイー 974〜991
㉕カーディル 991〜1031
㉖カーイム 1031〜75
㉗ムクタディー 1075〜94
㉘ムスタズヒル 1094〜1118
㉙ムスタルシド 1118〜35
㉚ラーシド 1135〜36
㉛ムクタフィー 1136〜60
㉜ムスタンジド 1160〜70
㉝ムスタディー 1170〜80
㉞アン・ナーシル 1180〜1225
㉟ザーヒル 1226〜42
㊱ムスタンシル 1226〜42
㊲ムスターシム 1242〜58
――（実線）＝ 直接つながっていることを示す。
………（点線）＝ 世代が離れており、直接つながっていないことを示す。

預言者の後継者の権威を身に纏うことになったのである。

既述の通り、イスラーム社会の骨格をなすスンナ派2神学派―4法学派の学祖アブー・ハニーファ（767年没）、マーリク（795年没）、シャーフィイー（820年没）、イブン・ハンバル（855年没）、アシュアリー（936年没）、マートゥリーディー（944年没）、スーフィズムの巨匠ジュナイド（910年没）、ハッラージュ（922年没）、12イマーム派の法学祖ジャアファル・サーディク（765年没）が活躍したのも、クルアーンに次ぐイスラームの第二聖典であるハディースに関して、スンナ派の「六書」と呼ばれるブハーリー（870年没）、ムスリム（874〜5年没）の『サヒーフ（真正伝承）』、アブー・ダーウード（888〜9年没）、ティルミズィー（892〜3年没）、イブン・マージャ（886〜7年没）、ナサーイー（915〜6年没）の『スナン（スンナ集）』、シーア派の四書、クライニー（941年没）の『カーフィーの書』、クンミー（991年没）の『マン・ラー・ヤフドゥルフ・ファキーフ（法学者が立ち寄らない者）』、トゥースィー（1067年没）の『イスティブサール（考察）』、『タフズィーブ・アフカーム（諸規定の検定）』が成立したのもこの時代であり、この時代にイスラーム文明を支える今日まで続く伝統イスラーム学の基礎がおかれたのである。

この時代はイスラーム文明の基礎となるイスラーム学の基礎がおかれたのみならず、イスラーム文明がアラブ文化を超えた普遍文明になった時代でもあった。

イスラーム文明がヨーロッパのヘレニズムを受容したことは既に述べた。ヘレニズムの受容の基礎となったギリシャ語からアラビア語への翻訳の中心となったのが、アッバース朝第7代

図6　アッバース朝の勢力拡大図〈8世紀の世界〉

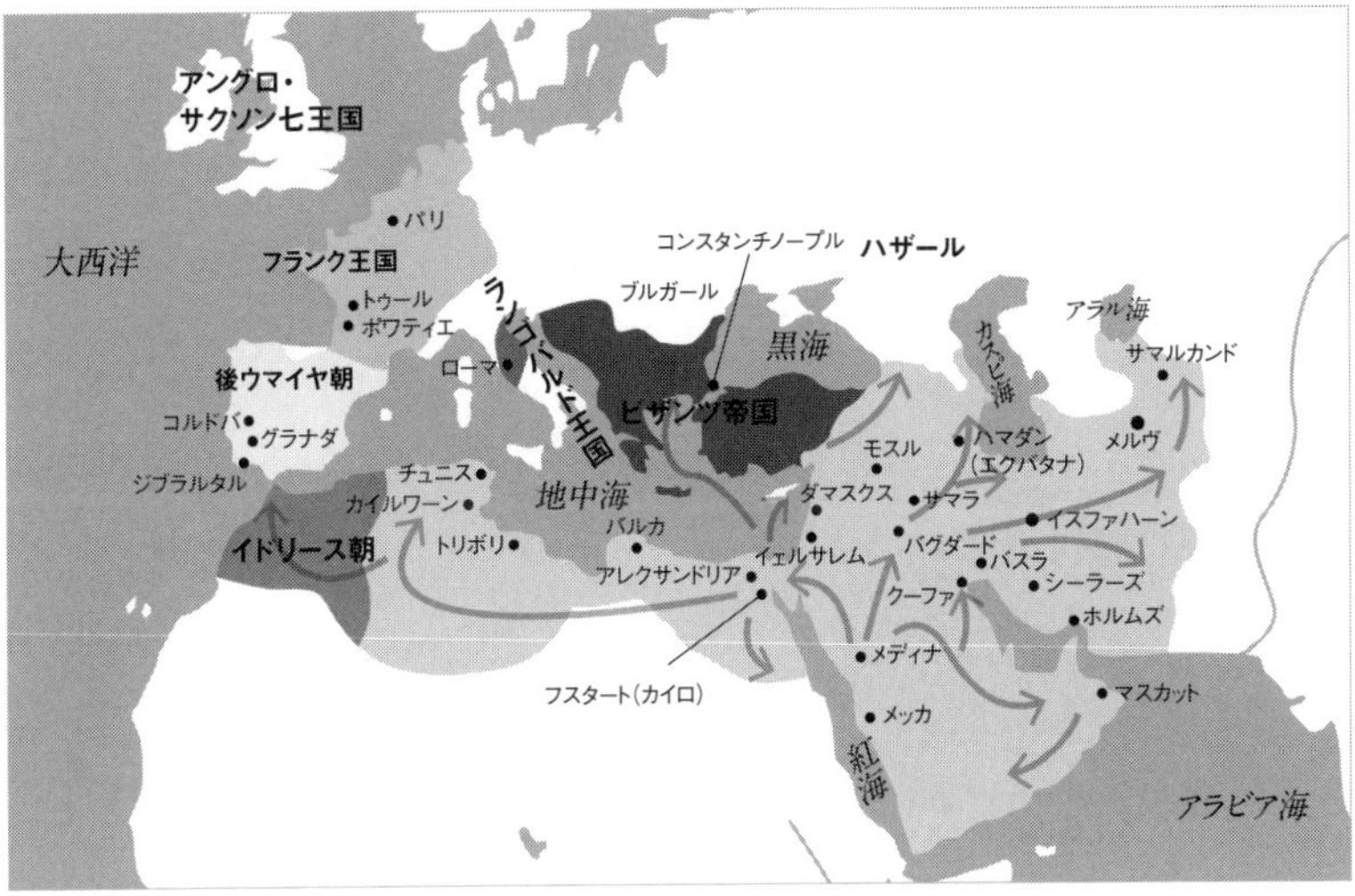

カリフ・マァムーンが830年にバグダードに設立した研究機関「バイト・アルヒクマ（智慧の館）」であった。バイト・アルヒクマは、多民族を統治する世界国家の伝統としてペルシャ語への翻訳を行ったサーサーン朝の宮廷図書館のシステムを引き継いだものであり、国家事業として、ギリシャの諸学問だけでなくインドの医学、数学、ペルシャと中国の天文学などをアラビア語に翻訳し、諸文明の翻訳の場となった。

アラビア数学について、佐々木力は述べている。「アレキサンドリアに華咲いたヘレニズム数学もある種の国際文化であったと見てよいかもしれないが、古典期のギリシャ数学を継承し、所詮ギリシャ語の共通語で書かれた数学であり、複数の大文化圏の接触から発酵した数学と言うことはできない。その点、アラビア数学は異なっていた。ギリシャ数学をほぼ全面的に引き継ぐと同時に、東方のインド数学をも併呑した真に国際的な数学文化となって開花した。」（佐々木力『数学史入門』、ちくま学芸文庫、2005年、97〜98頁）

アッバース朝中期（10〜11世紀）の世界には、神聖ローマ帝国を中核とする西欧カトリック文明、東ローマ帝国を中核とする東欧正教文明、宋を中核とする中国文明が世界文明として共存していたが、インドは政治的に分裂しており、10世紀後半にはアフガニスタンからインドに侵入したガズナ朝によって北インドのイスラーム化が始まっていた。イスラーム世界は北アフリカにはシーア派イスマーイール派のファーティマ朝、イベリア半島には後ウマイヤ朝が鼎立していたが、当時のイスラーム文明はギリシャ科学の継承において反知性的キリスト教の西欧、東欧より進んでいたのみならず、ペルシャ文化を併呑し、インド文化をも貪欲に吸収し、西欧、東欧よりはるかに国際的な文明となっていたのである。

中国文明との関係においては、「知識を求めよ。たとえ中国からであっても」との言葉が預言者ムハンマドから伝えられており、第3代正統カリフ・ウスマーンは唐に使節を送っている。唐においてイスラーム帝国は大食と呼ばれ、官民共に活発な交流がなされており、『旧唐書』によれば651~798年の間に使節の来唐は39回を数えた。751年に唐とアッバース朝の間で行われたタラス河畔の戦いは、アッバース朝の勝利により、その後の中央アジアのイスラーム化の方向を定めることになったが、唐軍の捕虜により中国の四大発明の一つ製紙法がイスラーム世界に伝わったことでも有名である。唐、宋は貿易を振興したため、陸上のシルクロードと海上の香料の道を通じて民間の友好的往来が行われ、中国へのイスラーム移民の数は万を数えた。

この時代に預言者ムハンマドの言葉通り、イスラーム文明は当時の最先端の中国文化の吸収同化を始めたが、まだ中国文明の中ではイスラームは外来の移民の文化であり、中国文明とイスラームの融合がなされるのは元代以降のことになる。

10 イスラーム文明による世界の一体化

「ムハンマドなくしてシャルルマーニュ（フランク国王、西ローマ帝国皇帝カール大帝、814年没）なし」とはベルギーの歴史家アンリ・ピレンヌ（1935年没）の有名な言葉だが、イスラームの大征服によって、フランク王国が地中海世界から切り離され、閉鎖的な商業圏となったことが、ヨーロッパ文明誕生の画期である、との意味である。

イギリスの歴史家トインビーも775年頃のフランク国王カール大帝（800年からは西ローマ帝国皇帝）の支配地とブリテンのローマ帝国の後継国家であるイギリス諸王国をもって古代ギリシャ・ローマ（ヘレニック）文明とは明確に区別された西欧キリスト教文明の原初形態とみなし、今日の世界に西欧キリスト教社会と並んで正教キリスト教社会、イスラーム社会、ヒンズー社会、極東社会の4つの文明社会があり、「775年当時の横断面をふり返ってみても、世界地図の上に見いだされる社会の数と種類が、今日とほとんど同じである……中略……この種の社会の形づくる世界地図は、わが西欧社会がはじめて出現した時以来、ほとんど変わっていない。」（『歴史の研究（サマヴェル縮冊版）1』、30〜31頁）と指摘する。

トインビーの文明理解においては、イスラーム文明とは古代のシリア文明が生んだ双子の子文明シリア（アラブ）文明とイラン文明を再統合したシリア文明の継承文明であり、このイラン文明を消化吸収したイスラーム文明の登場により、既にギリシャ・ローマ文明によって滅ぼされていたエジプト文明に続いて世界国家サーサーン朝に依ったイラン文明も消滅し、西欧キリスト教文明、正教キリスト教文明、イスラーム文明、ヒンズー文明、極東文明が併存する現在の世界の基本構造が作られたことになる。

前節ではイスラーム文明の成立がアッバース朝中期であり、そのイスラーム文明が母体であるシリア文明を継承したのみならずギリシャ・ローマ文明、イラン文明、ヒンズー文明、中国文明を取り込んだ国際的な性格を有したことを明らかにした。ところがこのイスラーム文明はそれ自体として国際的な文明であったばかりでなく、現在進行中のグローバリゼーションの先駆けであった。
宮崎正勝は『世界史の誕生とイスラーム』で言う。
「世界史の誕生についてはいろいろの考え方があるのは当然だが、私は多くの文明が併存し、膨大な歴史を積み重ねてきたユーラシアに、現在のイスラーム圏につながるイスラーム大商圏が形成されたことを、世界史の誕生として位置付けるのが適当と考えている。」（宮崎正勝『世界史の誕生とイスラーム』、原書房、2009年、11頁）
「イスラームがグローバリゼーションの先駆けになったのは、地理的にも文明史的にも必然と言える。モロッコから東トルキスタン（中国新疆ウイグル自治区）まで東西に延びる大乾燥地帯、地中海南岸の北アフリカからインド洋、南シナ海につながる海域がイスラーム世界に含まれており、東西文明が交流する回廊となった海の道、シルクロード、草原の道の大部分がイスラーム世界に属しており、また古代の四大文明のうち中国文明を除くエジプト文明、インダス文明、メソポタミア文明がイスラーム世界の中に内包されているからである。」（7〜8頁）
世界史の誕生のメルクマールをユーラシア大商圏の成立に求める宮崎は、アッバース朝期のイスラーム帝国によって複数の巨大帝国が一つの商圏に統合されたのであり、モンゴル帝国は、イスラーム大商圏を継承、発展させたのであり、再編、拡大されたイスラーム商圏とみなされると述べているが、モンゴル帝国による世界の一体化については次節で論じることにしよう。
ウマイヤ朝からアッバース朝の交代、所謂「アッバース朝革命」は単に王統の変化ではなく、アラブ帝国からイスラーム帝国への移行であり、「イスラーム教・イスラーム法・アラビア語による諸民族が統合される新たな大空間を生み出すことに」なった。「イスラーム法による商業統制は緩いもので、商人の活動は比較的自由だった」ため、「帝国の巨大都市群の消費が急激に商業を成長させ、ユーラシア規模の大商圏が姿を現わし」、「アッバース帝国は今まで世界市場に見られなかったような大道路網・水路網の上をモノ、ヒト、情報が移動するネットワーク上の商業帝国となった。アジア、アフリカ、ヨーロッパの結節点に位置する帝国の領域は世界商業の十字路に位置しており、ユーラシア規模の内部に抱え込んだ広大な砂漠、周辺部の海、大草原が諸交易圏を結びつける大空間として利用され、大商圏の成立をみたのである。サハラ砂漠以南、ヨーロッパ、中央アジア、ロシア・北欧、インド洋が相互に結びついていく。」(73〜75頁)

実はイスラーム文明が、世界を結び付ける大商圏を形成したアッバース朝中期は、909年には北アフリカにファーティマ朝のカリフが立ち、929年には756年にイベリア半島に建国した後ウマイヤ朝のアブドゥッラフマーン3世もカリフを名乗り、イスラーム世界は政治的にはアッバース朝、ファーティマ朝、後ウマイヤ朝の3カリフ国が鼎立する政治的分裂の時代であった。しかし宮崎は「アッバース帝国がスンナ派とシーア派の対立に分裂しても経済の繁栄は持続され、大商圏は衰退することはなかった。」(174頁)と述べている通り、カリフ制の要諦はただ一人のカリフに象徴されるイスラーム法の法治空間の統一性であり、カリフ制の理念、即ちイスラーム法による法治空間の統一性の理念が維持されている限り、イスラーム法

図7　カリフ3国の台頭

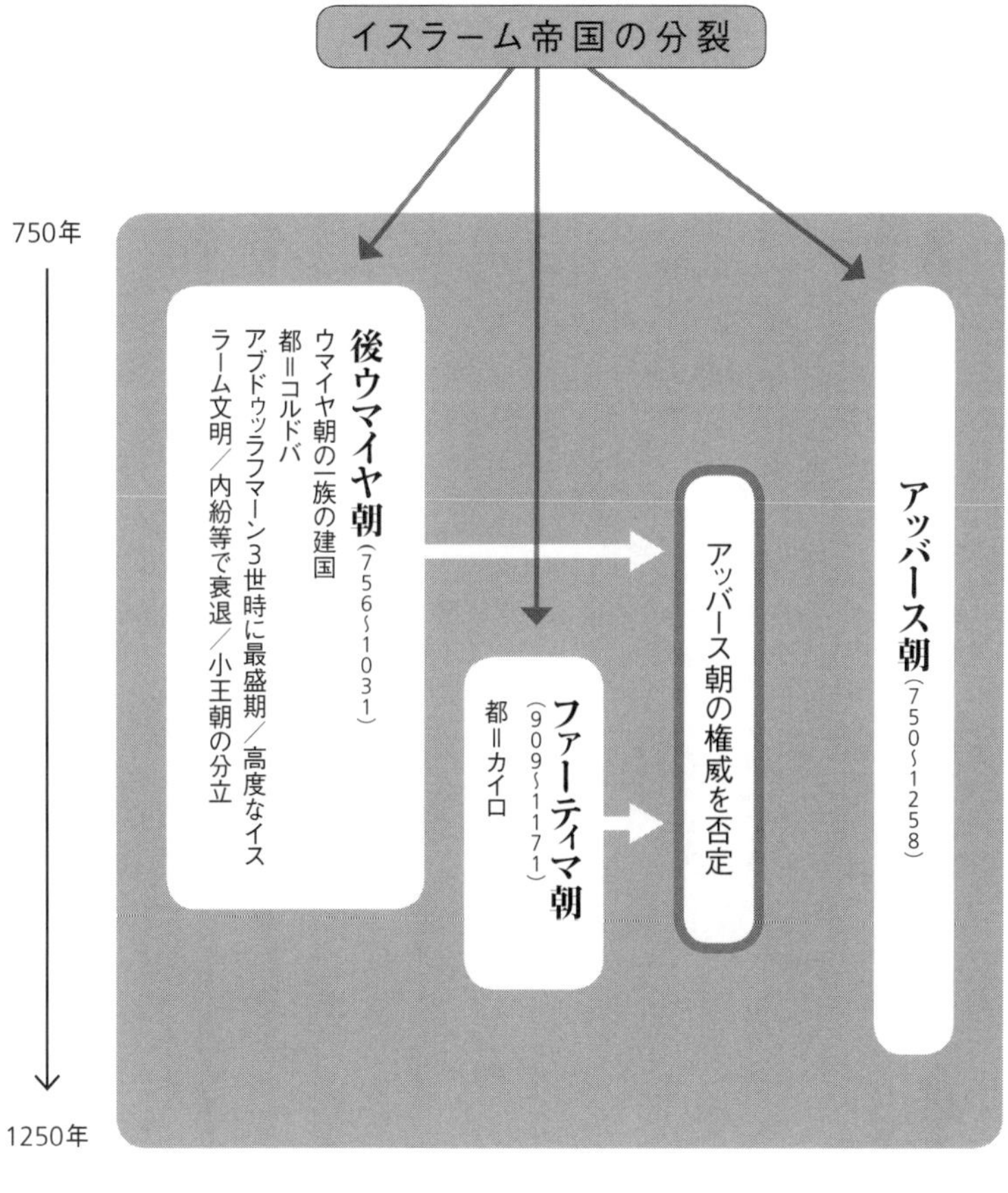

イスラーム帝国の分裂
750年
1250年
後ウマイヤ朝（756〜1031）
ウマイヤ朝の一族の建国
都＝コルドバ
アブドゥッラフマーン3世時に最盛期／高度なイスラーム文明／内紛等で衰退／小王朝の分立
ファーティマ朝（909〜1171）
都＝カイロ
アッバース朝の権威を否定
アッバース朝（750〜1258）

が保障する「モノ、ヒト、情報が移動するネットワーク上の商業帝国」が維持されたのはむしろ当然である。

イスラーム文明が今日のグローバリズムの所謂「新自由主義」に遥かに先んじているのは、イスラーム法の法治空間を「モノ、ヒト、カネ、情報」が自由に移動できるボーダーレスな商業圏としたことである。イスラーム法は、ムスリムと非ムスリムの庇護民がイスラーム世界の中を自由に移動することを認めているのみならず、異教徒にもイスラーム世界への自由な往来を許しているが、イスラーム商圏の繁栄は、この域内のモノ、ヒト、カネ、情報の移動の自由にあった。そうであるならば、今日のイスラーム世界の経済の停滞は、西欧の植民地支配により、このイスラームの法治空間の統一性が領域国民国家の国境により寸断されたことが一因と考えられよう。

イスラーム世界において、モノ、ヒト、カネ、情報の移動が自由であった、ということは、商人に通行税、関税のような税が課されないことを意味する。イスラーム法は、ムスリムに商品に2・5％の浄財を課しているため、浄財の課されない異教徒については、庇護民の貿易商にはムスリムの倍の5％の税、イスラーム世界の外から来た貿易商にはその倍の10％の税を課しているが、これは商品に課された税であり、実際にはイスラーム世界の外との交易に関して関税に似た機能を果たしていたとしても、理念的には厳密にはモノ、ヒト、カネ、情報の移動そのものに対して課される関税や通行税ではない。

実のところ、イスラーム法は、この浄財と異教徒の貿易商に対する浄財に代わる商品税以外の徴税を厳しく禁じている。ハナフィー派の大法学者ジャッサース（981年没）は「（イスラーム法に定めのない）税（ダリーバ）を課す者とは、全てのムスリムが戦わねばならない。もしも（課税者たちが）武装しているならば、殺さなければならない」とイスラーム法の定めにない徴税を厳禁しており、ハンバリー派の大法学者イブン・タイミーヤ（1328年没）も「（イスラーム法に定めのない）税（マクス）は全法学派の一致により許されたものではない」と断じている。

イスラーム法によるボーダーレスなモノ、ヒト、カネ、情報の移動の自由の保障と、関税、通行税の禁止は、歴史上必ずしも厳密に守られたわけではないが、その理念は普遍的であり、イスラーム文明をして、グローバリゼーションの先駆けとする駆動力になったのである。

カネの移動に関しては、「経済ネットワークの血液」であった質の良い金貨と銀貨であった。イスラーム法は正貨（ナクド）を金と銀と定め、市場監督（ヒスバ）制度により金銀の精度を保証した。歴史的にはアッバース朝は東ローマ帝国の金本位制とサーサーン朝の銀本位制を引き継ぎ、4・29グラムのディーナール金貨と2・97グラムのディルハム銀貨の金銀本位制を取った。

ところが金貨銀貨の供給量が大商圏の経済規模の拡大に追い付かなかったため銀行業が発達し、小切手の使用が一般化した。バグダードには多くの銀行が設けられ、そこで振り出された小切手は遠くモロッコでも現金化することができ、バスラでは商人たちの市場での取引はすべて小切手で行われていたとも言われている。（89頁）

なおヨーロッパ語で小切手を意味するchèque（仏）、check（英）はアラビア語のサッカが訛ったものであるが、それは十字軍によりイスラーム世界との交易が盛んになり、小切手を使用するムスリム商人の影響を受けたイタリア商人によって銀行が設けられ、ヨーロッパの市場で小切手の取引が広まったからである。またイスラーム世界の簿記の技術もイタリアに伝わり複式簿記として定着することになった。

三大陸が経済的に連動する商業帝国のハブが人口150万人を数え「全世界に比肩ない都市」と言われた帝都バクダードであった。（81〜83頁）情報の移動については、バグダードから、ホラーサーン道、バスラ道、クーファ道、シリア道の幹線道路が延びており、それぞれが駅逓（バリード）制度によって管理されており、各州都に駅逓局が置かれ、バグダードと地方の駅逓局は数百に及ぶ道路を管理し、道路沿いに東部では約2キロ、西部では約4キロごとに設けられた宿駅には馬、ロバ、伝書鳩などが配備され、公文書のやり取りだけでなく、駅逓長たちによる諜報活動が行われ、バグダードの駅逓庁には、全国の物産、民情、租税の額、官吏の行状などの情報が集められ、カリフはその情報に基づき官僚と軍隊を動かしたが、商人や旅行者、巡礼なども駅逓庁の情報を利用することができたと言われる。（81〜83頁）バグダードには中国を越えて朝鮮半島（新羅）や日本（倭国）の情報までもが伝えられていたが、そのような国際情勢については平安時代の日本人の視野には入っていなかった。（127〜130頁）

11 パクス・モンゴリカの時代からモンゴルのトルコ・イスラーム化へ

アッバース朝の中期も9世紀後半になると、アッバース朝内に多くの地方政権が分立し、カリフの権威の下に緩やかに統合されるようになったが、10世紀には北アフリカのファーティマ朝とイベリア半島の後ウマイヤ朝がカリフを称し、政治的分裂が強まり、945年には西北イランに興ったシーア派のブワイフ朝がバグダードを占領し、アッバース朝カリフの権威を形骸化させ、大将軍(アミール)の称号を得て、イランとイラクを支配することになった。イスラームの多数派としてのスンナ派の統合の象徴であったアッバース朝の権威は、西のシーア派(イスマーイール派)のファーティマ朝とお膝元のバグダードを軍事的に支配する(12イマーム派)シーア派によって大きく揺らいだが、長期の都市居住で柔弱化したアラブ人は支配を維持する力を失い、中央アジアの騎馬遊牧民トルコ人のマムルーク軍団(解放奴隷軍)に軍事的に依存することになった。1055年にはシル川下流から台頭したトルコ人のセルジューク朝がバグダードを占領してブワイフ朝を倒し、カリフからスルタンの称号を許されて、イラク、イランを支配することになった。以後、遊牧トルコ人はスンナ派イスラームの守護者となる。

西方でイスラーム世界が政治的分裂に陥っていた時、東アジアでもツングース系の女真族が金を建て、宋を滅ぼし中華秩序が揺らいでいた。この東の中華世界と西のイスラーム世界の政治的弱体化の間隙をついて圧倒的な軍事力を背景に史上空前の遊牧帝国を築き上げたのがテムジン(チンギス・ハン、1227年没)の率いるモンゴル族であった。

テムジンは、同族の絆ではなく個人的な主従関係で結ばれた遊牧戦士集団を率い、モンゴリアを統一し1206年(大集会)において全モンゴリアの王ハン(汗)に推戴され、チンギス・ハンとなった。

即位したチンギス・ハンは南の西夏、天山ウイグル王国を服属させたのを手始めに、周辺諸国を次々と征服し、金に華北の首都中都を放棄させ河南の開封を首都とする小国に転落させ、南シベリア、中央アジアまで勢力を広げた。

天山ウイグル王国の帰順により、同王国のチュルク語文語として確立していた古典ウイグル語や漢語、イラン系言語に通じていたウイグル系官僚たちを取り込んだことは、その後のモンゴル帝国の整備に大きな影響を与えることになる。

第2代オゴタイ・ハンの時代になると、金を滅ぼし、中国北部から、ヴォルガ川、ドニエプル川領域のロシアまでの全ての遊牧民の世界を征服した。またモンゴル軍はポーランド王国、神聖ローマ帝国、そしてテンプル騎士団やドイツ騎士団、聖ヨハネ騎士団などのヨーロッパ連合軍を撃破し、ポーランドやハンガリーなど東ヨーロッパをも席巻した。

第4代皇帝モンケの時代には弟フレグの率いる西アジア遠征軍によって1258年にバグダードが攻略されカリフも敗死しバグダード・アッバース朝は滅亡した。しかしモンケの死によりフレグは軍を離れ、残った遠征軍は1260年にアイン・ジャールートの戦いでマムルーク朝に敗れ、マムルーク朝はシリアを奪回し、モンゴルの西進は食い止められた。

フレグはアム川以西の行政機関を支配下におき、イランに留まり自立政権イル・ハン国を樹立した。それまでの帝国内諸ウルスは、帝国中央から直属の遊牧民軍団を分与され、都市の統治は帝国中央の大ハンの統治下にあった。イル・ハン国は西アジア方面軍配下の軍団だけでな

図8　モンゴル民族国家の勢力図とイスラーム化

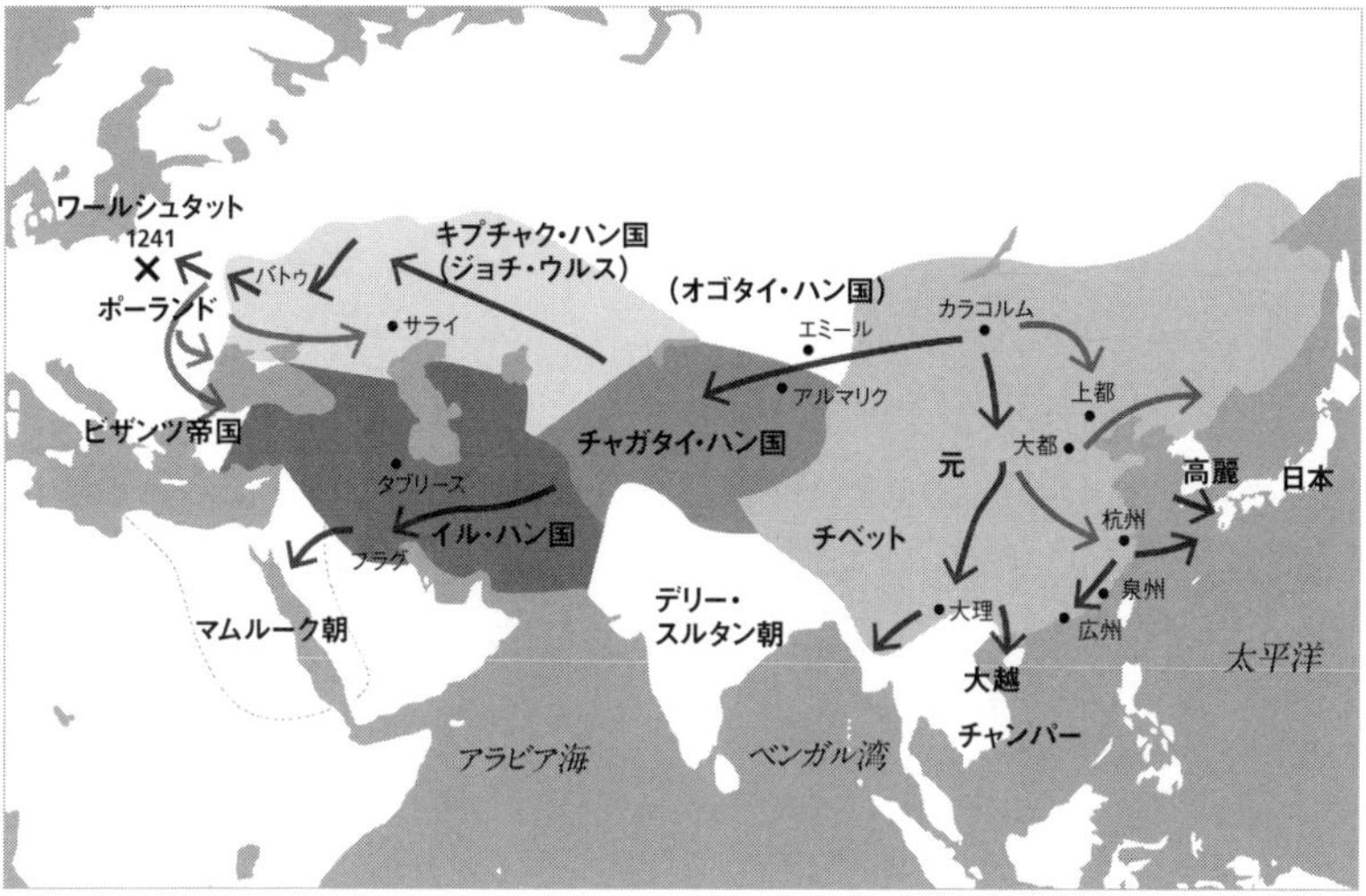

⟶：モンゴル軍の遠征路

く征服地の都市をも統治下におき、大ハンの権威を認めながらも領域国家としての自立性を得た最初の例となり、以降、モンゴル帝国は宗家の権威を有する大ハンを擁する大元ウルスを中心に、イラン、イラクを治めるイル・ハン国、中央アジアのチャガタイ・ハン国、ロシアのキプチャク・ハン国（ジュチ・ウルス）の4つの国家が緩やかに連合する体制に移行していく。

宮崎正勝は、13世紀のモンゴル帝国によるユーラシアの征服はイスラームが既にネットワーク化していた（1）地中海、（2）黒海、草原の道、（3）ペルシャ湾、（4）紅海の大商圏に、新たに（5）フランドル、北イタリア、（6）アラビア海、（7）ベンガル湾、（8）南シナ海の4つの地域的商圏を加え、イスラーム大商圏を再編成し、イスラーム大商圏を媒介として、モンゴル帝国に内包された中国文明と地中海・西欧文明を直結させ、13世紀世界システムを成立させ、全ユーラシアを覆う世界史が初めて可能になった、と述べ、「ムスリム商人を中心とする主として『色目人』の助けを得て、中華世界をイスラーム商圏に統合したことが、モンゴル帝国の世界史的貢献であった。」と言う。（『世界史の誕生とイスラーム』、179～181頁）

この13世紀の世界秩序「パクス・モンゴリカ」の経済的担い手になったのがムスリム商人であり、東西交易、文化交流を推進し、大量の中国の銀を銀不足の西アジアに還流させた。

チンギス・ハンがホラズム朝を滅ぼすきっかけとなったのも、彼がホラズム朝に派遣した450人のムスリム商人からなる使節団が襲撃され、抗議のために派遣された使節も髭を切られ辱められたことに対する報復であった。ちなみに第二次元寇、弘安の役の発端となったのは、1275年に元朝のフビライが日本に派遣した5人の使節が時の執権北条時宗の命により滝の口で斬首されたせいであったが、そのうち2人はムスリムであった。これが日本とイスラームの最初の人的接触であった。極東の日本はアッバース朝時代に、既にワクワーク（倭国）の名でイスラーム世界に知られていたが、イスラームと日本が直接に結び付くのはこのモンゴル帝国によってであったのである。

モンゴルは世界史上最大の帝国を築いたが、システムの中核をなす宗教、イデオロギーが不在であったため、次第に各地の伝統文化の影響を受け、モンゴルとしてのアイデンティティを失っていく。3つのハン国の中で最も早く自立したイル・ハン国では第7代国王ガーザーン・ハン（1304年没）がシーア派（12イマーム派）のイスラームに改宗し、ペルシャ風にイスラームの帝王（Pādshah-i Islam）を名乗り、イスラームを国教とし、元朝の宗主権を否定し独立したイスラーム国家となった。

ガーザーン・ハンと弟の第8代オルジェイトゥ・ハン（1316年没）の時代には、世界最初の世界史書とも言われるラシードゥッディーンのペルシャ語の『集史』が書かれるなど、イル・ハン国はモンゴル的性格を失うが、ペルシャ的（シーア派）文化の基礎はこの時代に築かれたものである。

こうしてモンゴル4帝国の一つイル・ハン国は13〜14世紀にモンゴル的性格を失いペルシャ化したが、中央アジアのチャガタイ・ハン国、ロシアのキプチャク・ハン国はトルコ化する。大元ウルス、即ち中国元朝においてはモンゴル人の下に色目人が置かれ、この両階級が漢人を支配していたが、色目人とは中央アジアの遊牧ウイグル人や、その西方に住むチュルク系・イラン系のムスリム定住民たちが中心であり、ムスリムは色目人の最上階級であり、その上層部は元朝の政治、財政に重要な役割を果たし、全国的に分布するようになり「回回は天下に遍し」の諺が生まれ、下層民も商業、農業で生計を立て、混血と漢化が進むことになった。ついで明代には母語もペルシャ、チュルク系の諸言語から漢語に変わりイスラームの土着化が完成し、「回儒」とも呼ばれる儒学教養を身につけたムスリム知識人層も生まれる。彼らの子孫は現在「回族」と呼ばれるが、現在回族が漢族と区別できるのは、イスラームに由来する習俗の違いにおいてのみである。

天山ウイグル王国の帰順により、同王国のチュルク語文語として確立していた古典ウイグル語に通じていたウイグル系官僚たちを取り込んだことがその後のモンゴル帝国の整備に大きな影響を与えたことは既に述べた。

それ以前にウイグルは甘州ウイグル王国、天山ウイグル王国を建てて西域における定住型チュルク人の祖となり、タリム盆地のチュルク化を促進したが、中央アジアではチュルク系諸族が割拠し、10世紀にイラン系のサーマーン朝の影響を受けてイスラーム化が進み、チュルク系民族初のイスラーム教国となるカラ・ハン朝が誕生し東西トルキスタンを支配し、この地のトルコ・イスラーム化を促進させた。このカラ・ハン朝時代には最初のチュルク系言語の辞書であるカシュガリー（没年不明）の『チュルク語辞典』が編纂され、後のトルコ・イスラーム文化の礎となった。

その後、サーマーン朝の庇護を受けていたセルジューク家のトゥグリル・ベグ（１０６３年没）は１０４０年にガズナ朝を潰滅させ、ホラーサーンを支配し、１０５５年シーア派のブワイフ朝を追放しバグダードに入城し、アッバース朝のカリフから正式にスルタンの称号を授与されるとスンナ派の擁護者としての地位を確立した。このセルジューク朝は中央アジアから西アジア、アナトリア半島に至る広大な領土を支配し、チュルク系ムスリムたちのこれらの地域への移住を促進させた。

またアッバース朝以降のイスラーム諸王朝で、トルコ人は騎馬遊牧民として高い戦闘能力をかわれて、マムルークと呼ばれる奴隷の傭兵として用いられ、国の軍事力の中心となり、次いで彼らチュルク系マムルーク自身がインドのガズナ朝、奴隷王朝、中央アジアのホラズム・シャー朝、エジプトのマムルーク朝などの王朝を樹立した。

モンゴル帝国は、中央アジアのチュルク系小王朝を滅ぼし、ついにはバグダードに侵攻しアッバース朝をも滅ぼし、更に西進したが、そのモンゴルの征西軍を破り、イスラーム文明を守ったのがチュルク系のマムルーク朝がエジプトに建てたマムルーク朝であった。

モンゴルの征西軍の司令官フラグが建てたイル・ハン国が第７代ガーザーン・ハンの時代にイラン風のシーア派イスラーム王朝に変わったことは既に述べた。一方、チンギズ・ハンの長男ジュチの子孫が建てたキプチャク・ハン国（ジュチ・ウルス）はアルタイ山脈から南シベリア、黒海北岸に至る広大な領土と多くのチュルク系遊牧民を支配したが、モンゴル系だった支配層もチュルク化が進展し、勅令などの公文書もチュルク語が使われるようになった。最初にイスラームに改宗した君主は第５代ベルケ（１２６６年没）であったが、キプチャク・ハン国全体がイスラーム化するのは、13世紀になってウズベク・ハン（1341年没）がスーフィーの影響でイスラームに改宗したことによる。

ウズベク・ハンの時代にキプチャク・ハン国は最盛期を迎え、首都サライは国際交易と商工業の中心として栄えた。北東ルーシの小国であったモスクワ公国のイヴァン1世（1340年没）が、貢納と引き換えにウラジミール大公の地位を得て、モスクワ大公国を樹立したのも、キプチャク・ハン国がイスラーム化したこのウズベク・ハンの治世においてである。

イスラーム化が最も遅かったのが、アルタイ山脈方面を所領として与えられたチンギス・ハンの次男チャガタイを祖とするチャガタイ・ハン国である。チャガタイはイスラーム教徒のハバシュ・アミードを宰相として重用していたが、チャガタイ王家の改宗には長い時間を要した。1266年にイスラーム教徒のムバーラク・シャー（1265年没）が即位するが、同年にバラクによって廃位される。1270／71年にバラクもイスラームに改宗したと言われるが、当時のチャガタイ・ハン国は、モンゴルの伝統宗教と文化を守ろうとする守旧派と、イスラーム国家化を目指す勢力の間で争いが続いており、イスラームに改宗したアラーゥッディーン・タルマシリン（1334年没）もヤサ（モンゴル慣習法）に背く者であるとして、叛徒に殺害されている。

14世紀半ばにチャガタイ・ハン国は東西に分裂し、東部のチャガタイ・ハン国はモグーリスタン・ハン国とも呼ばれる。内乱、外部の遊牧勢力の攻撃、スーフィー教団の台頭の末、18世紀末にモグーリスタン王家を君主とする政権は滅亡した。西部のチャガタイ・ハン国ではハンに代わって貴族が実権を握るようになり、地方勢力間の抗争とモグーリスタン・ハン国の侵入を経てティムール朝が形成された。西チャガタイ・ハン国の貴族やティムール朝の創始者ティムール（1405年没）は傀儡のハンを置き、ティムールはチャガタイの弟オゴデイの子孫をハンとしたが、1403年以降はハンを擁立しなかった。

チャガタイ家の王族の改宗にはナクシュバンディー教団を中心とするスーフィー教団の影響が強かったとされるが、ナクシュバンディー教団はチュルク系諸民族の間で広く信奉され、その影響は中国の回族にまで及んでいる。

チャガタイ・ハン国のイスラーム化は遅かったが、中央アジアで成立しペルシャ語の影響を強く受けたチュルク系の文語は「チャガタイ語」と呼ばれ、イスラームを信奉し文芸を保護し一代でモンゴル帝国の西半分をほぼ支配下におさめたティムールの治世にはトルコ・イスラーム文化が確立される。ティムール朝の最後の君主でインドのムガール帝国（1526〜1858年）の最初の皇帝でもあるバーブル（1530年没）の回想録『バーブル・ナーマ』はチャガタイ文学の傑作と言われる。

シーア派のブワイフ朝からバグダードのアッバース朝カリフを回復し、最初にスルタンの称号を授かったのはセルジューク朝のトゥグリル・ベクであった。セルジューク朝は、北アフリカからシリアを支配したシーア派（イスマーイール派）のファーティマ朝、そしてその分派で中央アジアのアラムート城砦を本拠とし「暗殺教団」の異名をとったニザール派教団国家と対抗し、第2代アルプ・アスラーン（1072年没）、第3代マリク・シャー（1092年没）と

2代のスルタンに仕えた大宰相ニザームルムルク（1092年没）の治世には、各地にニザーミーヤ学院を建設し、シーア派のダウワ（布教）に対抗して、スンナ派の教義の普及に努めた。

既に述べたように、トルコ人は、傭兵としてイスラーム帝国の軍事の要となっていたが、セルジューク朝の時代にトルコ人は自他共に認めるスンナ派イスラームの庇護者となり、それは1924年にオスマン朝カリフ制が廃止されるまで続くことになる。

セルジューク朝は、1071年マラズギルドの戦いで、東ローマ帝国軍に皇帝ロマノス4世ディオゲネスを捕虜にする大勝利をおさめ、以後セルジューク系トルコマン諸侯の入植が進み、アナトリアはトルコ化することになる。

セルジューク朝は、大宰相ニザームルムルクとマリク・シャーの死後、内紛により衰退し、モンゴルに服従し最後まで残ったルーム・セルジューク朝も1308年に消滅する。セルジューク朝の衰退後、アナトリアのチュルク系諸侯の中で頭角を現したのが、ガーズィー（イスラーム戦士）集団を率いたオスマン1世（1326年没）が率いたオスマン侯国であった。東ローマ帝国皇帝ヨハネス6世カンタクゼノス（1838年没）が娘テオドラをオスマンの息子オルハン（1362年没）に嫁がせ、オスマン軍にダーダネルス海峡を渡らせトラキアに進出させた。これを機にオスマン侯国はヨーロッパに領土を拡大していくことになる。

オルハンの子ムラト1世（1389年没）は、キリスト教徒の子弟を徴発するデウシルメと呼ばれる人材登用制度を設け常備軍イェニチェリを創設して国制を整え、バルカン半島で勢力を拡大し、セルビア王国、バルカン諸国の連合軍を破り、イスラーム世界におけるオスマン侯

図9　トルコ系イスラーム国家の興隆

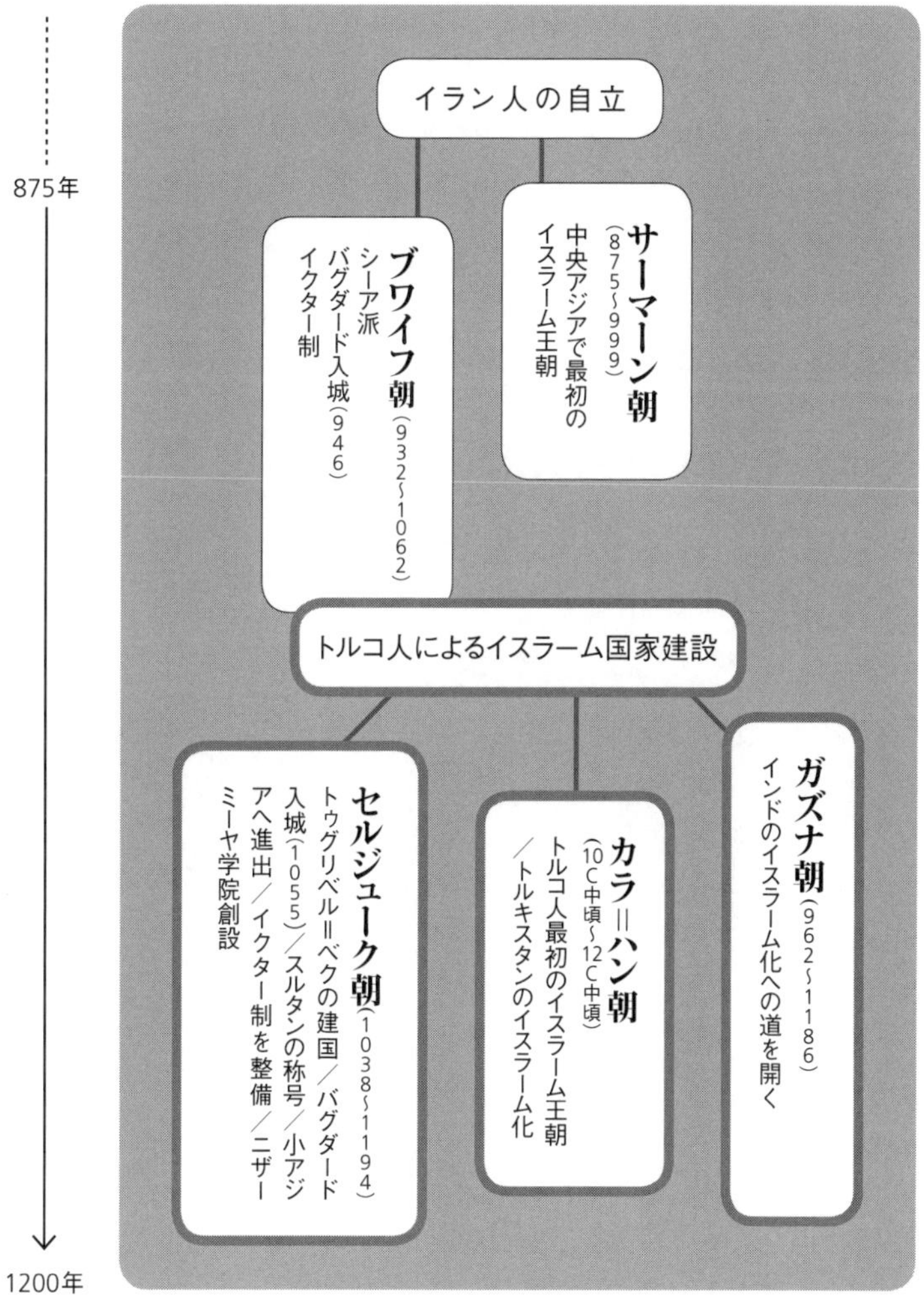

875年
1200年
イランの自立
サーマーン朝（875～999）
中央アジアで最初のイスラーム王朝
ブワイフ朝（932～1062）
シーア派
バグダード入城（946）
イクター制
トルコ人によるイスラーム国家建設
ガズナ朝（962～1186）
インドのイスラーム化への道を開く
カラ＝ハン朝（10C中頃～12C中頃）
トルコ人最初のイスラーム王朝／トルキスタンのイスラーム化
セルジューク朝（1038～1194）
トゥグリル＝ベクの建国／バグダード入城（1055）／スルタンの称号／小アジアへ進出／イクター制を整備／ニザーミーヤ学院創設

国の名声を高めた。

　ムラト1世はコソボの戦いの途中で暗殺されたが、息子バヤズィト1世（1402年没）が後を継ぎ、戦いを勝利に導いた。バヤズィト1世はブルガリア、セルビア、ボスニア、アルバニアに侵攻し、コンスタンティノープルを包囲し、オスマン帝国の領土を大きく拡大し、カイロ・アッバース朝のカリフ・ムタワッキル1世からスルタンの称号を授かった。しかし、バヤズィト1世による東ローマ帝国征服の野望は、1402年のティムールとのアンカラの戦いにおける敗戦でついえ、バヤズィト1世がティムールの捕虜となり囚われの地で没すると、後継者をめぐってオスマン侯国は混乱に陥り、アナトリアなどの領土の大半をティムールに奪われる。帝国化への道への再出発はメフメト1世による侯国の再統一を待つことになる。

　纏めよう。モンゴル帝国は元を除く3つのハン国がイスラーム化した。イル・ハン国はシーア派イスラームに改宗しペルシャ化したが、キプチャク・ハン国とチャガタイ・ハン国はスンナ派イスラームに改宗しトルコ化した。チャガタイ・ハン国のティムール朝の末裔のバーブルはインドに遠征し、ムガール帝国（1526〜1858年）を建てる。

　一方、キプチャク・ハン国はトクタミシュ・ハンがティムールに敗れて没落し、モスクワ大公国のイヴァン3世は1480年にキプチャク・ハン国から独立した。ロシアの正教会はモスクワをローマ、コンスタンチノポリスに続く第三のローマとみなし、イヴァン4世は1547年ローマ皇帝の後継者ロシア帝国皇帝（ツァーリ）として戴冠、1552年にキプチャク・ハン国の後継国家カザン・ハン国、1556年にアストラハン・ハン国を滅ぼした。そしてキプチャク・ハン国の残りの後継国家、シビル・ハン国、クリミア・ハン国もロシア帝国に滅ぼされることになる。

トルコ人は、宗教（クルアーン）の民アラブ、知の民ペルシャ人に次いで武の民としてイスラームを担う三大民族の一つとなり、特に自他共に認めるスンナ派の擁護者となった。

バーブルがティムール帝国を建国した頃、イランのイル・ハン国の旧領にサファヴィー朝（1501〜1736年）を建国したサファヴィー教団の武装集団クズルバシュ（赤い頭）もまた当初はチュルク系のスンナ派の遊牧民集団であった。サファヴィー朝は建国後まもなくペルシャ化しシーア派化する。とはいえ、16世紀のイスラーム世界には、中東のオスマン朝、イランのサファヴィー朝、インドのムガール朝というチュルク系遊牧民の建てた三大世界王国が鼎立していたのであるが、それは武の民、イスラームの聖戦士としてのチュルク民族の真骨頂を示すエピソードであった。

しかしキプチャク・ハン国の支配からモスクワ大公国が脱して以来、いわゆる「タタールの軛」は終わり、北方におけるロシアの台頭により、キプチャク・ハン国の旧領においてはチュルク系スンナ派ムスリム諸民族とロシアの関係は逆転する。ピョートル大帝（1725年没）、エカチェリーナ大帝（1796年没）の下で軍事改革、政治改革を推進し強大化したロシア帝国の下で、ムスリムは政治的独立を失ったのみならず、ロシア正教による迫害に晒され、深刻な宗教文化的、社会政治的危機に陥るようになっていく。

また西方においても、その最盛期を現出させたスレイマン1世による1529年の第一次ウィーン包囲の失敗を境にオスマン帝国はルネサンス、地理上の発見、宗教改革、産業革命、市民革命を経て近代化を達成した西欧との競争に敗れ、その後塵を拝するようになる。

そこで次章では、西欧の覇権が世界を覆う近代化・西欧化の過程をイスラームの視点から振り返りつつ、文明の再編の現代の時代相を分析することにしよう。

第三章

イスラームと啓蒙の文明史

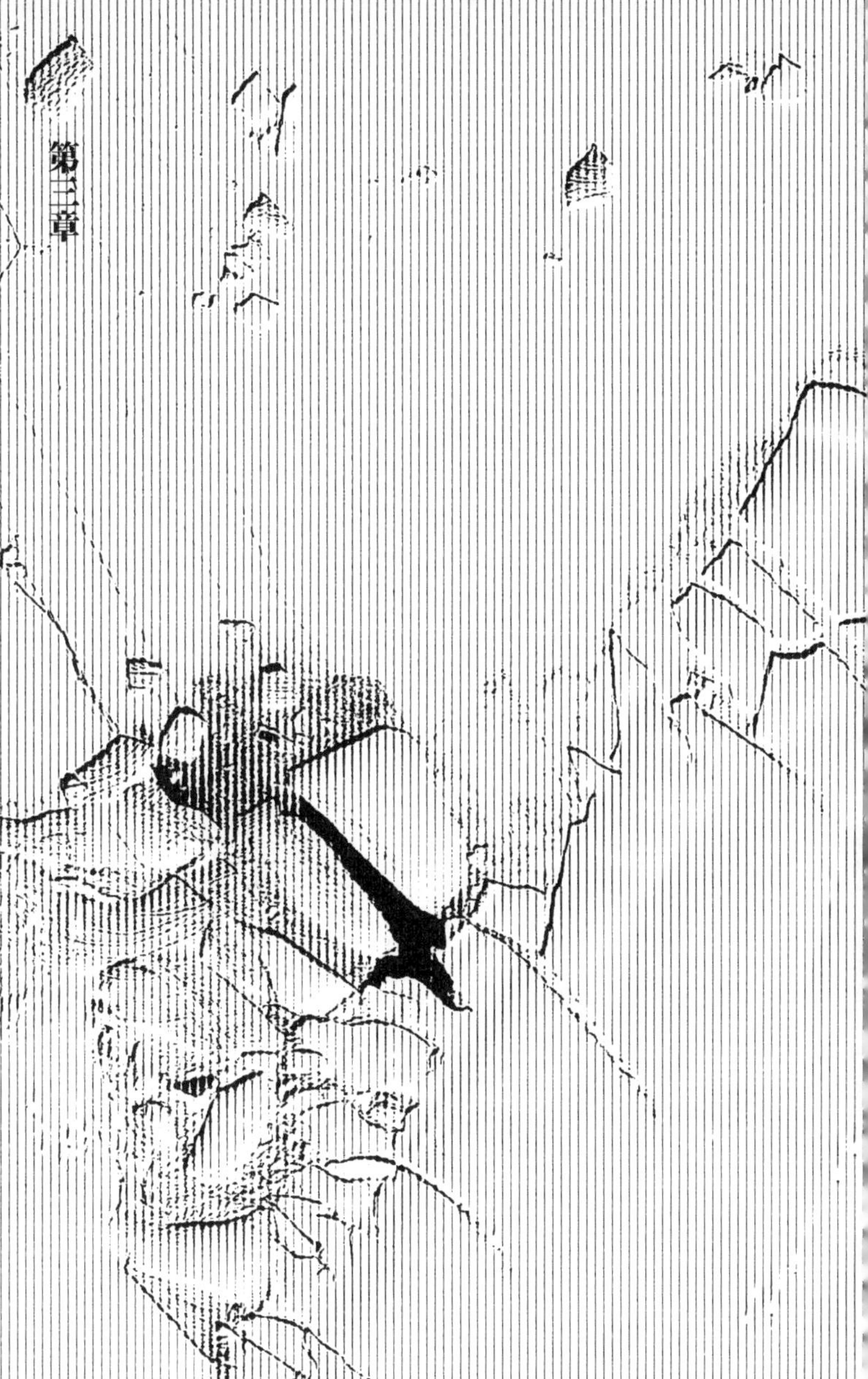

1 啓蒙のプロジェクト

イスラーム史家たちはムハンマドが遣わされる以前のアラブの多神教徒たちの有様を「ジャーヒリーヤ（無明）」と呼ぶ。またクルアーンは言う。「アッラーは信仰する者たちの後見であり、彼らを闇から光の許へと導き出し給う。」（第2章）イスラームとはまさに「啓蒙／Enlightenment」のプロジェクトなのである。

この啓蒙のプロジェクトは、ムハンマドによって始められたわけではなく、アダム、ノア、アブラハム、モーセ、ダビデ、ソロモン、イエスら神の預言者たちによって担われてきたものであり、ムハンマド自身の以下の言葉にあるように、彼はその一人に過ぎない。

「私と私以前の預言者たちを譬えてみよう。ある男が家を建て美しく仕上げたが、レンガ一つだけが欠けていたようなもの。人々がそこにやって来て驚嘆するが、『ここにレンガが一つあれば』と言う。私はそのレンガであり、預言者たちの封印なのである」

西欧の宗教史学には、一方に宗教は低級な多神教から高度な一神教に進化するとの宗教進化論と、他方に人類の最初の宗教は一神教であった、との原始一神教説が存在する。イスラームの立場は明快である。クルアーンが「まことに我ら（アッラー）は全ての民族に、アッラーを崇拝し邪神を避けるようにと、使徒を遣わした……。」（16章36節）と述べている通り、最初の宗教は、人類の太祖であり最初の預言者でもあったアダムが伝えた唯一神アッラーへの帰依、一神教、即ちイスラームに他ならず、アダムの死後も、神は数多くの預言者たちを遣わし、唯一神教を人類に教え続けられた。

しかし、預言者たちが死ぬと人々はイスラームのメッセージを歪めてしまう。ユダヤ教、キリスト教は、モーセの伝えた律法のイスラーム、イエスが伝えた福音書のイスラームを後世の信者たちが歪曲、改竄したものである。実はムハンマドが伝えた真正のイスラームについても、事情はそう変わらない。「わがウンマ（ムスリム共同体）は迷誤において一致することはない」とのムハンマドの言葉により、ムスリム共同体は無謬とされるが、ムハンマドは「わがウンマは73の宗派に分かれるが一つを除いて火獄に堕ちる」とも述べており、制度的に正統と異端を決定する聖職者も公会議も教皇も持たないイスラームにおいて、ムスリムを自称する者が正しいイスラームを実践しているとの保証はどこにもないからである。

とはいえ、神の経綸の大局において、ユダヤ教、キリスト教、イスラームは、「人類の啓蒙」において協働してきた。第二章で概観した通り、7世紀から14世紀までは総じてイスラームがその主役を担った時代と言うことができる。しかし15世紀にはレコンキスタを完了した西欧が「大航海時代」と呼ばれる海外進出を果たし、アフリカ、インド洋から東南アジア、アメリカ大陸に至る世界の植民地化に着手し、東欧正教文明においてもモスクワ大公国のイヴァン3世がキプチャク・ハン国からの独立を果たし、「人類の啓蒙」の主役は再びキリスト教に戻ることになった。

16世紀から20世紀にかけて西欧は新大陸、アジア、アフリカの大半を植民地化したが、その際、文明化の啓蒙の名の下に、植民地の西欧化を推し進めた。特に政治において、西欧に成立したウェストファリア体制と呼ばれる「領域国民国家」システムは世界をくまなく覆うことになり、イスラーム文明、中国文明、インド文明、正教文明もこの西欧的「領域国民国家」システムによって裁断されることになる。

西欧でウェストファリア体制が成立したのは、宗教改革により、西欧カトリック文明が融解し、政教分離の名の下にキリスト教を基盤としない近代西欧文明に変質を遂げつつあったことによる。

キリスト教とイスラームは、同じ一なる創造主に仕える一神教として、啓示に基づき人類の啓蒙に協働してきたが、近代西欧文明の掲げる文明化の啓蒙は、イスラームによる人類の啓蒙の理念とは似て非なるものであった。

本章では、領域国民国家システムが世界を覆った現代において近代西欧文明の啓蒙概念が抱える問題を、イスラームの人類の啓蒙の理念に照らして文明史を再考することによって明らかにしよう。

2 リヴァイアサン崇拝

トインビーは『歴史の研究』の中で、文明の衰退の原因を分析し、自分で造った偶像の奴隷となり、選択の自由を失うこと、と分析している。トインビーは言う。

「二十世紀半ばの西欧文明社会はあきらかにいくつかの偶像を崇拝しているが、その中で特に目立つのは地方国家の崇拝である。この後近代期西欧社会の生活の特徴は、二つの理由から、不吉な結果を予想させる恐ろしい前兆である。第一には、この地方国家の偶像視ということが、公然と認めてはいないが、西欧化しつつある世界の住民の大多数の真の宗教になっているからであり、第二にこの邪教が、記録に残っている二十一の文明のうちの少なくとも十四、ひょっとすると十六の滅亡の原因になったからである。……中略……

さらに、西欧文明の歴史の後近代期においては、地方主権国家の偶像化のもたらす災禍は、それを駆り立てる悪魔的な力によって一層はなはだしくなってきている。世界教会の抑制力は取り除かれた。国家主義の形をとって現われるデモクラシーの力が、多くの場合、なにかある目新しいイデオロギーと結びついて、戦争を以前より苛酷なものにした。」（『歴史の研究（サマヴェル縮冊版）3』、315〜316頁）

この国家崇拝は、キリスト教の教会に対する偶像崇拝の代替物であり、教皇が有した霊的権威を世俗君主が横取りしたことに始まり、キリスト教に独特な制度的権威に対する偶像崇拝の変形である。それについてトインビーは、「主権国民国家の異教的崇拝という恐るべき形をとって、西欧世界に大きな災いをもたらしつつある。」と言い、「愛国心が、西欧世界の宗教として、ほとんどキリスト教に取って代わってしまっている。いずれにせよ、地方割拠主義が西方キリスト教会に加えた圧力の結果生まれたこの怪物ほど、キリスト教の本質的な教え―、キリスト教だけでなく、他のすべての歴史的な高等宗教の教えとはっきり矛盾するものを思いつくことは困難である。」と断定している。（『歴史の研究（サマヴェル縮冊版）1』、490頁）

そしてトインビーは今日の西欧的世界においては、「『レヴァイアサン』の崇拝―自己の部族の自己崇拝―というものが一個の宗教となっており」（アーノルド・J・トインビー『試練に立つ文明（全）』現代教養文庫、1966年、328頁）といみじくも国家崇拝を「レヴァイアサンの崇拝」とも呼んでいる。

歴史家トインビーの洞察が重要なのは、現代世界では他に選択肢があることすら考えられないほどに当たり前のものと考えられている主権国家、領域国民国家システムが、その非宗教的外見にもかかわらず、古代ローマの皇帝崇拝に遡る異教的偶像崇拝に他ならないこと、更にそれがキリスト教の教会と聖職者に対する偶像崇拝に、更にそれがキリスト教の衰退に伴い、主権国家、領域国民国家の偶像崇拝に転化し、遂にはその国家崇拝がキリスト教自体に取って代わったことを明らかにしたことである。

トインビーは、ホッブスが旧約聖書に登場する「リヴァイアサン」と名付けた「領域国民国家」に対する偶像崇拝は、キリスト教だけでなく、すべての高等宗教に反するものであるばかりでなく、世界教会の理念にも反する、と述べる。つまり、領域国民国家は、一なる創造主のみに仕える一神教に反する偶像崇拝であるばかりではなく、普遍的人類の概念を否定するものであるがゆえに人道、ヒューマニティの敵でもあるのである。

領域国民国家の宗教性、それが偶像に他ならないことを指摘しているのは、トインビーだけではない。フランクフルト学派の社会心理学者エーリッヒ・フロム（1980年没）は言う。

「現代をも含めて人間の歴史の中で今日にいたるまでいかなる偶像が崇拝されてきたのかを逐一はっきりとつきとめなければならない。かつては偶像は動物、木、星、男または女のかたちをしたものなどであった。それは、バアルとか、アンタロテとか呼ばれ、またその他幾千という名で知られてきた。今日、それらは、名誉、国旗、国家、母、家族、名声、生産、消費といったいろいろな名で呼ばれる。けれども正式の礼拝は神であるというたてまえからいって、今日の偶像が人間の崇拝のほんとうの対象となっていることはなかなか見破られない。……中略……かつてアズデック族が神々に捧げた人柱と、戦争のさいにナショナリズムや主権国家という偶像に捧げられる現代の人柱の間には、われわれが考えるほどのひらきが実際にあるのだろうか。」（E・フロム『ユダヤ教の人間観』、河出書房新社、1996年、63頁）

またアメリカの宗教社会学者ユルゲンスマイヤーは領域国民国家システムのイデオロギーである世俗的ナショナリズムが「信仰の表現」であり、教義、神話、倫理、儀礼を持つ「部族宗教」の一種である、と喝破している。（M・K・ユルゲンスマイヤー『ナショナリズムの世俗性と宗教性』、玉川大学出版部、1995年、28〜29頁）。

実はユルゲンスマイヤーは「十九世紀には、世俗的ナショナリズムという『奇妙な宗教』が、『イスラームのように、その使徒たち、戦士たち、そして殉教者たちをともなって全世界を席巻するだろう』」とのトクヴィルの予言を引用しているが、このトクヴィルの言葉は、世俗的ナショナリズムが宗教に他ならないばかりか、「政教分離」によって去勢され宗教としての実体を失った当時の西欧のキリスト教ではなく、イスラームこそが世俗的ナショナリズムと競合する生きた宗教のモデルであることを予言していたのである。

本章では、領域国民国家システムは、国家、即ちリヴァイアサンを祭神としナショナリズムをドグマ（神学教義）とする一つの宗教、近代西欧文明はキリスト教ではなくこのリヴァイアサン崇拝を基礎とする異教的文明であるとの前提に立って議論を進める。

トインビーはまた言う。「近代後期に西欧社会を海外に拡大した、英語を話しプロテスタント信仰を持つ西欧人開拓者たちは、人間を〝原住民〟とするという遊牧民帝国建設者の犯した罪を犯した最悪の罪人であった。」（『歴史の研究（サマヴェル縮冊版）3』、184頁）

西欧によるアジア、アフリカの植民地支配は、地方主権国家、あるいは領域国民国家の偶像崇拝と、有色人種を未開人であるばかりでなく劣等人種とみなす人種差別が結び付いた、一なる創造主の啓示と人道に反する所業であったが、「地方国家の偶像視ということが、公然と認めてはいないが、西欧化しつつある世界の住民の大多数の真の宗教になっている」とトインビーが述べた通り、現代においてはイスラーム世界も基本的にこの領域国民国家システムの偶像崇拝に堕しているとの基本認識に立って我々は現代史を見直さなくてはならない。

3 イスラーム世界の植民地化

トインビーが指摘するように、現代においてはイスラーム世界においても、イスラームではなく、領域国民国家を偶像視するナショナリズムこそが「住民の大多数の真の宗教になっている」。つまりイスラームにおける「現代」は、イスラーム文明の内発的な発展がもたらしたものではなく、ヨーロッパから力づくで押し付けられた政治体制、リヴァイアサンの偶像崇拝がイスラームに取って代わったイスラーム文明の抜け殻とも言うべきものである。本節ではイスラーム世界の植民地化の歴史的過程を整理、概観する。

1683年、オスマン帝国は神聖ローマ帝国（ハプスブルク朝オーストリア）の首都ウィーンを包囲した（第二次ウィーン包囲）。この時点ではまだイスラーム世界は、ヨーロッパにとって現実の軍事的脅威であった。しかしこの1683年から99年にかけての神聖ローマ帝国との戦いの敗北後、イスラーム世界と西欧の関係ははっきりと逆転する。オスマン帝国は、1699年のカルロヴィッツ条約によってハンガリーの大部分、トランシルバニア、クロアチア等の神聖ローマ帝国への割譲を余儀なくされる。それ以降、マッカ、マディーナを擁し文字通りイスラーム世界の中核を成したオスマン帝国は西欧文明と、正教文明に対して守勢に立ち、徐々に領土を蚕食されていく。16〜17世紀は、中東のオスマン朝、イランのサファヴィー朝、インドのムガール朝という、いずれもチュルク系の三大イスラーム帝国が栄えた時代であったが、18世紀になると、これらの3帝国の衰退と共にイスラーム世界は徐々に劣勢に立たされ、植民地化されていくのである。

東南アジアでは、10世紀以来イスラーム化が進行していたフィリピンが、1571年のマニラ占領以来スペインによって植民地化され、次いで1600年にイギリスが東インド会社を設立したのを期に、オランダ、フランス、デンマークが東インド会社を設立しマレー半島、後にインドネシアとなる島々の植民地化を進めていった。最も重要であったのはオランダ東インド会社であったが、1799年東インド会社は解散された。この時期、ヨーロッパではナポレオン戦争によりオランダがフランスに占領され政治的な混乱に陥り、ジャワ島も一時的にイギリスの支配下に入る。イギリスは1786年にペナン島を支配下におさめていたが、1814年のロンドン条約から1824年の英蘭協約に至るオランダとイギリスの外交交渉によって、マラッカ海峡を境とし、概ね今日のマレーシアにあたる地域がイギリス、インドネシアにあたる地域がオランダの植民地となることが確定した。

インドでは、1707年にアウラングゼーブ帝が死ぬとムガール帝国は急速に求心力を失い地方政権が分立する状況になっていた。そのインドで東インド会社による貿易独占を手掛かりに覇権を握ったのはイギリスであった。イギリスは1757年のプラッシーの戦いの勝利によってフランスの勢力を駆逐し、ベンガル地方を植民地化していったのを手始めに、1775年から1818年にかけての3度のマラータ戦争、1845~49年のスィク戦争でパンジャーブを支配下におさめ、1858年には実権を失い年金生活を送っていたムガール皇帝を廃位すると同時に東インド会社から統治権を剝奪し、女王の名においてイギリス政府が直接統治することになり、ここに名実共にインド全土の植民地化が完成した。またインドへのロシアの進出を抑えるため、イギリスはアフガン戦争によって1915年にはアフガニスタンも保護国化する。

一方、北アフリカの植民地化は、1798年のナポレオン(1821年没)によるエジプト遠征に始まる。エジプトはナポレオンの撤収後、ムハンマド・アリー朝がイギリスとフランスの影響圏となったが、イギリスはウラービー革命を機に1882年にエジプトを植民地化した。フランスは1830年にアルジェリアを占領し、チュニジア、モロッコを植民地化し、イタリアは1911年にリビア占領を開始した。また北アフリカの植民地化と平行して帝国主義列強によるアフリカ分割の中で、アフリカのムスリム国家、ムスリム社会も全て西欧の植民地支配を被ることになった。

イスラーム世界を植民地化したのは西欧だけではなかった。サファヴィー朝に代わったカージャール朝イランは、二度にわたる戦争でロシアに敗れ、1828年のトルコマンチャーイ条約で、アルメニアのエレヴァン等アラス川以北の領土を失い、在留ロシア人に対する治外法権を認めさせられたが、これは欧米列強による不平等条約の嚆矢となった。またロシアは1552年にモスクワ大公国のイワン雷帝がカザン・ハン国を滅ぼして以来、中央アジアの諸ハン国を次々と支配下におさめ、また19世紀半ばにはコーカサス地方への植民を進め、1813年にはダゲスタンの征服を完了した。

またこの時期、実は中国もまた征服王朝清朝の康熙帝・雍正帝・乾隆帝の時代に全盛期を迎え、康熙帝はジュンガル部を滅ぼし、東トルキスタンを支配下においたのであった。

西欧は自らの西欧近代文明だけを文明とみなし、西欧化＝近代化＝文明化との図式の下に啓蒙の名によってアジア・アフリカ諸国の植民地化を推し進めていった。

他方ロシアもまた世界に君臨すべきローマ帝国の継承者として、無明のムスリムを支配したのである。『古きローマの教会』はその異端のために倒れた。『第二のローマ』なるコンスタンチノープルの門は神を信ぜぬトルコ人の斧によって伐り倒された。しかし『モスコーの教会』、『新しいローマの教会』は太陽よりも輝かしく全宇宙に光被している。……二つの『ローマ』は倒れたが『第三のローマ』は厳然として立っている。第四の『ローマ』は存在しない。」

（テオフィルスの公開状、『試練に立つ文明（全）』、236頁）

同じく、清朝もまた中国文明こそが世界の中心であり、異民族は未開な野蛮人である、との華夷思想の世界観に立ち、文明の啓蒙（王化）の対象として西戎の夷であるムスリムを支配したのである。

こうして20世紀初頭には、イスラーム世界は西欧だけでなく、ロシアや、中国の植民地支配を被り、名目的にであれ独立を保っているのは、トルコのオスマン朝、イランのカージャール朝、そしてアラビア半島のサウジアラビアのわずか3国を数えるのみとなっていたのである。

4 植民地支配に対する反応の類型論

トインビーは、ある文明が他の文明に圧迫された場合に一般的に「狂信派（ゼロテイムズ）」と「ヘロデ主義」という二つの対応の形があるとした上で、イスラーム世界もそうであると述べる。

「『狂信派』というのは未知のものから既知のものに逃げ込もうとする人間のことであります。自分よりもすぐれた戦術を用い、途方もない新式の恐ろしい武器を使用する他国人と一戦を交えて、戦い利あらずとみると、みずからの伝統的戦法を用いて人間業とも思えぬほど最新の精密さをもって応戦するのであります。……中略……今日の回教世界におけるその最も顕著な代表者は、北アフリカのサヌーシー教徒や中央アラビアのワッハービー教徒のごとき『国粋派（ピューリタン）』であります。（262〜263頁）

『ヘロデ主義者』とは、未知のものからくる危険に対する最も有効な防御法は、その未知のものの秘密を自家薬籠中におさめることだという原理に立って行動する人間のことであります。……コンスタンチノープルとカイロにその中心が集中されています。」（269〜270頁）

トインビーは、「狂信派」の反応を自滅的であるとみなす一方、ヘロデ主義も、元来模倣的なもので創造的でなく（276頁）、社会のエリートだけが受益し、大多数の民衆は繁栄から取り残されることになる、と批判的する。（「この現世における単なる救済すらも——いかなる社会においても、「ヘロデ派」の進路をとる少数派に対してのみ与える。大多数の者は、この模倣文明の支配階級の単なる受動的な成員になることすらも期待しえないのです。彼らに与えられる運命は、その模倣文明のプロレタリアの人数を膨張させることとであります。」276頁）

またタミム・アンサーリーは、植民地支配に対するムスリムの改革運動を（1）変わらなければならないのはイスラームではなくムスリムであり、ムスリムがなすべきことは西洋の影響を排して、原初の純正な形のイスラームを復活させることと考えるサウジアラビアの建国のイデオロギーとなったワッハーブ派に代表される復古主義、（2）西洋の方が真っ当で、ムスリムは時代の変化を認識できない無知蒙昧な宗教指導者の手にイスラームを委ねることを改め、その信仰を西洋式に近代化しなければならないと考えるインドのアリーガル学派に代表される世俗的近代主義、（3）イスラームは真の宗教であるが、特定の分野ではムスリムが西洋から学ぶべきものがあり、近代化は必ずしも西洋化と同義ではなく、ムスリムは独特のやり方で近代化できると考えるアフガーニー（1897年没）に代表されるイスラーム近代主義の3つのタイプに分類する。（『イスラームから見た「世界史」』、462〜463頁）

タミムの（1）復古主義はトインビーの言う「狂信派」、（2）世俗的近代主義は「ヘロデ派」におおまかに対応している。タミムもトインビーもこの二つのパターンに否定的な評価を下しているが、トインビーは自ら宗教的にはキリスト教に、文明的には西欧文明に帰属しながらも、比較文明史的観点から、政治経済的に下位にある文明が上位にある文明の模倣することは、一握りの支配階層を富ませるだけで、貧富の格差を拡大し、無産階級を大量に発生させる結果になるとの一般法則に照らして、イスラーム世界のキリスト教的政教分離に基づく西欧化、近代化を目指す世俗的近代主義の問題を的確に洞察することに成功している。

タミムは（3）のアフガーニーに代表される世俗的近代主義とイスラーム近代主義を区別しイスラーム近代主義を取るべき対応とみなしているが、トインビーの視点からはイスラーム近代主義も世俗的近代主義も、ヘロデ主義の一変種であり、西欧文明との妥協の産物、首尾一貫性を欠く折衷のヘロデ主義の一変種に過ぎないことになる。

他方、トインビーは狂信派として、ワッハーブ派とリビアのサヌーシー教徒を纏めている。

しかし、西欧の影響とは無縁でムスリム共同体内部の前イスラーム異教的慣行の撲滅、イスラーム法の綱紀粛正を目指しスーフィー教団を不倶戴天の敵とするワッハーブ派と、スーフィー教団を母体とし植民地支配と闘いリビアに独立王国を樹立したサヌーシー教徒の共通点は何か、は問われるべき課題である。

「現実の」政治的支配にかかわらない祭儀、祈禱、習俗などの些末事に関しては「信教の自由」と称し自治を許し、そればかりか往々にして統治においてさえ現地の元支配階級を温存し、名ばかりの権威を伴う名誉職を与え、彼らを通じて間接統治を試みたイギリス型、啓蒙の名の下に現地人の同化に努めたフランス型といった違いはあっても、大雑把に言って、人間中心主義、領域国民国家システム、政教分離、民主主義、自由主義、普遍的人権、といった西欧的制度を強制され、西欧的価値観を内面化する、という点において西欧に植民地化されたムスリム諸国はアジア・アフリカの他の非イスラームの西欧植民地とほとんど変わるところがなかった。

また「ヘロデ主義」が優勢になったのは、西欧の直接的植民地支配を被ったアジア・アフリカのムスリム諸国だけではなく、形式的には独立を保っていたオスマン帝国、カージャール朝（イラン）においてもまた、このヘロデ主義世俗的近代主義者が支配権を握り、イランでは世俗的近代主義者による立憲革命によりカージャール朝は倒れ、パーレヴィー朝が成立し更なる西欧化近代化を推し進めた、結果的にその反動として「ウィラーヤテ・ファキーフ（イスラーム法学者の監督権）」を掲げるイスラーム革命を招来することになる。

またオスマン朝も世俗的近代主義者たちが主導したタンズィーマート（制度改革）の結果としてミトハト憲法の公布、その停止を経て、統一と進歩員会による1908年の「青年トルコ革命」が起き、最終的には1922～24年にスルタン・カリフ制が廃止され、オスマン帝国は滅亡する。なお「ネオ・オスマン主義者」とも呼ばれるエルドアンがトルコの実権を握り、オスマン党の名を冠する新党が誕生するのはオスマン帝国滅亡から1世紀近くが過ぎた2010年代も半ばになってからである。

トインビーが正しく指摘する通り、「ヘロデ主義」は創造性を欠く支配的文化への折衷に過ぎないため、アリーガル学派やその亜流の世俗的近代主義のムスリム諸潮流は、19世紀から20世紀中盤に至るまでのムスリム世界を文化植民地化して支配したイデオロギーであったという意味においては極めて重要であり、それを知らずしてムスリム世界の現状を分析することはできないが、そのいずれにも、西欧の浅薄な模倣を超えて思想史的、比較文明論的に特記すべき独自な思想はない。

但し、ムスリムにも西欧の自然科学を学ぶ場が必要である、とのアフマド・ハンの思想は、世俗的近代主義者のみならずイスラーム主義諸派にも共有されることになり、西欧からの独立を達成したムスリム諸国においては、西欧的教育制度にならった教育制度改革が推進され、ムスリムに近代世俗教育をほどこす西欧の学制を模した学校、大学が官民を問わず世界各地に設立される一方、カリキュラムも修学年限もなく求める者全てに開かれた自由な伝統的イスラーム教育制度はほぼ絶滅する。このイスラーム学の学制の問題は20世紀後半に顕在化する所謂「イスラーム復興」現象を理解する鍵となるのもまた事実である。

そこで次節から2節にわたり、よりイスラーム思想史の文脈に即して、現代につながるイスラーム世界の西欧文明に対する対応について概観しよう。

5 イスラーム復興主義ワッハーブ派

一方、トインビーが「狂信派」に分類するワッハーブ派は、なるほど、他文明に触発させて生まれた「改革運動」であるには違いないが、その仮想敵は近代西欧文明ではなく、むしろ8〜9世紀に移入されたギリシャ文明、イスラーム文明に併呑された古代の異教文明の残滓であった。

ワッハーブ派運動は1744年にブン・アブドゥルワッハーブと、中央アラビアのナジュド地方の豪族イブン・サウードの間で、イブン・サウードがクルアーンとスンナの教えを守り、ジハードを行い、イスラーム法を施行し、善を命じ悪を禁じ、浄財（ザカー）を除いて税を課さない限り、彼の子々孫々に至るまでその支配の正当性を認める、との政教盟約が結ばれたことにより成立した。

但し「ワッハーブ派」の語は本来、18世紀にアラビア半島で活動したハンバリー派法学の改革者ムハンマド・ブン・アブドゥルワッハーブ（1792年没）の信奉者を指す他称であり、自称としては用いられない。ワッハーブ派はムハンマド・ブン・アブドゥルワッハーブを「シャイフ（師）」と呼び、彼の教えを奉ずる自分たち以外は多神教徒、不信仰者であるとみなしたため、彼らの自称は単に「ムスリム」であった。彼らにとって彼らこそがムスリム、彼らがムスリムの中の一つの宗派であるとの認識は彼らにはなかったのであり、それゆえ彼らはイブン・サウードとその子孫たちをカリフの別称であるイマームと呼んだ。

当時のナジュド地方は実質的にはオスマン帝国の支配が及んでおらず、自分たちだけをムスリムとみなすワッハーブ派はオスマン朝カリフ制を認めなかったため、オスマン朝カリフ時代に、アラビア半島中部でワッハーブ派が台頭した時、オスマン朝期最大の法学者イブン・アービディーン（1836年没）は、ワッハーブ派をハワーリジュ派の叛徒と呼び、オスマン朝はワッハーブ派の討伐のためエジプト総督ムハンマド・アリーを遣わし、イブン・サウード（1765年没）の曽孫の第4代イマームであったアブドゥッラー・ブン・サウードを捕虜にした上で処刑しワッハーブ派の王国を滅ぼした。

ワッハーブ派は、西欧化、近代化に対する反発から生まれたわけではなく、その主要敵は伝統的にイスラーム学で論じられてきたスーフィズムの聖廟崇拝のような多神崇拝（シルク）や風紀の乱れであり、ムハンマド・ブン・アブドゥルワッハーブの著作には、西欧の植民地支配や近代化の問題は一切現れない。しかし、ワッハーブ派は、第一次王国がオスマン帝国によって滅ぼされた後、再び勢力を盛り返し王国を再興することになり、特に第三次王国が聖地マッカ、マディーナを支配下においてからは、イスラーム世界各地のイスラーム運動に大きな影響を与えることになり、ワッハーブ派と教義に共通点の多いサラフィー主義は、スンナ派イスラーム主義運動の中心となる。それゆえ、本節では、西欧化、近代化以前に発生した運動ではあるが、後のイスラーム運動との関連を示しつつ、ワッハーブ派についてその特徴を略述しておこう。

ワッハーブ派運動の最大の特徴は、当時のスンナ派の主流であったスーフィズムの聖者崇敬、聖廟参詣などの慣行をイスラームからの背教に当たる多神崇拝と厳しく断罪し、そうしたことを行う者たちはたとえムスリムを自称していようとも背教者とみなしてジハードをしかけることであった。1801年にはイラクのシーア派の聖地ナジャフとカルバラーを襲い聖廟を破壊しシーア派住民を虐殺した。

それゆえ彼らと同時代人だったイブン・アービディーンは彼らを、他のムスリムたちを不信仰者とみなす（異端）ハワーリジュ派と呼んでいる。但しハワーリジュ派は飲酒や姦通などの大罪を犯したムスリムを不信仰者とみなしたのに対し、ワッハーブ派は大罪によってムスリムが不信仰者になったとみなすわけではない。不信仰に陥るとワッハーブ派がみなすのは、祈りを聞き届け、神に対し己の罪の赦しの執成しをする力を聖者が持っているといった多神崇拝の疑いがある信仰行為だけである。「（正道を逸れたムスリムを）不信仰者とみなすこと」を「タクフィール」というが、正否はともあれ、ワッハーブ派がタクフィールを多用し、それがムスリム社会に大きな衝撃を与えたことは事実であり、「タクフィーリー（他者を不信仰者とみなす者）」はワッハーブ派の代名詞となった。

その後、ワッハーブ派は「当代の異端ハワーリジュ派」のニュアンスを持つ他称の蔑称となったため、彼ら自身は「ムワッヒドゥーン（一神教徒）」、「サラフィー主義者」を自称するようになっている。ワッハーブ派とサラフィー主義はクルアーンとスンナの直接参照を義務付け、4法学派の拘束性を否定し、シーア派とスーフィズムを激しく敵視することで共通するし、現代ではワッハーブ派自身もサラフィー主義者を自称しているので、「ワッハーブ派」を「サラフィー主義」と同義に用いることにもそれなりの正当性がある。

しかし、ムハンマド・ブン・アブドゥルワッハーブの信奉者の意味のワッハーブ派には実は特殊ワッハーブ派的政治論があるために、ワッハーブ派をサラフィー主義者と区別する方が生産的だと筆者は考える。

ムハンマド・ブン・アブドゥルワッハーブとイブン・サウードの盟約には、①タウヒードの宣教、②「善の命令と悪の禁止」の実践、③イスラーム法の厳格な適用、のワッハーブ派の政治理念、①ジハード（聖戦）による宣教、②サウード家の王政の承認、③無課税財政の3つの国家原理が集約されていた。しかしサウジアラビア（第三次王国）の建国者アブドゥルアズィーズ王（1953年没）がイギリスの圧力により自由にジハードを行うことはできなくなると、ヒジャーズ地方の征服後もイラクやクウェート地方に対してジハードを行おうとした「イフワーン（同法）」と呼ばれるワッハーブ派の建国の理念に忠実な屯田兵たちは、アブドゥルアズィーズ王に反旗を翻したが、1929年のシビラの戦いでアブドゥルアズィーズ王はこのイフワーンの反乱軍を容赦なく鎮圧し、イフワーンを壊滅させた。

それゆえ同じワッハーブ派といっても、アブドゥルアズィーズ王による第三次王国建国後に大きく変質するのであり、現代イスラーム主義を論ずる場合の「ワッハーブ派」は、「後期ワッハーブ派」、とでも言うべきものである。

イブン・サウードはスンナ派法学のカリフの条件の定説であるクライシュ族出身ではなかっ

たが、ワッハーブ派はクライシュ族の出自をカリフ条件に数えていない。イブン・サウードのカリフ位について、イギリスのアラブ局も「ワッハーブ派は4人の正統カリフ以降のカリフを認めていない」という報告を受けていた、と言われている。またワッハーブ派はムハンマド・ブン・アブドゥルワッハーブをシャイフ、イブン・サウードをイマームと呼ぶ。そしてサウジアラビアでは今でもムハンマド・ブン・アブドゥルワッハーブの子孫は「シャイフの一門」と呼ばれ、一方、イブン・サウードのイマーム位は彼の子孫に相続され、アブドゥルアズィーズ初代国王はイマーム位を相続したとされる。

アブドゥルアズィーズ王以降のサウジ国王は、イマームを名乗っていないが、第5代ファハド国王（2005年没）は「2聖都（マッカ、マディーナ）の守護者（ハーディム・ハラマイン・シャリーファイン）」というオスマン朝のカリフ・セリム1世が名乗った称号を名乗り、第6代アブドゥッラー国王、第7代サルマン国王もその称号を引き継いでいる。

既述の通り、イマームはカリフの別名の一つであり、特に為政者がイマームを名乗る場合は、カリフの含意は明らかである。

つまり、「ワッハーブ派」の語は、サラフィー主義者の中でも、ムスリムとは自分たちのことで、カリフはサウジ王であるとみなすことで、サウジアラビア王国を疑似カリフ国と考える人たちを指して用いるのが最も適切なのである。

ワッハーブ派を国是とするサウジアラビアは、国家としてはジハードによる宣教を放棄し、領域国民国家システムの中での生き残りを可能にしつつ、豊富な石油収入にものを言わせて、海外のスンナ派のイスラーム組織に資金援助を行うことで、平和な土地ではスーフィズムとシーア派を主要敵とする「平和的」なワッハーブ派の教義の宣教を行い、内戦状態にあるところでは、初期ワッハーブの理念によるジハードによる教義の広宣を行っている。

サウジアラビアによる海外のスンナ派イスラーム諸組織への財政支援を通じてのみならず、ワッハーブ派は現代のスンナ派の反体制武装闘争派サラフィー・ジハード主義運動にも大きな理論的影響を与えたが、特に「シャイフの一門」の碩学で、サウジアラビアの初代ムフティー（教義諮問官）でもあったムハンマド・ブン・イブラーヒーム・アール・シャイフ（1969年没）は重要な役割を果たした。

ワッハーブ派は、サウジアラビア建国以降は、ジハードによる宣教を放棄し、政治的には「穏健化」したように見えた。しかし、水面下では、ムハンマド・ブン・イブラーヒーム・アール・シャイフによって、ワッハーブ派の教義に大きな理論的発展をもたらす論考が著された。それが『人定法に裁定を求めること（*Tahkim al-Qawānin*）』である。同書は「人間の作った法律による支配は神の主権の否定であり背教にあたる」と、西欧から法制度を継受したムスリム諸国がイスラームの教義に対する背教を犯しているとの反人定法論を定式化した。『人定法に裁定を求めること』はサウジアラビアでは「禁書」扱いになっているが、サウジ王制を批判し自宅に軟禁され反体制派のイスラーム学者として知られるサファル・ハワーリーにも注釈されており、サラフィー・ジハード主義者の間で広く回覧されている。

ワッハーブ派は、アルカーイダ、「イスラーム国」など現代のサラフィー・ジハード主義諸組織を含むサラフィー主義に、人材と資金の提供において大きく貢献している。

6 18世紀におけるネオ・スーフィズムの宗教改革

クルアーンとハディースの直接参照の義務を唱え、神学、スーフィズムをサラフ（教父）の時代に存在しなかったビドア（逸脱）として批判したムハンマド・ブン・アブドゥルワッハーブは、イスラーム学史上はハディース学派（アフル・ハディース）の前近代最大の理論家イブン・タイミーヤの系譜に連なる。

スンナ派では、アシュアリー／マートゥリーディー派の二つの神学派、ハナフィー／マーリキー／シャーフィイー／ハンバリーの4つの法学派、8世紀から12世紀にかけて、2神学派―4法学派の共存体制が確立するが、この学派体制が成立する以前から存在する底流が、アフル・ハディース（ハディース学派）とアフル・ラアイ（推論学派）の二大潮流である。

アフル・ハディースとは、イスラームの規範を細則に至るまですべて、できる限りそれを直接に支持する預言者ムハンマドの言葉に遡及させようと考える人々で、クルアーン結集後も、預言者ムハンマドの言行の記録の収集に努め、彼らの努力により、スンナ派においては預言者の言行「スンナ」の記録「ハディース」はクルアーンに次ぐ第二聖典の地位を占めることになる。一方、アフル・ラアイとは、信憑性が薄弱なハディースの収集、真偽鑑定よりも、クルアーンと周知のハディースの大原則に基づく推論を重んずる学派である。8〜9世紀の4法学派の学祖のうち、当時のアフル・ラアイの代表的学者であったアブー・ハニーファを除く3人のマーリク、シャーフィイー、イブン・ハンバルまではアフル・ハディースの巨匠であり、スンナ派法学では預言者のハディースが第二法源となり、アフル・ハディースの優位が制度的に確立されることになる。法学においてアフル・ハディースはマーリキー派、シャーフィイー派、ハンバリー派に、アフル・ラアイはハナフィー派に参集するが、法学の各論においては両者の差は概してそう大きくはない。

一方、やや遅れて9〜10世紀に成立した神学では、ギリシャ哲学の論理学や概念構成が取り入れられ、アフル・ラアイの巻き返しがなされ、神学はアフル・ラアイの学問となり、イブン・タイミーヤらアフル・ハディースの論客たちは、神学という学問分野それ自体を外来の異端的学問とみなし、「反神学」的信仰論を展開することになる。

また9〜10世紀にはアフル・ハディースによって膨大なハディースが収集され、スンナ派6正伝集（『サヒーフ・ブハーリー』、『サヒーフ・ムスリム』、『スナン・アッテルミズィー』、『スナン・アブー・ダーウード』、『スナン・ナサーイー』、『スナン・イブン・マージャ』）などの多くのハディース集が編集され、後のハディース研究の基礎が整えられた。

但しアフル・ハディースとアフル・ラアイはあくまでも分析概念であり、実際のイスラーム学者は多かれ少なかれ双方の要素を兼ね備えていることには注意しなくてはならない。アフル・ラアイの代表格アブー・ハニーファもハディースを伝えているし、法学におけるキヤース（類推）を否定したアフル・ハディースの巨匠でハンバリー派法学の法学祖でもあり、浩瀚なハディース集成『ムスナド』の編者でもあるアフマド・イブン・ハンバルも法学や、神論において多くの学説を残している。

とはいえ、スンナ派２神学派—４法学派体制が確立する時期には、アフル・ラアイはアフル・ハディースと融合し、神学派、法学派の通説がクルアーンとハディースの明文に反する場合は神学と法学の通説の方を取るまでに、法学派、神学派が権威を持つようになっていた。更に時代が下り12～13世紀になると、スーフィズムが大衆化し、イスラーム世界各地にカーディリー教団、シャーズィリー教団、リファーイー教団、ナクシュバンディー教団などの大スーフィー教団が形成され、聖廟参詣や歌舞音曲などクルアーンにもハディースにも明文の根拠がない様々な宗教儀礼が猖獗を極めるようになった。

こうした状況をクルアーンとハディースをなおざりにした法学派や神学派の通説を権威に祀り上げる倒錯、スーフィズムの新奇な儀礼の迷信として激しく批判したのがアフル・ハディースの大学者イブン・タイミーヤであった。しかしイブン・タイミーヤは時代に容れられず、イスラーム学者、スーフィーたちから逆に異端者の烙印を押され、マムルーク朝のスルタンにより投獄され獄死する。

ところが18世紀にインド出身のナクシュバンディー教団員でマディーナに定住したムハンマド・ハヤー・スィンディー（１７５０年没）、同じくインド出身のナクシュバンディー教団員でエジプトに定住したムハンマド・ムルタダー・ザビーディー（１７９１年没）らアフル・ハディースの学者たちによって、「両聖地（マッカ、マディーナ）」とイエメン、エジプトを中心にハディース学研究を駆動力とする「ネオ・スーフィズム」と呼ばれる「宗教改革運動」が生まれる。

この18世紀に「両聖地」、イエメン、エジプトのハディース学者のネットワークから生まれた所謂ネオ・スーフィズムには、トルコ、中央アジア、南アジアのナクシュバンディー教団、アフリカから中東、東南アジアに広がるイドリースィー教団などがある。ナクシュバンディー教団、イドリースィー教団に加えて、それから派生したティジャーニー教団、サンマーニー教団、サヌースィー教団などを介して、「ネオ・スーフィズム」の宗教改革運動は、西アフリカのウスマン・ダン・フォディオらの率いる「フルベ族の聖戦」による西アフリカのイスラーム国家樹立運動、スーダンのマフディー運動によるイギリス・エジプトの帝国主義支配に対する独立運動、リビアのイタリアの植民地支配に対する独立運動などの19世紀の世界各地のイスラーム運動に大きな影響を与えることになる。

後にスーフィズムを全否定することになるワッハーブ派でさえも、その名祖ムハンマド・ブン・アブドゥルワッハーブはナクシュバンディー教団のハディース学者ムハンマド・ハヤー・スィンディーの弟子であり、ワッハーブ派もまたこのネオ・スーフィズムの「宗教改革運動」の成果の一つとみなすことができるのである。また英領インドに生まれたデオバンド派もムハンマド・ハヤー・スィンディーに学んだナクシュバンディー教団の導師シャー・ワリーユッラー・デフラウィーの理念を継承した信奉者たちによって形成されたものである。デオバンド派はパキスタンの独立において大きな影響を与えたのみならず、更に時代を下ってアフガニスタンにおけるターリバーン運動によるアフガニスタン・イスラーム首長国の樹立に際しても建国の思想基盤を提供している。
18世紀には西欧のイスラーム世界に対する優位は誰の目にも明らかになっていたのは事実であるが、異教徒禁制の「両聖地」マッカ、マディーナの「両聖地」は言うに及ばず、オスマン帝国の豊かな属州エジプトにも西欧の植民地支配の直接的な影響はまだ及んでいなかった。それゆえ、18世紀のハディース学の発展に基づくネオ・スーフィズムの宗教改革運動は、西欧の植民地支配による近代化への反動ではなく、イスラーム社会、イスラーム文明の内発的な改革運動の展開とみなすべきである。

教会組織を欠くイスラームにおいては、このネオ・スーフィズムの宗教改革運動がもたらした影響を制度的な変化として可視化することは難しい。しかしその後の西欧による植民地支配の本格化に対するイスラーム世界の対応と照らし合わせて考えるならば、イスラーム史における17世紀のネオ・スーフィズムによる宗教改革は、プロテスタント諸宗派の独立による西欧カトリック世界の崩壊、西欧近代世俗社会への移行をもたらした16世紀の西欧の宗教改革にも匹敵する文明史的画期であったと言うことができるであろう。

7 サファヴィー朝とオスマン帝国の崩壊

西欧はアジア・アフリカの「未開社会」を次々と植民地化し、土着の文化を根こそぎにしていった。しかし西欧に十分に対抗できる高文明圏も存在した。中国の清帝国、ロシア帝国、そしてイスラームの三大帝国、スンナ派のオスマン帝国、ムガール帝国、そしてシーア派のサファヴィー朝ペルシャ帝国であった。西欧人がこの三大イスラーム帝国に進出した時期には、この三大帝国は栄光の絶頂期にあり、西欧はこれらの帝国を武力によって植民地化したわけではなかった。タミム・アンサーリーは述べている。

「西ヨーロッパ勢のイスラーム世界への侵入はけっして『文明の衝突』というがごとき事態にいたらなかった、ということだ。この植民地主義の時代に『ヨーロッパ文明』が『イスラーム文明』と戦ったことは一度もなかった。そして、この事実は以後の展開を理解する鍵の一つなのだ。実のところ、1500年以後に東方イスラーム世界を訪れた西ヨーロッパ人は、そのほとんどが貿易商だった。」（タミム・アンサーリー『イスラームから見た「世界史」』、406頁）

西欧とイスラーム世界との間では決して戦争は常態ではなく、確かに戦争はあったが、両者の間に殲滅戦が行われたことはなかった。タミム・アンサーリーが言う通り、「どこかで本格的な会戦が行われている最中でさえも、ほかの場所ではさかんに交易が行われていた。というのは、第二次世界大戦のごとき総力戦とは異なり、戦闘が行われる地理的範囲が限られていたからだ。」（409頁）

西欧は、オスマン帝国を「ヨーロッパの病人」と呼び、その領土を蚕食していったが、「オスマン帝国は押し寄せる敵軍に完全に屈服したりはしなかった。すっかり瀕死の状態になり、ハゲワシに啄まれるのを待つばかりの死体同然になってからでさえ、オスマン帝国は相手に打撃を与えられるだけの軍事力を結集することができたのだ。」（411頁）

オスマン帝国は、20世紀に至るまで西欧列強と正規戦を戦う武力を有していた。オスマン帝国は西欧に戦争で征服されたのではなく、むしろ社会経済的矛盾により自壊したのであった。オスマン帝国より前に滅亡したサファヴィー朝ペルシャ帝国とムガール帝国についても、事情は同様である。ムガール帝国については次節で詳述するとして、本節ではサファヴィー朝について略述しておこう。

サファヴィー朝は、クズルバシュとも呼ばれたチュルク系遊牧民のスーフィー教団によって樹立されるが、シーア派の教義を採用し、ペルシャ人官僚に行政を委ねることで12イマーム派のペルシャ人国家となり、オスマン帝国とムガール帝国という二つのスンナ派イスラーム帝国に対抗した。しかし、12イマーム派の教義によると預言者ムハンマドの後継者はアリー以下の歴代イマームであり、サファヴィー朝の帝王に支配の正当性はない。12イマーム派の教義を採用し、12イマーム派のウラマーを招聘したが、それによりイマームの代理人を自任するウラマーとサファヴィー朝は支配の正当性をめぐって構造的な緊張関係に立たされることになる。

「要するにペルシアでは、サファヴィー朝の君主が大衆と密接に結びついたムスリムの宗教学者を締めつけるのを、ヨーロッパのキリスト教徒が支援するという構図ができあがったのだ。いずれトラブルが生ずるのは、火を見るよりも明らかだった。時が経つにつれて、王位継承をめぐる闘争はいっそう熾烈になった。相争う派閥は互いにライバルより有利な地位を占めるべく、ますます多くのヨーロッパ人軍事顧問を雇い、ますます多くのヨーロッパ製武器を輸入しはじめた。やがて、権力闘争によってただ一人の勝者が生まれることはなくなり、さまざまな派閥が各地に割拠するようになった。ペルシアが分裂状態になると、スンナ派が支配する地域はサファヴィー朝から離脱した。さらに、ウズベク族やアフガン族など近隣のスンナ派部族がサファヴィー朝の領土に侵攻して、破壊と略奪をほしいままにした。戦火がおさまったとき、サファヴィー朝は消滅していた。やがてこの地に〔チュルク系カージャール族による〕新たな王朝が興った。このいわゆるカージャール朝〔1796〜1925〕は名目上は以後130年にわたって縮小の一途をたどるイランを統治した。カージャール朝の治下で、サファヴィー朝時代の不穏な傾向は常態と化した。国軍はヨーロッパ人の顧問や将校に乗っ取られて形骸化した。ウラマーは絶えず朝廷と対立していた。宮廷の外国人勢力から排斥されたウラマーは、下流および中流階級の人々がいまだに固執している伝統的なイスラーム文化の保護者をもって任じていた。」（426〜427頁）

西欧は互いに敵対し合っていたのであり、ペルシャ帝国を征服し植民地化する意図は持っておらず、イランに戦争を仕掛けることも、武力侵攻することもなかった。しかし、西欧は、科学力、武力、経済力の優位により、徐々にイランを文化植民地化していったのであり、それはイランの12イマーム派イスラーム文明と激しく対立することになり、立憲革命を経てカージャール朝を崩壊させ、続いて成立したパーレヴィー朝も、イスラーム法学者の後見（ウィラーヤテ・ファキーフ）論を掲げるホメイニー師を指導者とするイラン革命によって倒されることになるが、それについては次章で詳述しよう。

オスマン帝国は、17世紀においてもなお、1683年に神聖ローマ帝国の首都を包囲することができるほどの軍事大国であったが、この第二次ウィーン包囲の失敗は西欧との比較における帝国の相対的軍事力の弱体化と、軍事力の基盤となる科学、産業、政治の遅れの自覚をオスマン宮廷に促した。しかしオスマン帝国の軍事力強化政策は失敗に終わり、「ヨーロッパからイスラーム世界に流入した立憲主義、ナショナリズム、産業化という三つの現象は、オスマン帝国にことのほか破壊的な影響をもたらした。」（『イスラームから見た「世界史」』）

産業化、立憲主義、ナショナリズムの「破壊的な影響」についてタミム・アンサーリーは言う。

「イスラーム世界では、男性が属する公的領域と女性が属する私的領域を画然と分離するという慣行が広範に根づいていたために、家内工業からマニファクチャアへの移行ははるかに深刻な問題を引き起こし、はるかに悲惨な社会的混乱を生じさせた。製造形態の変化は第一に、分断された社会システム全体の解体を要求した。かような要求はあらゆる家庭の生活の根幹を揺るがし、男女双方の意識の最も深いレベルに、さらには意識下のレベルにアイデンティティの問題を三解決のまま刻み付けた。……中略……

さらに、工場がギルドに取って代わったことは、製造業とスーフィー教団の結びつきが断たれたことを、ひいては宗教心と労働の結びつきもいささかなりと断たれたことを意味していた。しかも、製造の場が工場に移ったことは、時計が刻む時間に従って生活することを意味していた。ところがムスリムの生活の中核をなし、一日5回実践しなければならない礼拝の儀式は、太陽の位置によって礼拝の時刻が決められるというように、自然現象が示す時間の枠組みの中に位置づけられていた。それゆえ、ここでも産業化は別の意味で、生活実践と宗教実践のあいだに齟齬をきたさせた。産業化はこれらすべてに加えて、部族に対する忠誠を何よりも優先する諸氏族が相互に結びつき、それらの大きなネットワークとしてあまねく組織された社会に対して、そうしたあり方を一晩で見なおして、独立した個人の集団としての社会に生まれ変わるよう要求した。（501〜502頁）……中略……

オスマン帝国では、こうした上からの近代化運動をタンズィーマート、いわば『立て直しの施策』と称していた。タンズィーマート改革は1839年に発布されたその名も仰々しい『薔薇園勅令』によって開始された。1856年には『改革勅令』が、ついで1860年には第三弾となる改革の指針が発せられた。

以下に、タンズィーマートが成し遂げた改革の事例をいくつか列挙しよう。

・フランスの行政制度をモデルにした中央政府の機構改革。
・伝統的なシャリーア裁判所に代わる国営の世俗裁判所の設置。
・フランスの『ナポレオン』法典に基づく刑法と刑事訴訟法の制定。
・「自由貿易」を奨励する新しい商法体系の制定。これは本質的に、オスマン帝国内における商取引のルールについてヨーロッパ人に自由裁量権を与えるものだった。……中略……
・人種や宗教を問わず、オスマン帝国の全臣民の名誉と生命と財産は不可侵として、保証することを明文化。（522〜523頁）

しばらくは近代主義者が優勢だった。１８７６年12月、彼らの圧力を受けたアブデュルハミト2世は、ついにオスマン帝国憲法を発布した。この画期的な勝利は『東洋のフランス革命』と広く称えられた。（525頁）」

「ヨーロッパから流入した二つ目の現象、すなわちナショナリズムがイスラーム世界のいたるところで人々の知性と感性を魅了していた。……中略……

だが、ナショナリズムが本当に普及したのは、オスマン帝国とかつてのオスマン帝国領だった。（509頁）

……国民国家がすでに形成されていたところではナショナリズムが発達せず、形成されていないところで発達した。ナショナリズムは『ある姿』ではなく、『あるべき姿』を叙述するものだったのだ。（510頁）』

「19世紀後半になると、ナショナリズムに煽られた運動が、統一されたイタリア王国とドイツ帝国を誕生させた。だがナショナリズムというウィルスはこれらの国を超えて広まり、東ヨーロッパに侵入した。この地では——多様な言語を話し、様々な民族的起源を主張し、その危険についてそれぞれ固有の物語を紡いでいる——何ら共通点をもたない数多の共同体が、オスマン帝国とオーストリア—ハンガリー二重帝国という崩壊寸前の二大帝国に同化されることなく併存し、混沌とした状態にあった。（515頁）

ヨーロッパの哲学者の民族主義的な論説を読み、ドイツとイタリアのナショナリズムの勝利について熟知した知識人の多くが、ナショナリズムを帝国主義から彼らを解放する唯一の道とみなしはじめた。多文化主義に基づくオスマン帝国主義の煩雑で旧弊な統治理念を排して、その代わりに贅肉を削ぎ落とし、不純物を取り除いた適度な規模の国家体制、つまりトルコ人の国を築こう――これが彼らの理念だった。アラブ地域の属州はこの枠組みに合致しないので、切り離さざるを得ないのはいうまでもない。だが、トルコ・ナショナリズムに目覚めた人々はアナトリアと、チュルク民族の父祖の地である中央アジアの帝国領土を統一することを夢想した。そう、彼らはボスポラス海峡からカザフスタンまで広がるチュルク民族の国民国家を夢見ていたのだ。」（531～532頁）

19世紀後半にはイスラーム世界の大半が植民地化され、科学的、文化的にだけではなく、政治的にも西洋キリスト教世界の劣位にあり、なんらかの対応が必要なことは誰の目にも明らかになっていたが、オスマン帝国の内部では、この危機に対して、イスラームの伝統を固守すべきと考える保守イスラーム主義と、西欧から自然科学だけでなく社会科学、政治経済システムまで西欧から導入し近代化するべきだと考える欧化主義の二つの潮流が対立するようになった。オスマン帝国で力を握ったのは欧化主義で、彼らによってタンズィーマート（立て直しの施策）が行われ、西欧の世俗人定法が導入され、欧化政策に反対したアブデュルアズィズ帝はクーデターで廃位され、アブデュルハミト2世は西洋諸国にならったムスリムと異教徒の平等を謳う憲法の制定を強いられた。アブデュルハミト2世は憲法を停止し、カリフの権威の下に世界の全ムスリムを統合する汎イスラーム主義に基づきムスリム世界の危機を乗り越えようと努めたが、１９０８年、トルコ人の領域国民国家を目指す欧化主義者「統一と進歩委員会」による青年トルコ革命によって廃位される。

カリフとイスラームの権威を守ろうとしたアブデュルハミト2世の廃位とそれによって成立した統一と進歩委員会政権によって、オスマン朝カリフ制はトルコ人の領域国民国家への変質の坂道を転がり落ちていくことになり、ドイツ側について第一次世界大戦に参戦し、１００万人近いアルメニア人を死に追いやった末に敗北し、最終的に１９２２年に最後の皇帝メフメト6世が廃位されオスマン朝は滅び、１９２３年にはトルコ共和国が樹立され、１９２４年にはカリフ・アブデュルメジドも廃位される。

産業化、立憲主義、ナショナリズムの破壊的影響により、三大イスラーム帝国の最後の一つであったオスマン帝国、即ちオスマン朝カリフ制も１９２４年に最終的に崩壊したのである。

8 イスラームと、インド、ロシア、中国

これまで我々は主として西欧キリスト教文明とイスラーム文明の関係を論じてきたが、本稿ではイスラームと現存する他の3文明、インド文明、ロシア文明、中国文明の関係を概観する。

先ずインド文明であるが、17世紀の世界に君臨した3つのイスラーム帝国、オスマン朝（トルコ）、サファヴィー朝（イラン）、ムガール朝（インド）のうち、名実共に西欧の植民地と

なったのはムガール朝（インド）だけであった。

インドは古代四大文明エジプト文明、メソポタミア文明、インダス文明、黄河文明の一つインダス文明の故地であり、正教文明、極東文明、イスラーム文明と並んでトインビーが西欧文明に追い詰められながらも現在もまだ存在している4つの文明の一つと述べているインド文明の中心地である。

しかし西欧、イギリスに植民地化される以前のインドを支配していたのは、三大イスラーム帝国の一つ、スンナ派イスラームのムガール帝国であった。

トインビーは文明の解体過程における現象として、世界教会、世界国家が出現すると考え、ヒンズー社会を長期的解体過程にあるとみなした上で、ムガール帝国を外来のイスラーム教徒の支配者による世界国家であり（『歴史の研究（サマヴェル縮冊版）2』、318頁）、英領インド帝国によって取って代わられたとみなす。世界国家としての英領インド帝国はインドの「近代化」に大きな影響を及ぼし、インドの独立の後にも、インドは西欧型の資本主義の領域国民国家となった。その意味において、キリスト教に由来する世俗主義を基調とする近代西欧文明のインド文明に対する影響は疑う余地はない。

しかし聖俗一元の宗教を基盤とするイスラーム文明の視点からすれば、インド国民をほとんどキリスト教化することなく、侵略者として追われたイギリスの影響があくまでも皮相的なものに過ぎなかったのに対し、インド亜大陸に合計2億人に近い人口を有するパキスタンとバングラデシュのムスリム国家を誕生させ、インドにもなお1億人近いムスリムを残すことになるムガール帝国がインドに残した文明的影響は深甚である。

インドのイスラーム化は早くも8世紀にウマイヤ朝のムハンマド・ブン・カースィムの率いる遠征軍によるシンド地方の征服に始まるが、本格的なイスラーム化は10世紀後半からのアフガニスタン方面からのガズナ朝とゴール朝の北インドへの侵入によるのであり、北インドの中心地デリーには、1206年にアイバクが建てた奴隷王朝以来、ハルジー朝、トゥグルク朝、サイイド朝、ロディー朝とデリー・スルタン朝と総称されるイスラーム政権が続いた。この時期、イスラームは軍事力によって、征服王朝を樹立しただけでなかった。当時の北インドではヒンズー教や仏教が広まっていたが、イスラームはチシュティー教団などのスーフィー教団により民衆に広まり、ムスリム人口は増大し、インド＝イスラーム文化が形成された。

そして6世紀半ばのグプタ朝の崩壊以来の分裂を克服し、インドの大部分に再統一をもたらしたのがティムール朝の後裔バーブル（1530年没）が1526年に樹立したムガール帝国である。バーブルは勇猛な武将、優れた帝王であったばかりでなく文人でもあり、彼の回想録『バーブル・ナーマ』がチャガタイ文学の傑作とみなされていることは既に述べたが、第3代皇帝アクバル（1605年没）の時代に宰相アブドゥッラヒーム・ハンによりペルシャ語に訳され、ペルシャ語文学としても高い評価を得た。ムガール帝国では民衆はウルドゥー語を話したが、宮廷ではペルシャ語が話され、イラン文化とヒンズー文化を融合した宮廷文化が生み出されたが、ムガール宮廷文化において特に優れていたのは建築であり、第5代皇帝シャー・ジャハーンが愛妃のために建てた廟タージ・マハルは有名である。

アクバルは、少数派のムスリムが膨大な数の土着のヒンズー教徒を支配する困難に鑑み、「スルヘ・クッル（万人との和平）」政策を掲げ、融和策を取り、ヒンズー教徒の巡礼に課してきた税だけでなく、イスラーム法により異教徒に課されるジズヤも廃止し、宗教に無関係に全住民に課される地租を定め、全ての官職への道をムスリムと同条件でヒンズー教徒にも開いた。

ムガール帝国では、ムスリムとヒンズー教徒の双方から今も愛読される神への愛を歌う神秘主義詩人カビール（１５１８年没）、イスラームの影響でカーストを否定するスィク教を開いたナーナク（１５３９年没）が生まれるなど、多神教と一神教が融合する独特のヒンズー・イスラーム文化が成立した。

一方で、アクバルの宗教融和策は、「イスラーム暦第二千年紀の宗教改革者（ムジャッディド・アルフ・サーニー）」の異名をとるナクシュバンディー教団のアフマド・スィルヒンディー（１６２４年没）らスンナ派正統派から厳しい批判を浴び、ジズヤを復活し、イスラーム法に則った政治の復活に努めた第６代皇帝アウラングゼーブ（１７０７年没）の支配の下でムガール朝は最大版図を実現した。しかしそのイスラーム重視策は、ヒンズー教徒の反乱を招き、アウラングゼーブ帝の死後は、ムガール帝国は内乱が始まり、18世紀になるとムガール朝は急速に衰退し、イギリス東インド会社の影響が強まった。１８０３年に第二次マラーター戦争で首都デリーが占領されて、ムガール帝国はイギリスの保護下に入り皇帝はイギリスの年金生活者になり下がり、１８５７年に起きた大規模な反英闘争、いわゆるシパーヒーの乱（第一次インド独立戦争）が鎮圧されると、ムガール朝皇帝バハードゥル・シャー2世は廃位され、ムガール朝は滅び、英領インド帝国が成立することになる。

ムガール帝国滅亡後、英領インド帝国には西欧的な政治、経済、教育制度が導入され、インド帝国の臣民となったムスリムは西欧的生活様式を強いられることになる。そして1857年の反英闘争に反対し、イギリスへの忠誠、服従を説き、西欧の文化植民地化をイデオロギー的に正当化したのが、宗教としてのイスラーム自体をも否定し、1875年に「イスラーム世界のケンブリッジ大学」を目指して西欧近代科学を教える学校「ムハマダン・アングロ・オリエンタル・カレッジ」を設立したサイイド・アフマド・ハン（1897年没）が創設したアリーガル学派であった。

アリーガル学派は、トインビーが呼ぶところの「ヘロデ主義」の典型であり、創造性を欠く西欧の表面的な模倣によりイスラームを天上界とのつながりと経世済民と平天下の理法を欠く通俗道徳に縮減し、インドの独立まではイギリスの植民地支配に奉仕し、独立後は民衆から遊離した欧化エリート支配層を形成した。彼らは欧米の植民地支配を温存するためのエージェントとなっていった。

アリーガル学派のイスラーム解釈は、ジハードは戦争であり政治に属し信仰とは無関係との西欧流の政教分離の概念をイスラームに投影したものであり、植民地支配への抵抗を範疇的に禁じ、西欧の制度とイデオロギーの暴力的強制を正当化するものであり、今日に至るまで繰り返される西欧とそのエージェントたちによるイスラームの換骨奪胎を図るプロパガンダの原型となる。

　インドはイスラーム世界の西欧による植民地化の嚆矢となったが、次々と西欧の植民地にされていったアジア、アフリカのムスリム諸国では、西欧人の支配者たちの下で在地のムスリムを管理、抑圧、制御する役目を担ったのはいずれも、インドのアフマド・ハンと同じ「ヘロデ主義者」たちであり、政治、法律、経済、文化、教育、社会は西欧から輸入された制度が力づくで押し付けられ、古典イスラーム学が定式化してきたイスラームの教えに忠実なムスリムたちは社会において周辺化されていったのである。

　ムガール帝国滅亡後のインドはヒンズー文明に逆戻りしたわけではなく、イギリス植民地支配下の西欧文明の影響に抗する様々なイスラーム改革運動が生ずる。イギリスにより植民地化される以前の内発的な改革運動であったスーフィズム改革運動は、インド大陸を越えて近代のスンナ派イスラームの復興運動の伏流になる。しかし、英領インドのムスリムの間で主導権を握ったのはアリーガル学派のような「ヘロデ主義」の世俗的近代主義者たちであった。

　インドの宗教は、古代インドのバラモン教から、仏教の興隆を経て、バラモン教が「進化した」ヒンズー教に交代し、その後イスラームの支配により、イスラームとヒンズー教の併存状況が生まれ、今日に至っている。しかし、近現代のインドは１８５８年から１９４７年までのイギリスによる植民地支配により、西欧流の政教分離の世俗主義の政治、経済、社会体制を強制されることで、宗教の概念自体が根本的変質を被る。イギリスは、西欧流の宗教概念に基づきムスリムとヒンズー教徒を差異化し対立を煽って分割統治する政策をとった。それゆえ英領インドにおいては「宗教の自由」が認められたので、一見するとインドはなお「宗教的」な社会であるかのような外観を呈していたが、その「宗教」は西欧的な宗教観に基づき政教を分離した政治、経済、社会などの人間の生の重要な側面から締め出され、去勢され矮小化された「歪なイスラーム」、「歪なヒンズー教」であった。

インドの文脈で言うと、西欧の帝国主義、植民地支配に対する反対の下に、西欧の侵略からオスマン帝国を護るとのヒラーファト（カリフ制）運動に、ガンジー（1948年没）が率いるヒンズー教徒も参加し、ムスリムとヒンズー教徒が団結して反英闘争を行った時期（1919〜1924年）もあったが、トルコでムスタファ・ケマル（トルコ共和国初代大統領1938年没）の反逆でカリフ制が廃止されると、梯子を外されたインドのヒラーファト運動も立ち消えになり、ムスリムとヒンズー教徒の対立が激化し、ムスリムとヒンズー教徒は別の民族であるとの「二民族論」を掲げるジンナー（独立パキスタン初代総督1948年没）率いる全インド・ムスリム連盟により、1947年ムスリムが多数を占めるパキスタンとヒンズー教徒が多数を占めるインドに分かれてイギリスから分離独立した。

全インド・ムスリム連盟はシーア派の異端的少数派イスマーイール派のアーガー・ハン3世（1957年没）らによって創立された政党であり、ジンナーもイスマーイール派に属し、そのイデオロギーはイスラームとは無縁な西欧流のナショナリズムであった。それゆえ、全インド・ムスリム連盟に先導されて独立したパキスタンはイスラーム共和国を名乗ったが、その実は単なる領域国民国家の一つでしかなかった。

スィルヒンディーの改革スーフィズムの流れを組むデオバンド派のウラマーの大多数やジャマーアテ・イスラーミー（イスラーム集団）の創始者マウドゥーディー（1980年没）らは、領域国民国家パキスタンの建国に反対であったが、それに代わるカリフ制再興の具体的な代案を有さなかったために、パキスタンの分離独立を許すことになった。そしてムスリムがパキスタンへ、ヒンズー教徒がインドへ移住する民族移動の大混乱の中でムスリムとヒンズー教徒の相互憎悪による殺し合いで100万人以上の死者が出たとされている。また独立したパキスタンでは主導権を握った西パキスタンが、言語も民族も違うベンガル人中心の東パキスタンに対して不平等で差別的な支配を行ったため、ベンガル人の分離独立運動が起こり、西パキスタン政府は、独立運動鎮圧のために、死者300万人とも言われるベンガル人独立派の大虐殺を行った。その結果、ベンガル人の多くがインドに亡命したためインドが介入し（第三次印パ戦争）、敗れた西パキスタン政府軍は東パキスタンから撤退し、1971年に東パキスタンはバングラデシュとして独立することになった。

イスラームの名を冠した国が300万人もの民族が異なる同胞ムスリムの市民を虐殺した末に、異教徒の敵国インドに助けを求められ、敗北して独立を許す、というムスリムの近現代史上最大最悪のスキャンダルは、イギリスの支配下で西欧の文化植民地になり下がった上に、政治的、社会的にもヒンズー教徒に囲まれて「マイノリティー」の地位に追いやられるという二重苦の下で、領域国民国家イデオロギーに毒され歪曲されたイスラームを政治利用したことによって生じたのであるが、それもインド文明、西欧文明、イスラーム文明の三つ巴の相克という、特殊インド的状況の所産と言うことができよう。

ヒンズー教徒が多数を占めるインド文明の中でのイスラーム帝国の運営という困難な状況が、「第二千年紀の改革者」スィルヒンディーの改革思想を生み、それが生んだインド亜大陸におけるハディース学の復興が、「二聖地（マッカ、マディーナ）」、エジプトのイスラーム学のネットワークを通じてイスラーム世界全体の改革運動に影響を与えたことは既に述べた。しかし当時の世界覇権国家大英帝国の植民地支配に組み込まれたことによっても、インド亜大陸のムスリムはイスラーム近現代史において大きな役割を果たすことになる。つまり、インド亜大陸のムスリムは先ず大英帝国の植民地支配を被ることで、「国際語」となった英語の習熟及び、大英帝国、英連邦、英語圏への進出において、他のムスリム諸民族より優位に立つことができた。実のところ、前近代においてはペルシャ語がアラビア語に次ぐムスリムの学術言語、共通語であったが、現在では英語がペルシャ語に代わってイスラームの第二の学術言語、共通語になっている。二度にわたる世界大戦を経て世界覇権国家がイギリスからアメリカに代わっても、「国際語」は英語であり続け、インド亜大陸のムスリムは英語話者の最大の供給源になることで、国際イスラーム運動において最前線の一翼を担っている。

特に重要なのは英領インドでマウドゥーディー（1979年没）が1941年に創設したジャマーアテ・イスラーミーで、世俗主義に反対し社会改革によりイスラーム国家を建設しようとの運動方針を共有するアラブのムスリム同胞団、トルコのミッリー・ギョレシュ（国民的観点）運動、アフガニスタンのイスラーム協会（ジャムイーヤ・イスラーミーヤ）、ヒズブ・イスラーミー（イスラーム党）、マレーシアのＰＡＳ（全マレーシア・イスラーム党）、インドネシアのＰＫＳ（福祉正義党）、トルコのＡＫＰ（公正発展党）などと連帯し、スンナ派国際運動に大きな影響力を有している。また南アジアの文脈では、スィルヒンディーの改革スーフィズムの流れを汲み英領インドで生まれたデオバンド派は、アフガニスタンのターリバーン運動の母体にもなっている。というのは、ムガール帝国の創立者バーブルも中央アジアのフェルガナ地方の生まれだったが、カブールを本拠とするアフガニスタンの王となった後に、インドに遠征してムガール帝国を築いたのであり、歴史的にアフガニスタンのイスラームは中央アジアと共にインドのイスラームの動きと深い関係があるからである。

またパキスタンはムスリム世界で唯一の核保有国であるが、パキスタンの核開発の基礎を築いたのは、１９７９年にムスリムとして初めて自然科学部門でノーベル物理学賞を受賞した理論物理学者で「異端」のアフマディーヤ教団に属するムハンマド・アブドゥッサラーム（１９９６年没）であった。パキスタンが軍事技術を中心にムスリム世界で最も自然科学が発達した国であり、国際イスラーム運動に自然科学部門の優れた人材を輩出しているのも、英領インドで西欧近代科学を身につけたムスリム知識人養成を目標に形成された「ヘロデ主義／世俗的近代主義」のアフマド・ハンとアリーガル学派の伝統に拠るものと言うこともできよう。

インド亜大陸においてなるほど現時点ではムスリムはヒンズー教徒に数の上では劣っている。しかし大局的に見るならば、多民族、多宗教集団の共存を可能とする普遍的統治原理を有するトインビーが言うところの「世界国家」と呼ぶ仏法を施行したアショカ王の治下で最盛期を迎えたマウリヤ朝（紀元前4～2世紀）による政治的統一が崩れて以来の分裂に終止符を打ちインドに再統一をもたらしたのはイスラーム帝国としての世界国家ムガール朝であり、イギリスによる植民地化によって中断されたが、インドはイスラーム化の過程にあり、イギリスの支配からの独立により、イスラーム化が再開されることも考えられる。

現在のヒンズー・ナショナリズムの高揚を見ると、インドの近未来におけるイスラーム化は現実性が薄いように思われる。しかし、ヒラーファト（カリフ制）運動が反英闘争の中でヒンズー教徒の支持を得た前例もあり、スンナ派ムスリムが公正なカリフ制を再興することができるなら、インド亜大陸のヒンズー教徒もカリフ制再興に同意することも考えられないわけではない。インドがカリフ制に編入されることになれば、かつてイラン文明がイスラーム文明に同化吸収されたように、インド文明もイスラーム文明に併呑されることになろう。しかしイランがイスラーム文明の一部になった後にもシーア派イスラームの衣装を纏ってイラン文明の独自性を残したのと同様に、インド文明もまたその特徴を刻印したインド・イスラーム文明とでも言うべきものを作り上げることが予想される。

ロシア文明は正教文明の後継文明であり、ロシアは世界を啓蒙する使命を帯びた聖なるロシアであり、それは正教の守護者としてであれ、共産主義の使徒としてであれ、変わらなかった。しかし13世紀から15世紀にかけて「タタールの軛」と呼ばれるイスラーム化したモンゴルのジュチ・ウルス（キプチャク・ハン国）の支配を受けたロシアは、「ロシア人を一皮むくとタタール人」との俗諺が人口に膾炙していることが示しているように、現代インド文明がヒンズー文明の継承文明であると同時にムガール帝国の支配によってイスラーム文明の一部でもあったのと同じように、ロシア文明にもまたイスラーム文明の刻印が残されている。

しかし神に選ばれたツァーリとしてイスラームに対する聖戦でカザン・ハン国を滅ぼしたイヴァン4世（雷帝）以来、正教の守護者としてのロシアは、イスラーム教徒の正教への改宗、同化政策を推し進めた。ロシアは、一方で聖なるロシアとして世界の教化の使命を有したが、他方で18世紀以降は不凍港を求めて周囲を征服し南下する地政学的必要によっても突き動かされていた。このロシアの南下政策によって、西ではバルカン半島を目指したロシアとオスマン帝国とがぶつかる「東方問題」を引き起こし、東では英領インドを目指し中央アジアのムスリム諸国を征服し更にアフガニスタンにも介入を開始したロシアとイギリスとの間に「グレートゲーム」と呼ばれる外交戦争が行われることになった。

ピョートル大帝の後を継いだ啓蒙専制君主として知られた女帝エカチェリーナ2世（1796年没）はムスリムの信仰の自由を認めたが、一方でオスマン帝国を侵略し、第一次露土戦争で1774年キュチュク・カイナルジ条約により、クリミア・ハン国の宗主権をオスマン帝国から奪った上に、オスマン帝国内の正教徒の保護権を獲得したが、更に1783年にはクリミア・ハン国を征服し併合し、第二次露土戦争ではヤッシー条約により黒海の制海権を手にし、バルカン半島への進出の足掛かりをえた。

19世紀になると、ロシアは正教徒の保護を口実にバルカン半島の諸民族のオスマン帝国からの独立を指嗾してオスマン帝国の内政に干渉するようになり、アレクサンドル3世の時代

（1881〜1894年）には再びロシア国内でのムスリムの正教への改宗の強制までが行われるようになった。

他方、東においては、19世紀後半になるとロシアは1868年のブハラ・ハン国、1873年にヒヴァ・ハン国を保護国化し、1876年にはコーカンド・ハン国を併合するなど中央アジアのムスリム諸国を支配下におさめていった。1878年にロシアがイギリスに先駆けてアフガニスタンに在外公館を開設すると、アフガニスタンがロシアの勢力圏に入り英領インドを脅かすのを恐れたイギリスが第二次アフガン戦争を起こしアフガニスタンを保護国化することになった。

こうしたロシアの支配に対するムスリムの反応として特筆すべきは、ピョートル大帝（1725年没）、エカチェリーナ女帝によるロシアの近代化に対抗して、西欧近代科学を取り入れた新しいイスラーム教育による革新を求める「ジャディード（新制）」運動であり、クリミア・タタール貴族の出身のガスプリンスキー（イスマイル・ベイ・ガスプラル、1914年没）が、汎スラヴ主義にならって唱えた汎チュルク主義であった。汎チュルク主義は、イスラームへの帰属と言語的類似性に基づき、チュルク系諸民族を糾合しロシアの支配に対抗しようとの思想であった。汎チュルク主義は本来汎イスラーム主義と不可分であったが、オスマン帝国で、1908年に青年トルコ（進歩と統一委員会）革命により、カリフとしての権威に基づき汎イスラーム主義的外交政策を掲げたアブデュルハミト2世が失脚したことで、すべてのムスリムの統一を目指す汎イスラーム主義に代わってチュルク諸民族の統一を目指す汎チュルク主義がロシアのチュルク系ムスリムのみならずオスマン帝国の有力なイデオロギーとなった。第一次世界大戦での敗北後、ソ連の意向を受けてアナトリアでチュルク系諸民族の統一を画策したが失敗し、中央アジアの反共産主義バスマチ運動に参加したエンヴェル・パシャ（元オスマン帝国第二憲政期陸軍大臣、1922年没）も汎チュルク主義者であった。

一方、帝政ロシア期において、汎スラブ主義と汎チュルク主義を止揚する試みとして生まれた思想がトルベツコイ（1938年没）のユーラシア主義であった。トルベツコイによると、西欧文明は、西欧文明だけが普遍主義的文明であるとの誤った自己中心主義のロマンス・ゲルマン民族のショーヴィニズムを前提とし、世界中を西欧化しようとする。それゆえ真の対立は、ロマンス・ゲルマン民族とその他すべての人々、即ちヨーロッパと人類なのであり、汎スラブ主義や排他的ナショナリズムのような偽の解決に惑わされてはならないことになる。

スラブ（森林の民）とツラン（草原の民チュルク）が融合した真のロシア文明のイデオロギーとしてのユーラシア主義を説くトルベツコイは、共産主義には批判的であったが、西欧への対抗軸としてのソ連には一定の評価を与えており、「トルコ、イラン、アフガニスタン、インドでは」「ボルショビキとロシア、民族解放の理念、ロマンス・ゲルマンやヨーロッパ文明に対する抗議とを結び付けて考えている。」と、「ロシアが中心となって全世界的なヨーロッパへの隷属を打破する好機と捉え」ていた。（浜田樹子『ユーラシア主義とは何か』、成文社、2010年、106〜108頁）

またロシア革命後のソ連においてはミールサイト・スルタンガリエフのようにチュルク系ム

スリムで共産党に入党した者もいたが、エンヴェル・パシャの離反により汎チュルク主義はソ連では政治的罪状となり、スルタンガリエフをはじめとする多くのチュルク系の幹部は「汎チュルク主義者」の罪で粛清され、トルベツコイのユーラシア主義が日の目を見ることはなかった。

宗教を敵視する共産主義イデオロギーに立脚するソ連の反宗教政策の下でイスラームは徹底的に抑圧された。特にスターリンによって対独協力の疑いをかけられたチェチェン・イングーシ・ソヴィエト社会主義自治共和国のムスリムに対する弾圧は苛酷で、住民の大部分が中央アジア、シベリアに強制移住させられ、その過程で住民の4分の3が命を落としたとも言われる。

ソ連のムスリムの状況を決定的に変えたのが1979年のソ連軍のアフガニスタン侵攻であった。アフガニスタンでは1978年にソ連の息のかかった人民民主党によって共産主義革命が起きていたが、共産主義政権に対してムジャーヒディーン諸組織が結成され抵抗運動が始まり、1979年ついにソ連は事態収拾に向けて軍事侵攻に踏み切った。しかしソ連軍の侵攻はアフガニスタン人のイスラーム意識を高め、ジハードによる武装抵抗運動を引き起こし、1988年ソ連軍は1万5000人の死者を出した末にアフガニスタンから撤退を余儀なくさせられた。

後にブレジンスキー米大統領補佐官(2017年没)が明らかにした通り、ソ連のアフガニスタン侵攻は、アメリカがソ連を引き込んだ罠であったが、アフガニスタン侵攻の敗退はソ連の崩壊の引き金となり、時のソ連の最高指導者ゴルバチョフ書記長は「ヨーロッパ共通の家」

構想を掲げて欧米との歩み寄りを図り、中央アジアのムスリムが多数を占める6つの共和国キルギスタン、カザフスタン、タジキスタン、トルクメニスタン、ウズベキスタン、アゼルバイジャンを切り捨ててソ連を解体する。

切り捨てられたこれらの共和国の支配者たちはもともとソ連の共産主義者のエージェントであり、宗教に敵対的な権威主義的独裁体制を継続した。しかしソ連から切り離され独立を強いられたので、国民形成のために、ソ連に組み込まれる以前のイスラーム文化に国民統合のアイデンティティを求めざるをえなかった。それゆえこれらの中央アジア諸国では官製のイスラームとはいえ、国民文化の一部としてイスラーム教育が施されることになったため、苛酷なイスラーム主義運動に対する弾圧にもかかわらず草の根レベルでのイスラーム復興が進行した。

ソ連のムスリムの多くを切り離したロシアであったが、依然、マイノリティーとしてのムスリム少数民族は国内に存在し、プーチン政権下でロシアの民族主義、国家主義が強化される中で、チェチェン人を中心に、コーカサス地方で、イスラーム主義に基づくロシアからの独立、イスラーム国家の樹立を目指す武装闘争が続いた。

一方、ソ連の解体後アイデンティティの危機に陥ったロシアにおいて台頭したイデオロギーが、アレキサンドル・ドゥーギンが唱える「ロシアはアメリカに対抗してユーラシア帝国を築くべし」との新ユーラシア主義である。プーチンはこの新ユーラシア主義に基づく地政学的政策を国家戦略に採用したと言われる。

そしてユーラシア主義に共鳴するチェチェン人指導者ヌハーエフの仲裁により、ロシアはユーラシア主義の理念に基づく広範な自治と経済援助と引き換えにチェチェンと和議を結ぶことに成功した。しかしチェチェンの野戦司令官たちの一部はダゲスタンに転戦し対ロシア戦争を続けており、またチェチェンをはじめ中央アジアのムスリム諸国、ロシアは「イスラーム国」に対する重要なムジャーヒディーンの供給源となっていた。プーチン政権は、シリア内戦当初より反民主主義、反イスラームのアサド独裁政権を支援してきたが、「イスラーム国」によるロシアの国内のイスラーム運動へのフィードバックを深刻な脅威とみなし、2016年にはシリア派兵に踏み切り、2017年、ロシアはイラン、トルコと共にシリア内戦の調停に乗り出した。ロシアは、人口の15〜20％がムスリムとも言われ、ＯＩＣ（イスラーム諸国会議機構）の加盟国でもある。トルベツコイが目指したスラブ（森林）的要素とトルコ（平原）的要素の融合、言い換えれば内なるイスラーム文明の再統合ができるか否かに、ユーラシアの将来はかかっている。

西欧文明と並んで現存する四大文明世界の中で中国文明世界だけは、歴史上、一度もイスラーム文明世界、あるいはダール・イスラームに組み込まれたことがなかった。

751年のタラス河畔の戦いは当時の世界の二大帝国であったアッバース朝と唐の戦いであり、アッバース朝の勝利により、中央アジアがイスラーム世界に組み込まれることになった。そしてこの時期に西方では、ウマイヤ家の残党がイベリア半島に後ウマイヤ朝を樹立している。カリフの支配の下にジハードの武力征服によるイスラーム法の支配するダール・イスラームの拡大は、実はこの時期で一旦終わる。これ以降、14世紀のオスマン朝による東ヨーロッパの征服、16世紀のバーブルによるムガール帝国の樹立に至るまで、イスラーム世界の拡大は商業活動などの人的交流により住民と支配者がイスラームに改宗することによる平和的なものが基調となる。

それゆえ中国のイスラームは、中国本土はもとよりモンゴルの支配の下で徐々にチュルク化、イスラーム化が進んだ東トルキスタンも含め、武力征服によりイスラーム化した中東やインドのイスラームとは一線を画すことになる。

既述の通り、中国とイスラームの最初の接触は第3代カリフ・ウスマーンが唐の長安に使節を送ったことに遡るが、イスラームが中国全土に広まるのは大半がムスリムであった色目人を重用し「回回は天下に遍し」と言い慣わされるようになった異民族王朝の元代であり、イスラームが中国文明に組み込まれるのは、ムスリム移民と漢民族との混血と漢化が進むことになり、「回儒」とも呼ばれる儒学教養を身につけたムスリム知識人層が生まれる明代である。

無神論のイデオロギーに基づく中国共産主義政権は宗教としてのイスラームを弾圧しており、信徒としてのムスリムの人口統計も存在しないが、少数民族として、東郷（トンシャン）族、撒拉（サラール）族、保安（バオアン）族、ウイグル族、カザフ族、ウズベク族、キルギス族、タタール族、タジク族、回族の10のイスラーム系少数民族を認定し、その宗教的慣習に一定の配慮を示している。

これらのイスラーム系少数民族はイスラーム入信の時期や経路の違い、社会歴史文化的背景の違いにより、（1）中国全土に広がり漢語を用いる回族、（2）特定地域に集住するが漢語と漢字を日常的に用い漢化が進んだ東郷族、撒拉族、保安族、そして（3）主としてトルキスタン（中国新疆ウイグル自治区）に住む、チュルク系のウイグル族、カザフ族、ウズベク族、キルギス族、タタール族、そしてイラン系のタジク族の3つに分けて考えることができる。

中国ムスリムが漢語によってイスラーム思想の著述を始めるのは17世紀半ばからである。最初の作品とされる王岱輿（1657年頃没）の『正教真詮』は「孔孟の道である修身、斉家、治国はわれわれの教えと同じ」、馬注（1711年没）も『清真指南』において「イスラームと儒の教えにちがいはなく、ただ認（信仰告白）、礼（礼拝）、斎（断食）、済（喜捨）、遊（巡礼）の五常だけがいくらかイスラーム的だが、ほかは同じだ」と述べており、イスラームを仏教、道教、儒教と比較し、儒教との類似性を指摘している。

回儒の用語においてアッラーは「真主」と訳されることが多いが、王岱輿、馬注、劉智らは、対極、無極、天、上帝などの宋学の概念を精緻に分析し、真主との異同を見極めた上で、イスラームの真主を儒教の上帝と事実上同一視し、儒教が支配的イデオロギーである中国社会でマイノリティーとして生きる道を準備し、清代には回儒同一説として理論化される。

イスラーム文明と中国文明の融合を目指す運動として、回族の生成が理解されるのに対し、東トルキスタン（中国新疆ウイグル自治区）のウイグルを中心とするムスリム諸民族は文明史的に全く別様に考えられなければならない。

東トルキスタンは、古来、匈奴、突厥などの遊牧国家が興亡していたが、8世紀にはチュルク系民族集団ウイグル族が台頭し突厥を滅ぼし、広大な領域を支配し勢力圏としウイグル可汗国を建国し、840年にウイグル可汗国が崩壊すると、ウイグル族は天山山脈北麓に天山ウイグル王国を建国した。天山ウイグル王国は仏教国であったが、この時期に別のチュルク系民族がタリム盆地にカラ・ハン朝を興したため、東トルキスタンの住民のチュルク化が進み、後にこの地方がトルキスタンと呼ばれるようになる。

モンゴル帝国ではウイグル出身官僚がモンゴル宮廷で活躍し、帝国の経済を担当するようになったが、ウイグル族がイスラーム化するのは15世紀頃で、チャガタイ・ハン国の下でのことであり、16世紀にはチャガタイ系ウイグル人国家ヤルカンド・ハン国が成立した。

しかしヤルカンド・ハン国は、17世紀にダライ・ラマを奉ずるモンゴルのジュンガル部に滅ぼされ、18世紀半ばには、ジュンガルも清により征服され、その支配下に入り、その土地は「回疆（ムスリムの土地）」、「新疆（新しい土地）」と呼ばれるようになる。

19世紀の後期、西トルキスタンのフェルガナ盆地を支配していたコーカンド・ハン国の軍人ヤクブ・ベク（1877年没）が東トルキスタンの主要部を清から奪い王国を樹立し、オスマン帝国の宗主権を認めアミールに任じられた。しかし清は欽差大臣の左宗棠（1885年没）を派遣して新疆を再征服し、ヤクブ・ベクは自殺した。

その後、辛亥革命によって清が滅亡した際、漢人科挙官僚によって直接支配が維持された東トルキスタンは、中華民国への合流を表明し、現在の中国も新疆を中国の領土とみなしている。しかし東トルキスタンは、カラ・ハン国のイスラーム化以来、徐々にトルコ・イスラーム化が進み、ウイグル族も15世紀にはイスラーム化しており、ヤクブ・ベクはオスマン帝国のカリフ

（スルタン）からアミールに任じられており、「正式に」カリフが統治するダール・イスラームに編入されていた。したがってイスラーム的視点からは、トルキスタンはイスラーム世界、イスラーム文明圏の一部であり、中東が西欧により、中央アジアがロシアにより植民地化されたのと同じように、中国により植民地化されている状況とみなさなければならない。

つまり、イスラームと中国の関係は、中国文明とイスラーム文明の融合という側面と、イスラーム文明圏の東端を成すウイグル族らチュルク系ムスリム諸民族が住む東トルキスタン（中国新疆ウイグル自治区）の中国による植民地支配の現状に至る歴史を共に視野に入れる必要があることになる。

9 オスマン帝国崩壊後のカリフ不在の下でのイスラーム運動の展開

19世紀から20世紀前半にかけては、西欧の啓蒙主義世俗主義が世界を席巻した時代で、宗教は政治、経済、社会から追い出され、内心の信仰と儀礼だけに縮減され、公共空間から姿を消すものだと考えられていた。そうした通念を大きく揺るがせたのが、西欧人には中世からタイムスリップしてきたかのように見える僧服を身に纏い頭にターバンを巻いた宗教指導者の一挙一動に民衆が熱狂するイラン革命のテレビ映像であった。そして宗教の死滅を予言した史的唯物論、共産主義の方が宗教が滅びるより前に総崩れになった１９９１年のソ連の崩壊によって、「宗教の復興」現象、19世紀的「宗教の衰退」論の誤りは誰の目にも明らかになった。

イスラーム改革運動の先駆けとも言われ、オスマン朝の汎イスラーム主義政策にも影響を与えたジャマールッディーン・アフガーニー（アサダーバーディー、1897年没）は、反英煙草ボイコット運動を呼びかけるなどシーア派のカージャール朝の改革運動にも関与した上で、オスマン朝カリフ制の下にシーア派もイスラーム教徒として団結する形のウンマ（ムスリム共同体）の連帯統合を模索していた。しかしその弟子のムハンマド・アブドゥフ（1905年没）、ラシード・リダー（1935年没）のサラフィーヤ運動は、反シーア派のスンナ派正統復古主義になっていき、シーア派との連帯統合への契機は失われ、以後、スンナ派のイスラーム運動とシーア派のイスラーム運動は、共闘ではなく、むしろ対抗・競合する形で展開することになる。

1924年にトルコでカリフ・アブデュルメジドが廃位されると、ムハンマドのアッラーの使徒としての使命は「宗教的」教義の伝達だけであり、彼の行った政治はあくまでも「世俗的」なものであり、使徒の使命の一部ではなく、カリフ制は宗教とは全く無関係であったと述べ、カリフ制廃止を正当化する著作が現れた。アリー・アブドゥッラーズィクの『イスラームと統治の諸原則』である。多くのウラマーが『イスラームと統治の諸原則』を論駁しているが、その中には元エジプト・ムフティー（教義諮問官）ムハンマド・バヒート（1935年没）や、後のアズハル総長ムハンマド・ヒドル・フサイン（1958年没）がいた。以後、イスラーム学界ではイスラームの政教一元の原則が再確認されコンセンサスが成立し、ウラマーの間には政教分離を擁護する者はいない。

『イスラームと統治の諸原則』の出版にあたっての最初の批判者の一人がムハンマド・ラ

シード・リダーであった。リダーは、イスラーム改革主義者アフガーニーの弟子のムハンマド・アブドゥフの弟子かつ盟友のアーリム（イスラーム学者）であったが、雑誌『マナール（灯台）』を主宰するジャーナリストでもあった。

アフガーニーのイスラーム改革主義は、ムハンマド・アブドゥフ以降、西欧流の改革を目指す改革主義（イスラーヒーヤ）とサラフィー主義に分極化する。サラフィー主義とは「サラフ（先人）にならうこと」であり、具体的にはアブー・ハニーファ、マーリク、シャーフィイー、イブン・ハンバルらのスンナ派法学祖らの世代までを範とし、クルアーンと（スンナ派ハディース学の伝承者批判の基準に適った）ハディースを直接参照して自ら規範を導くイジュティハードの義務を説く立場である。また後世の産物である神学、スーフィズムを外来の異物、ビドア（異端的逸脱）であるとみなして厳しく排斥し、またスンナ派正統主義の立場から、スンナ派の初代から第3代までの正統カリフを批判し、アリー以下のイマームを過度に尊崇するシーア派を激しく敵視することもサラフィー主義の特徴にあげることができる。

『マナール』によってサラフィー主義をモロッコからジャワに至るまでイスラーム世界中に弘めた立役者がリダーであった。リダーは、オスマン朝カリフ制が廃止される以前に、『カリフ制または最高イマーム職』を著し、あるべきカリフ制を論じていたが、彼によるとカリフ制の再生にはイジュティハードによる旧弊の改革が必要である。オスマン朝カリフ制の廃止の後、エジプト国王フアード、マッカ太守フサイン、サウジアラビア国王イブン・サウードが空位になったカリフ位をめぐって争っていたが、ラシード・リダーはサラフィー主義のイジュティハードによる改革の理念を共有するワッハーブ派のイブン・サウードを支持した。イブン・サウードもリダーを財政的に支援し、ラシード・リダーとワッハーブ派の協力により、イブン・タイミーヤとイブン・カイイム（1350年没）の著作は校訂、公刊されてイスラーム世界に普及し、スンナ派イスラーム主義運動の中核となるサラフィー主義に理論的基礎を提供することになった。

リダーと『マナール』、そしてサウジアラビアとワッハーブ主義者によってサラフィー主義は、スンナ派全域に広まり、20世紀のスンナ派における最大の争点は、前近代のスンナ派イスラーム学の体制、即ち、2神学派（アシュアリー／マートゥリーディー派）―4法学派（ハナフィー、マーリキー、シャーフィイー、ハンバリー）―スーフィー教団の伝統に権威を認めるか、あるいはその伝統の権威、学説拘束義務性を否定しクルアーン、ハディースの直接参照、自由解釈（イジュティハード）を義務と考えるか、特にスーフィー聖者の執り成し、聖廟参詣の功徳を認めるか、それを多神崇拝として背教とみなすか、となり、スンナ派は世界各地で時に流血を伴う激しい対立を引き起こすことになった。逆に言うなら、20世紀においては、スンナ派とシーア派の対立や、カリフの不在といった問題は、スンナ派ムスリム世界では表面化しなかった。

アフガーニーの思想から分岐したイスラーム主義のもう一つの潮流、イスラーム改革主義（イスラーヒーヤ）とは、ハディース学、イスラーム法学などの伝統イスラーム学の先行研究に拘泥せず、現代的問題にクルアーン、スンナを直接参照し適用することが可能だと考え、それによって社会・経済・政治の総合的なシステムとしてのイスラームの復興を目指す潮流である。イスラーム改革主義の主たる唱道者たちはウラマーではなく、「平信徒」である。教育の浸透、識字層の拡大により「平信徒」の聖典への直接のアクセスが可能になったことから、この新しいタイプの「平信徒」の復興主義知識人階層が生まれた。

このイスラーム改革主義を代表するのが、1928年にエジプトのイスマーイーリーヤで生まれたムスリム同胞団である。綱領の一つに「サラフィー主義の宣教」をあげているように、同胞団はラシード・リダーのサラフィーヤの系譜につながる大衆運動であったが、創設者のハサン・バンナー(1949年没)は伝統イスラーム学の教育機関アズハル学院ではなく、ムハンマド・アブドゥフが創設した「世俗」大学ダール・ウルーム出身の「平信徒」であった。同胞団は、イスラームの理念を、西欧近代的社会運動と結び付けたことで、モスクの建設、運営、イスラームの勉強会などの宗教活動に加えて、病院経営や貧困者の支援、運動クラブ活動などの草の根的な社会慈善活動を繰り広げ大衆路線を取ることで同胞団は1940年代後半にはエジプト最大のイスラム主義運動となっていた。その後、同胞団は1952年の自由将校団に協力したが、1954年にナーセル(第2代エジプト大統領1970年没)暗殺を謀ったとしてナーセルはムスリム同胞団を非合法化し弾圧し、多くの同胞団が投獄され処刑された。

ナーセルによる弾圧で処刑されたムスリム同胞団員の中で最も重要なのはサイイド・クトゥブ(1966年没)である。クトゥブは学者ではなく、ジャーナリスト、評論家であり、その思想にはオリジナリティーはなく、厳密さも欠くが、その平明な文体と「ハーキミーヤ(主権）」や「ジャーヒリーヤ（イスラーム以前の無明）」のようなキーワードを効果的に用いた分かりやすい論理は多くのアラブ大衆を引き付け、その思想は彼の死後もエジプト内外の「イスラーム改革運動」に大きな影響を与え続けている。クトゥブはムスリム諸国の為政者を背教者と断じてカリフ制樹立のための武力闘争を訴えたわけではないが、『道標』によって政治的に覚醒したサラフィー・ジハード主義者たちは、クトゥブの思想を深化させ、革命論に読み替えていくことになったのである。

カリフ制再興を現代のムスリムにとって最重要課題とみなし、その実現のために、理論的かつ実戦的な活動をグローバルに展開してきた組織と言えば、解放党（Hizb ut-Tahrir）である。解放党はパレスチナのイスラーム学者でエルサレムのイスラーム裁判所判事であったタキーユッディーン・ナブハーニー（１９７７年没）によって１９４９年に創設された。解放党は慈善団体でも社会運動でも思想集団でも教育機関でもなく一義的に政党であり、カリフ制の再興を目標に国際的に政治活動を展開しており、アラブ各地の他に、トルコ、パキスタン、バングラデシュ、インドネシア、マレーシアなどのムスリム諸国の他、イギリス、オーストラリアなど非ムスリム諸国にも支部を置いている。解放党の政治論によると、今日のイスラーム諸地域はイスラーム法上全域が「ダール・クフル（不信仰の家）」あるいは「ダール・ハルブ（戦争の家）」とみなされる。「不信仰の家」とは、「ダール・アル＝イスラーム（イスラームの家）」の対立概念である。「ダール・イスラーム」とは、「イスラームの法規に則って統治され、その治安がイスラームの安全保障、つまりムスリムのスルタンの安全保障に基づいている家」であり、逆に通用している法がイスラームの法規でないか、あるいは非ムスリムによって治安が保たれているなら、その土地はたとえ住民のほとんどがムスリムであろうとも「ダール・イスラーム」ではなく「ダール・クフル（不信仰の家）」である。そして今日のムスリム諸国は第一条件「イスラーム法による統治」が実現されていないために「ダール・イスラーム」ではなく「ダール・クフル」であり、世界全体が「ダール・クフル」に転化した現代においては、カリフ制再興の方法は武力闘争ではなく、「助勢要請」である、と解放党は述べる。

１９５０年から60年代にかけて、アラブ世界では、旧ソ連の支援を受けたエジプトのナーセルやシリア、イラクのバアス党などが独立の余勢をかってアラブ社会主義によるアラブ世界での覇権の確立を目指した。このアラブ社会主義による既成秩序への挑戦に対抗して、湾岸の王制諸国を糾合し、イスラーム外交の名の下にアラブ社会主義を共産主義＝無神論と断じるイデオロギー闘争を展開したのがサウジアラビアの故ファイサル国王であり、１９６２年には彼のイニシアチブの下に、サウジアラビアのメッカに本部をおく世界のイスラーム団体の調整・支援機関ラービタ（世界イスラーム連盟）が作られた。

またサウジアラビアは、アラブ社会主義体制の本国での弾圧を逃れたエジプト、シリア、イラクなどのムスリム同胞団員などのイスラーム改革主義者に恰好の亡命先を提供した。エジプト・シリア統合の失敗、シリア・イラク両バアス党の分裂、エジプトのイエメン内戦への介入の失敗、そして１９６７年の第三次中東戦争の敗北などによって、アラブ社会主義は最終的に自壊した。財政・外交的支援を条件にナーセルがファイサルの軍門に下り、アラブ社会主義陣営が覇権への野望を放棄することによって、ファイサルのイスラーム外交は、1969年のOIC（イスラーム諸国会議機構）の創設決定として結実することになる。

サウジアラビアのワッハーブ派は特に元来瑣事拘泥主義で他派に対して極めて偏狭であったが、この時期には無神論のアラブ社会主義という共通の敵を前にして、イスラーム改革主義を含むスンナ派イスラーム主義の諸グループを支援し、共闘したのである。

1960年代にはアラブ社会主義とのイデオロギー闘争の中で、社会主義のみならず西欧法を継受した近代国家体制そのものを否定する理論が定式化された。それが既に述べたアール・シャイフの反人定法論であった。アール・シャイフの人定法批判は、イスラーム法に則る統治を建前とするサウジアラビアのムフティーとしての、共和制諸国に対する批判、いわば外からの批判であった。ところがアラブ社会主義体制をとるエジプトにあって内側からこれを批判したのが、イスラームとジャーヒリーヤの二分法を掲げるクトゥブの「ジャーヒリーヤ論」であった。統治権がアッラーのみに帰されない、つまり立法権が人間の手に握られている状態は、人間の人間に対する隷属を意味する。彼はそれをイスラームに対立するものとして、「ジャーヒリーヤ（無明）」と呼び、「イスラーム世界」の現状をジャーヒリーヤと断じた。それは権力者にとっては極めて危険なものであった。それゆえ彼の影響力を恐れた時のエジプト大統領ナーセルにより、1966年、クトゥブは国家転覆容疑によって処刑された。

アール・シャイフの著作が狭いウラマー・サークルの間でしか知られていなかったの対して、雄弁なジャーナリストであったクトゥブの著作はアラブ大衆に多くの読者を得、外国語にも翻訳され、世界のイスラーム運動に大きな影響を与えた。

　アラブ社会主義とのイデオロギー闘争を通じて、西欧法を継受したアラブ社会主義体制の反イスラーム性の理論的認識が深まったが、イスラーム主義者に対する投獄、拷問、虐殺、処刑といった現実の対応は、その認識を強化するものであった。また中東の政権は例外なく強権的な軍事警察国家であり、宗教・言論は政府の完全な統制下にあり、イスラーム主義者には平和的手段による政権獲得の道は閉ざされていた。しかし、アラブ社会主義が自壊すると、それらの国々でもイスラームに対する弾圧が相対的に緩和され、教育や社会福祉などの非政治的活動を通じた社会のイスラーム化が進んでいった。

　本来、イスラームは学問の宗教であるため、イスラームへの弾圧が緩めば、学問の論理に従って、学問的に正しいイスラーム理解が進歩する。イスラーム復興運動の興隆の主たる原因は学問の進歩と大衆化にある。学問の進歩と民衆のイスラーム化を媒介したのが、学校などの公教育と、モスクなどの非公式教育である。両者は重なる部分もあったが、公的教育は国家の統制下にあるため基本教義と私的宗教儀礼の教育に偏る傾向があったが、比較的自由なモスク教育は、社会倫理など実践的な問題をも教え、モスク教育を基礎にそこで男性の顎髭（預言者ムハンマドにならって男性の威厳のしるしとされる）、女性のヒジャーブ（ベール）、男女の隔離といった風俗、社会倫理のイスラーム化が進行した。

　スンナ派の改革イスラーム主義の指導的担い手はウラマーではなく、主として「平信徒」であった。彼らは各自の職業を通じて社会のイスラーム化を図った。中でもエジプトでは相対的自由期に大学学生自治会、職業組合のイスラーム化が進み、１９８０年代には大学の学生自治会と医師組合、技師組合、弁護士組合などの職業組合の大半がムスリム同胞団の支配下に入った。漸進改革派は勉強会の中で民衆の教化と共に、モスクに付属する病院を建て貧者に無料の診察を行うなど、社会奉仕活動を通じても民衆の支持を集めていった。

クトゥブは、イスラームとジャーヒリーヤ（無明）を二項対立的に把握し、ジャーヒリーヤとの妥協は許されず、ジャーヒリーヤを克服しイスラーム社会を再建するためには、ジハード（聖戦）が必要不可欠であるという。なぜならイスラームが解放の教えである以上、イスラームの信仰の自由が確保されるためには、先ず人間の人間に対する支配隷属関係が打破されねばならず、それには言論による論証のみでは足りず、体制変革の革命のための「運動」が組織される必要があるからである。

クトゥブのジャーヒリーヤ社会論の現状認識と体制変革への訴えを、既述のアール・シャイフの反実定法論、イスラーム法に背く統治を行う為政者とのジハードを命ずる中世の法学者イブン・タイミーヤのファトワー（法判断）と接合して、革命のジハード論を法学的に定式化したのが、サラフィー主義者のジハード団（ジャマーア・ジハード）のムハンマド・アブドゥッサラーム・ファラジュ（１９８２年没）、イスラーム集団（ジャマーア・イスラーミーヤ）のウマル・アブドゥッラフマーン（２０１７年没）らエジプトのジハード連合（Tanzīm Jihād）のイデオローグたちの理論的作業であった。

ジハード団は１９６０年代にカイロ、イスラーム集団は１９７０年代に上エジプトに結成された武力闘争によるイスラーム国家の樹立を目指すサラフィー主義の組織であった。闘争路線においてジハード団は軍の内部の秘密細胞によるクーデター、イスラーム集団は大衆蜂起と、路線対立があったが、1980年にサダト暗殺のために合同し、ジハード連合を結成した。1981年、サダト暗殺に成功したが、期待したイスラーム国家樹立のための大衆蜂起は生じず、革命は失敗した。

ジハード団とイスラーム集団の革命のジハード論の論理構成は以下の通りである。

・シャリーア（イスラーム法）以外の人定法の施行は背教にあたる。
・したがって人定法を施行する為政者はムスリムではなく背教者である。
・背教の為政者に対してはジハードが義務となる。
・ところが現在の「ムスリム諸国」の支配者たちは人定法を施行している。
・それゆえ既存の全ての体制のジハードによる打倒が義務となる。
・近い敵ムスリム諸国の体制とのジハードは遠い敵外国の異教徒とのジハードより先に行うべきである。

イスラームの教えを護るために異教徒の侵略者と戦う、という意味でのジハードは、全てのムスリムがその義務を認める教義であり、この意味でのジハードにコミットする者を取り立てて「ジハード主義」と呼ぶことに意味はない。特に「ジハード主義」と呼ぶ場合、それはムスリムが為政者でありながらもシャリーアではなく人定法によって統治される体制をジハードで打倒すべし、との立場を指す。

この革命のジハード論は1970年代後半に輪郭が固まったが、それが、その後のスンナ派世界における反政府武装闘争の基礎理論となり、それを担ったのが、サラフィー・ジハード主義者であった。

こうしてスンナ派世界で、新たに生まれたサラフィー・ジハード主義者による「革命のジハード論」の理論化が進みつつある頃、シーア派世界では、イランを追放され1965年にイラクのシーア派聖地ナジャフを亡命先に定めたアーヤトゥッラー・ホメイニー（1989年没）が王制の打倒とイスラーム法学者の直接統治の必要を説く「法学者による後見」理論を編み出していた。

イランではカージャール朝期の1905年に立憲革命、1906年に憲法制定などの西欧化が始まっていたが、第一次世界大戦と隣国ロシアの革命、ソ連の成立の混乱の中で、1921年コサック旅団の軍人レザー・ハン（レザー・シャー1944年没）がクーデタを起こし、1925年には皇帝に即位しカージャール朝を滅ぼしパフラヴィー朝を開いたが、1941年イランはイギリスとソ連に占領され、レザー・シャーはイギリスに強制的に退位させられ、その子モハンマド・レザー・シャー（1980年没）が帝位に就けられた。

1951年、イギリスが所有する石油会社の国有化を主張する民族主義者モハンマド・モサッデグが首相に選ばれ、モサッデグが国有化政策を続行し、シャーを亡命をさせ、共和国を宣言したが、米CIAの陰謀によってシャーは帰国して復位、モサッデグは解任、逮捕され、失脚した。

その後、モハンマド・レザー・シャーとイランはアメリカから軍事援助、経済援助を受け、独裁体制を敷き、1963年から白色革命と称し、反イスラーム的世俗化、近代化を強引に推し進めた。その結果、イランは経済成長を遂げたが、貧富の格差は拡大し、反体制運動が起き、シャーは苛酷な弾圧をもって応じた。しかし1978年亡命先のイラクを追放されたアーヤトゥッラー・ホメイニーがパリに移ってパフレヴィー帝政打倒を訴えると、それに呼応して宗教勢力に率いられた広範囲な大衆蜂起が発生し、1979年1月16日シャーはイランから亡命し帝政は崩壊した。

シーア派のイマームは信徒の霊的指導のみならず、理論上はウンマの政治的指導者でもあった。12イマーム派法学は、（1）ジハードの宣戦、（2）戦利品の分配、（3）金曜集団礼拝の先導、（4）宗教的判断、（5）イスラーム刑法法定刑の執行、（6）5分の1税の徴収、をイマームの大権であるとする。

しかし、シーア派を国教とするサファヴィー朝がイランに成立し宗教制度が整う16世紀の半ば頃には、シーア派法学は、上記のイマームの大権のうち領土拡大のための攻勢的ジハードの宣戦を除く全ての職務について、シーア派のイスラーム法学者による代行を認めることになる。これが「不特定代理」の理論である（松永泰行「『ヴェラーヤテ・ファギーフ』(velayate faqih) とは何か?」『中東研究』、中東調査会、No.455, pp.18-19）。

「不特定代理」の理論とは、特定の法学者ではなく法学者全体が、イマームによって、彼の不在中の代理人に任命された、という考え方である。この「不特定代理」の理論を発展させて、

「イスラーム法学者の権威（ウィラーヤ・ファキーフ）」理論を構築したのが、ホメイニーであった。

ホメイニーによると、イマームには超人的・霊的権威（ウィラーヤ・タクウィーニーヤ）と法的・政治的権威（ウィラーヤ・イウティバーリーヤ）の二重の権威があったが、後者の法的・政治的権威はイマームによって、イスラーム法学者に全面的に委任されたとされる。「イスラーム法学者の権威」論によると、イスラーム法学者は、この権威（ウィラーヤ）を行使し、イスラーム政体を樹立し運営する職務を追う。

ホメイニーは、シーア派信徒の唯一の正当な指導者であるイマームの不在中は法学者こそがその代理人である以上、イスラームは世俗の権力者の世襲制、王制を認めていないと言う。シーア派では宗教弾圧の下では「タキーヤ（信仰を隠すこと）」が許されている。しかしイスラーム社会そのものが危機に瀕している場合には「タキーヤ」は許されず、パーレヴィー帝政は西欧の手先となりイスラームを滅ぼそうとしている以上、これを打倒し、法学者が直接政治の運営にあたるイスラーム共和制を樹立しなくてはならないとホメイニーは説いた。

ホメイニーは世界に広がるシーア派のウラマー・ネットワークを通じてイラン帝政打倒派の組織化に成功していた。そして1979年にはイランではイスラーム世界で初めての民衆革命によってパーレヴィー朝帝政は倒れ、イスラーム革命により、「法学者による後見」理論に立脚するイラン・イスラム共和国が樹立された。

アラブ社会主義とのイデオロギー闘争期には、国家レベルにおける世界のイスラーム運動の盟主はワッハーブ派宣教国家サウジアラビアをおいて存在しなかった。ところがイラン・イスラム共和国の成立以降は、スンナ派のワッハーブ派宣教国家サウジアラビアとシーア派の革命国家イラン・イスラム共和国が主導権を争うという国際イスラーム運動の基本構図ができあがる。

イランはイラン革命をイラン一国を超えるイスラーム革命と位置づけ、イスラーム革命の輸出を目指した。このいわゆる「革命輸出」戦略構想に基づきイランは「世界イスラーム解放運動機構」を組織したが、この組織にはイラクとクウェートのダウワ（宣教）党、バーレーンのバーレーン解放イスラーム戦線、サウジアラビアのアラビア半島イスラーム革命組織、レバノンのヒズブッラー（神の党）、イスラミック・アマル運動などが加入し、各国のシーア派イスラーム主義反体制派の指導者たちがイランを活動拠点に定めることになった。イラン革命の影響の下に1979年にはサウジアラビア、バーレーン、クウェートなど多くのシーア派住民を抱える湾岸諸国ではシーア派の待遇の改善を要求するストライキやデモが頻発した。スンナ派政権は弾圧をもってこれに応じたため、湾岸諸国では1982年のバーレーンのシーア派反体制組織によるクーデター未遂事件などシーア派による反体制活動が頻発した。

またイラクではシーア派住民の間で大きな影響力を有したアーヤトッラー・ムハンマド・バーキル・サドルが「法学者による監督論」を受容したが、イスラーム革命の波及を恐れるバアス党政権は1980年、サドルを処刑する。イランの「革命輸出」が大きな成功をおさめたのはレバノンのシーア派の政治組織化である。レバノンでは、ヒズブッラー、イスラミック・

アマル運動などシーア派が民兵団を結成し大きな政治勢力となった。反イスラエル闘争ではイランと立場を同じくしたヒズブッラーが主役になり武装闘争の結果1985年にはレバノン中央部を占拠していたイスラエル軍を撤退させる大きな成果をあげ、レバノンの中の国家内国家として、レバノン政府／軍を超える力を持つことに成功した。

1979年のイラン革命はイスラーム革命であると同時に、王制の打倒を目指す共和革命でもあり、イランを超えて全てのムスリムに王制の打倒を呼びかけた。そして1979年にはイラン革命に呼応するかのようにサウジアラビアでワッハーブ派の中からもサウジ王制を否定しイスラーム国家の樹立を目指したマッカ・カアバ神殿占拠事件が起きた。そこでサウジアラビアを筆頭とする湾岸の王制諸国は、王制批判の国内への波及防止のため、イラン革命のイスラーム性を否定しシーア派イランの特殊な事態に過ぎないものとして、イラン一国に革命を封じ込める方策をとった。

このようにイランの脅威の認識において国家と宗教界の利害は一致したため、湾岸諸国はイラン革命とのイデオロギー闘争に際して、国内的にはシーア派嫌いのワッハーブ派宗教界を優遇し積極的に利用すると共に、ラービタなどの配下の国際イスラーム団体を通じて世界のイスラーム運動を支援し、イランに対抗してイスラーム世界の盟主の地位の確保を図った。

10 スンナ派とシーア派の対立の21世紀

イスラーム史においてシーア派の全盛期は10〜11世紀にかけてであった。10世紀後半にはエジプトを本拠とするシーア派イスマーイール派のファーティマ朝がエルサレムやマッカ、マディーナの両聖地を支配下におさめ、またイランに生まれた12イマーム派のブワイフ朝が945年にバグダードに入場し、アッバース朝カリフから大アミールに任命され政治の実権を握った。

スンナ派が勢力を回復するのは1055年にセルジューク朝がバグダードを取り戻し1062年にブワイフ朝を滅ぼしてからであり、ファーティマ朝も12世紀には弱体化し1171年にはアイユーブ朝を建てたサラディンによって滅ぼされる。

以後、1501年にタブリーズを首都に建国したサファヴィー朝が12イマーム派を国教に定めて以降、イランは住民の大多数がシーア派に改宗し、従来のレバノンや南部のシーア派の聖地ナジャフ、カルバラーに加え、イランのコム、マシュハドがシーア派の学問の中心になる。16世紀には中東のオスマン帝国、サファヴィー朝イラン帝国、インドのムガール帝国が鼎立することになり、現在のスンナ派とシーア派の政治、人口布置はほぼこの時代の状況を踏襲している。サファヴィー朝の創設者イスマーイール1世（1524年没）とオスマン朝のセリム1世が戦った1514年のチャルディランの戦いでセリム1世（1520年没）が勝利したことで、バグダードとシーア派の聖地ナジャフ、カルバラーはオスマン帝国の支配地となったが、オスマン帝国の滅亡後はイラク領となった。つまりシーア派が人口の多数派を占め政治的実権を握るのはイランのみであり、その他の地域ではスンナ派が多数派であり、シーア派は抑圧された少数派として存在していたのである。

既に述べたように20世紀のイスラーム世界の最大の対立軸は、イスラーム世界全域で抗争を繰り広げられるワッハーブ派を中心とするサラフィー主義者とスンナ派伝統主義者との間、スンナ派内部の内部対立にあった。ところが21世紀になると対立軸はスンナ派内部対立からスンナ派とシーア派の宗派間対立にシフトすることになる。

シーア派にとっての最大の政治的転機は、思いもかけないところからやってきた。2003年、アメリカが指導する有志連合軍が大量破壊兵器の隠匿を口実にイラクに侵攻し、イラン・イラク戦争以来のイランの宿敵サダム・フセイン政権を崩壊させたのである。

バアス党（アラブ社会主義）のサダム・フセイン（元イラク大統領2006年没）は元来世俗主義者でありイスラームの教義には無関心であったが自らと同じエスニックなスンナ派を優遇しており、特にイラン革命の影響を受け南部のシーア派住民の間で反政府運動が高まり、湾岸戦争で多国籍軍に呼応して南部のシーア派が蜂起した後は、スンナ派色を強めていた。それゆえサダム・フセイン政権を倒したアメリカが2004年に主権を連合国暫定占領統治局からイラクに移譲し傀儡暫定政権を樹立した時、サダム・フセインとバアス党の独裁政権を追放したアメリカが頼れる政治勢力は、サダム・フセイン政権時代に海外に亡命し反体制運動を行っていたダウワ党や、イラク・イスラーム革命最高評議会など、イランの息がかかったシーア派の宗教政党の政治家しかいなかったのである。こうして漁夫の利を得たイラクのシーア派は、労せずして政権と、国際社会からの膨大な復興援助とを手に入れることになった。

イラクでシーア派が政権を握ったことは決定的な意味を持つ。シーア派が住民の多数派を占めるのみならず、政権を握る国家がイラン以外に生まれたのは、領域国民国家システムの誕生以来初めてであるばかりでなく、アッバース朝の首都であり、イスラーム世界の中核都市の一つバグダードがシーア派の政治的支配の下に置かれたのは、サーマーン朝がセルジューク朝に追われて以来であった。またイランのコムだけでなく、シーア派の聖地であり、シーア派イスラーム学の中心地でもあるイラクのナジャフとカルバラーがシーア派の支配に入ったことは、政治的弾圧を恐れることなく、シーア派がその教義を実践し発展させる自由を得たことを意味するからである。

一方、イラクの隣国シリアは、同じバアス党でありながら、サダム・フセイン元大統領とハーフィズ・アサド前大統領（2000年没）の確執から、イラン・イラク戦争ではイランを支援した。「異端」アラウィー（ヌサイリー）派を出自とするシリアのアサド政権は、イラン支持の見返りに、イランの12イマーム派からアラウィー派が12イマーム派に属するとの認証を取り付けることができた。2011年、「アラブの春」がシリアに波及すると軍事的に劣勢に立たされたバッシャール・アサド政権はレバノンのヒズブッラー、イランの革命防衛隊への依存を深めていった。また「アラブの春」の余波で2011年にバーレーンでシーア派住民が反体制デモを起こすと、危機感に駆られたGCCは合同軍「半島の盾」を派遣してデモを力づくで鎮圧した。

イラクでは、歴代シーア派政権はスンナ派を権力から排除しただけでなく、アメリカにならったテロ対策の口実の下に、サダム・フセイン政権のシーア派弾圧への報復としてスンナ派住民を不当に拘束、暴行、殺害し、土地、家屋、財産を奪うなどの悪政を行っていた。その結果としてスンナ派の不満を背景に、2014年にはサラフィー・ジハード主義組織「イラクのアルカーイダ」から分派した「イラクとシリアのイスラーム国」がイラク第二の都市モスルを攻略し、シリアとイラクの国境の大半を支配下に置くとサイクス・ピコ協定を無効化し「イスラーム国」と改称し、指導者アブー・バクル・バグダーディーをカリフに推戴し、カリフ制の復活を宣言することになった。「イスラーム国」の攻勢に対し為す術のないイラク政府は欧米に軍事財政支援を求めると同時に、シーア派民兵組織、イラン革命防衛隊への依存を強めることになった。

しかしイランの影響によるシーア派の伸長を決定づけた出来事は、2015年にイラン革命の影響を受けたイエメンのシーア派ザイド派の一派のフーシー派が首都サナアを攻略しハーディー大統領を追放し、ついで南部のアデンまで侵攻したことである。

これに対してサウジアラビアを中心とするスンナ派諸国は有志連合を組織しフーシー派に激しい攻撃を加えると同時に、イランの脅威に対抗してアラブ連盟の合同軍を創設すること決議した。

イラン・イスラム共和国を中心とするシーア派とスンナ派との中東における政治的対立は、シリア、イラク、イエメンが宗派間の武力抗争の戦場となることで決定的になったが、21世紀のスンナ派とシーア派の対立の深刻さはそれが政治の領域にとどまらないことにある。

パキスタンやアフガニスタンのように伝統的にスンナ派とシーア派のコミュニティーが混在

し散発的抗争が常態であった地域ではなく、2012年以降、エジプトやインドネシアやナイジェリアのように従来シーア派がほとんど存在しなかった国々でもシーア派（12イマーム派）の宣教が行われてスンナ派住民がシーア派に改宗することで、シーア派とスンナ派の間に軋轢が生じ流血の抗争にまで発展しているのが、21世紀のスンナ派とシーア派の宗派間抗争の特徴である。

伝統的にスンナ派4法学派は、教友、特に正統カリフ初代アブー・バクルと第2代ウマルを誹謗するシーア派を敵視してきたことは疑念の余地はないが、異端の背教者とまでみなすか否かについては学説が分かれており、サラフィー主義者、ワッハーブ派を除き、概して教友の誹謗問題から目を逸らし「寛容」に放置してきた。

ところが、近年になって、アラブ世界のスンナ派伝統派の牙城と目されるエジプトのアズハルまでもがシーア派を異端宣告し、反シーア派キャンペーンを繰り広げるようになり、その動きはマレーシアやインドネシアなど東南アジアのムスリム諸国にまで広がっている。

シーア派は、イマーム不在期にはイマームの代理人としてのイスラーム法学者の指導下に纏まるとの「イスラーム法学者の権威（ウィラーヤ・ファキーフ）」論を国是とするイラン・イスラム共和国を中心に教勢を拡大してきた。スンナ派が、スンナ派法学が定める唯一の合法政体であるカリフ制再興の義務を蔑ろにし、シーア派の脅威を言い立てるばかりで、私利私欲に基づき野合するのみの現状から抜け出さない限り、スンナ派とシーア派が歴史的な敵対的共存の均衡関係を取り戻すことは難しいように思われる。

終章

文明の再編

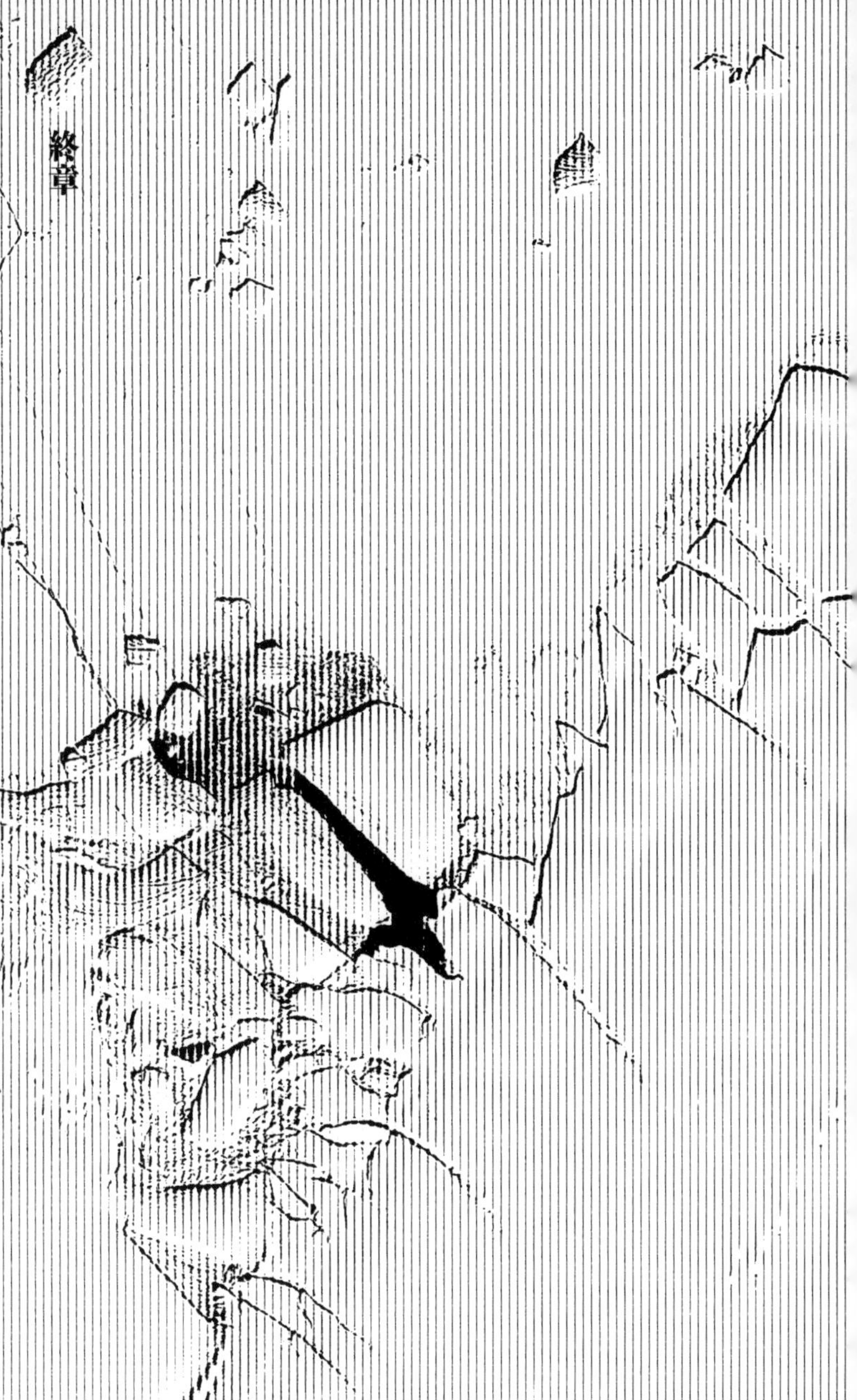

冷戦終了後、自由民主主義と資本主義が最終的に勝利したとのフランシス・フクヤマの『歴史の終焉』（１９９２年）の楽観論に水を差したのが、アメリカのサミュエル・ハンチントン（２００８年没）の『文明の衝突』論（１９９６年）であった。ハンチントンは冷戦後の国際秩序は、西欧文明の自由民主主義と資本主義の勝利による恒久平和ではなく、非西欧文明の新たな対立、特に弱体なアフリカ、ラテンアメリカ、融和的なロシア、インド、日本ではなくイスラーム文明と中国文明と西欧文明の対立であると論じた。

その後の歴史は、２００１年のアルカーイダによるアメリカ同時多発攻撃、２０１０年に日本を抜いて世界第二位の経済大国になった中国の台頭によるアメリカの覇権への挑戦、２０１４年の「イスラーム国」による領域国民国家システムの否定とカリフ制の再興宣言と、ハンチントンの予言に沿うかのように展開している。

しかし、実のところ、現在起こっていることは、冷戦の終結によって西欧文明と他の文明の対立が先鋭化して文明の衝突状況が生じた、と言うよりも、16世紀の「大航海時代」以来の西欧による世界の植民地化に対する高度諸文明圏の再編とみなす方がより適切である。

既述の通りハンチントンがイスラーム文明と西欧文明の衝突を唱えるよりはるか以前、日本の比較文明学者梅棹忠夫は１９５７年の論文「文明の生態史観」において既に「地中海・イスラーム世界をおおう、新しい『巨大帝国』の再建」を予言していた。

ロシアについてトインビーは以下のように述べている。

「マルキシズムはロシアにおける新しい秩序であるがごとき概観を帯びていますが、それはピーター大帝がかつて西欧から輸入した新しい生活の方法と同様に、それが西欧からの輸入であるという理由によります。……中略……しかしロシアはこれまで自発的に自己を西欧化しきったでありましょうか。それとも強迫されてやむをえず西欧化したのでありましょうか。」（『試練に立つ文明（全）』、230頁）

「ロシア人がビザンチウムのギリシァ人から引き取ったこの正統の観念と運命の観念とは、ロシアにおけるかつての東方正教キリスト教の配剤の特色であったように、ロシアにおける今日の共産主義体制の特色をもなしていることは一目瞭然でもあります。マルキシズムはもちろん一個の西欧的信条であります。しかしそれは西欧文明をひと思いに『やっつける』西欧的信条であります。それゆえに十九世紀の『国粋主義者《スラヴォフィル》』を父とし、敬虔なる『東方正教キリスト教徒』を祖父とする二十世紀のロシア人にとっては、彼が受けついだ対西欧的態度を何ら方向転換する必要なくして、居ながらにして敬虔なる一介のマルクス主義者となることが可能なのであります。ロシアのマルクス主義者にとっても、ロシアの国粋主義者にとっても、またロシアの『正教キリスト教徒』にとっても、みな一様にロシアは『聖なるロシア』であり、ボルジア家にしろヴィクトリア女王にしろ、スマイルズの『立志伝』にしろ、タマニー・ホールにしろ、ともかくこんな世界はすべてみな異教的、堕落的、退廃的世界なのであります。」（『試練に立つ文明（全）』238頁）

遡及的に回顧するならば、共産主義とは、世界国家を自任するロシア、中国が、西欧による文化植民地化の脅威に対抗して、西欧を超える独自の近代化を達成し世界国家を再興するために一時的に纏った一種の仮装に過ぎず、調整を済ませた後には文明的なルーツに回帰するために捨て去られるべきものだったかのようにも思われる。

筆者は「文明」を「実在」と考えるが、「文明」は空間的にも時間的にも截然たる境界を有さず、また住民と一対一で対応する関数でもない。文明は時間的に誕生や終焉の時点を明確に言いうるものではなく、空間的な広がりも領域国民国家のように明確な国境によって区切られているものではない。また同じ文明の内部でも文明の成熟、衰退には時間差が存在する。また一人の人間が複数の文明に所属することも珍しいことではない。また文明の数え方も論者によって異なり、トインビーらは日本を中国文明の周辺文明と位置付けながらも、一つの文明に数えている。

既述のようにユダヤ教、キリスト教、イスラームはシリア文明の所産である。それゆえ、「一神教諸派複合」の「西洋」と、「儒教、仏教、道教複合」の「東洋」、「仏教・ヒンズー教複合」の「南洋」とを対置し、この「一神教諸派複合」を文明の基礎とする西アジア・アフリカ・地中海・ヨーロッパを「西洋」として括り、中世のヨーロッパはアラブ・イスラーム教徒主導下の一神教諸派複合文明と言える「西洋」の普遍文明の、むしろ「周辺の一要素」であり、文明としてのヨーロッパというようなアイデンティティが生まれるのははるか後世の18～20世紀であるとみなす中東史家三木亘の議論も一定の説得力を持つ。

しかし、この三木の文明理解は西欧キリスト教文明とイスラームの近縁性を強調することで、西欧文明を唯一無比のものとみなしがちな独善的西欧中心主義を相対化するメリットを有する一方で南洋、東洋を「一神教諸派複合」と対置させ、イスラームを排除するデメリットを有する。仏教、ヒンズー教複合とされる南洋であるが、インドは政治的にムガール帝国によって再統一されたのみならず、仏教がほぼ消滅したのと違い、ヒンズー教からイスラームへの大量改宗によってイスラームはインドの宗教として完全に定着し、現在ではインド亜大陸の人口の4分の1近くがイスラーム教徒となっている。またヒンズー教自体も、イスラームの影響によってヒンズー教哲学に内在した一神教的要素が強調され一神教化が進んでいる。また東南アジアに目を転じても、東南アジアで最大の人口を有するのはムスリム国家のインドネシアであり、インドネシアは建国5原則（パンチャシラ）の中で唯一至高神（Ketuhanan yang maha esa）への信仰を全国民の義務としており、ヒンズー教、仏教、近年では儒教をもこの唯一至高神信仰に数えている。つまり、「南洋」において、イスラームは単に人口の多くの部分を占めるのみならず、非ムスリムに対しても大きな文明論的影響を与えているのである。

「東洋」に関しても、上述の通り、元代において「回回は天下に遍し」の諺が生まれ、イスラームは中国文明の一要素となっていたが、明代の回儒の思想家たちは、老荘思想、仏教との思想的対決の中で既に一神教的性格を帯びていた朱子学の更なる一神教化に努めた。井筒俊彦もまたイスラームを「東洋」の宗教とみなしたが、それはこのイスラーム哲学と中国哲学の近縁性のゆえであり、「南洋」だけではなく「東洋」にもまた一神教としてのイスラームの文明論的影響は及んでいるのである。

トインビーや梅棹の文明論も同様で、インド文明、ロシア文明とイスラーム文明を対置する時、インド文明、ロシア文明とその内なるイスラーム文明との相克が隠蔽されてしまう。現代の時代相を見極めるには、イスラームの視点から、文明論だけではなく、国際関係論、地政学的知見を加えて複合的に考察する必要があるのである。

20世紀の国際政治を一言で纏めるなら、第一次、第二次世界大戦によるヨーロッパの自滅により経済力、軍事力、政治力において地上の残余の全ての国を合わせたよりも強大な力を持った超大国となったアメリカの覇権とその長期的衰退、全地球を覆うかに見えたヨーロッパ近代啓蒙主義の二大イデオロギーである資本主義とマルクス主義の一方、マルクス主義の凋落、資本主義を駆動力とするグローバリゼーションの進展、ウェストファリア体制の解体と文明の再編の胎動となる。

「大航海時代」以来、西欧はアジア・アフリカを植民地化し、ウェストファリア体制とも呼ばれる領域国民国家に全地球を組み込んでいった。

西欧は、ルネサンス、宗教改革を経て、人間の理性に基づく自由、平等を謳う啓蒙主義のイデオロギーに基づいて世界を植民地化していったが、現実には征服地の状況によって植民地化の形態は異なっていた。中東イスラーム世界には、オスマン帝国があり、オスマン帝国は長年にわたる西欧に対する軍事的脅威であり、18～19世紀においても西欧外交における一プレーヤーであった。また経済的にも16世紀から18世紀にかけて、世界の圧倒的経済大国は中国（清帝国）とインド（ムガール帝国）であり、アンガス・マディソンの試算によると１８２０年時点で中国とインドで世界のＧＤＰの44・７％を占めており、西欧全体のＧＤＰの合計がインドのＧＤＰを超えたのは１８２０年、中国のＧＤＰを超えたのは１８７０年になる。つまり西欧が産業革命を遂げた後のこの時期においてさえ消費財の大生産国は中国とインドであり、ヨーロッパはアジアの産品をアメリカの植民地支配で獲得した銀によって輸入せざるをえない状況にあった。それゆえ、西洋は、オスマン帝国、ムガール帝国、清帝国のような一定の外交・通商関係を結ばざるをえない地域と、征服し住民を奴隷化し一方的に搾取できる地域とで、その扱いを変えていたのである。

人類が平等であるとのイデオロギーにもかかわらず、西洋は、啓蒙された十全な理性を有する文明人である西洋人、遅れた文明に属する劣等国民、理性を欠く未開人に分け、ヨーロッパ人にのみ人権を認め、劣等国民には一定の権利を認め不平等条約を結び、未開人は征服し人権も認めず奴隷化していった。それに対応して学問においても西洋を対象とする社会学、未開社会を対象とする人類学、遅れた文明を対象とするオリエンタリズムが成立し、人類学やオリエンタリズムは、人類を差別化することで、西洋の植民地支配を正当化する機能を果たすことになったのである。

二度にわたる世界大戦による西欧の自滅により、アジア・アフリカの植民地は宗主国からの独立を達成したが、それは旧宗主国の引いた国境線を追認するものでしかなく、領域国民国家システムの枠組み自体は変わらなかった。

独立したアジア・アフリカ諸国民は、なるほど宗主国の西欧人から人権を蹂躙、搾取されることはなくなったが、同時に国境により旧宗主国を始めとする文明化された豊かな西洋から隔離され貧困と無秩序のうちに取り残されることになったのである。20世紀において、資本主義諸国と共産主義諸国の対立が東西問題と呼ばれたのに対して、豊かな西洋の旧宗主国と貧しい旧植民地諸国との経済格差は南北問題と呼び慣らわされた。20世紀後半、領域国民国家システムは、西洋の先進国（旧宗主国）が富と優秀な人材を貧しい後進国（旧植民地）から吸い上げ、圧倒的多数を占める住民たちを貧困、人権抑圧、政治的腐敗、社会経済格差のうちに閉じ込め、それを自国民の眼から巧妙に隠蔽する牢獄であった。

第二次世界大戦後から１９６０年代の終わり頃までは圧倒的国力を有する覇権国アメリカが「世界の警官」として、このウェストファリア体制を出自とする領域国民国家システムを護持してきたが、アメリカの覇権の衰退に伴い、システムの矛盾が噴出することになる。

平等な主権国家の連合とのフィクションに基づくこの近代領域国民国家システムの崩壊を、国際政治学者の田中明彦は「新しい中世」と呼んでいる。田中は主権国家の平等の絶対性の虚構が崩れた21世紀の世界を西欧の中世になぞらえて「新しい中世」と呼ぶが、世界全体が中世の西欧のようになるわけではない、とし、世界を3つの圏域（スフィア）に分けて考えることを提案する。田中によると、21世紀の世界は第一圏域「自由主義的民主性も市場経済もともに成熟・安定している地域」（新中世圏）、第二圏域「自由主義的民主性に向かっているが、市場経済がうまくいかないという地域や、市場経済はある程度機能しているが、政治制度としては自由主義的でも民主主義的でもないような段階にとどまっている」(近代圏)、第三圏域「自由主義的民主制どころか政治秩序が与えられず、さらに市場経済を維持するような経済発展がまったく進まない地域」(混沌圏)に分類される。(田中明彦『新しい中世』、日経ビジネス文庫、2003年、225頁)

また田中は、西欧における近代国家の成立の経緯を分析し、「社会契約に基づく国家観とナショナリズムを体現する国家観が合体しなければならない論理的必然性はない。」と述べ、『新しい中世』の国家にナショナリズムは必要ない。」と断言する。(280~282頁)

また田中は上述のアンガス・マディソンの試算に依拠して中国とインドの大国への復帰を指摘し、21世紀をアメリカの一極覇権の終焉による覇権の多極化と特徴付けているが、多極化の文明論的側面は彼の議論には脱落している。しかし、現在生じていることは、トインビー、梅棹、ハンチントンらが述べている文明的側面を無視して理解することはできない。

21世紀、領域国民国家システムは「世界の警官」としてそれを維持してきた覇権国家アメリカの衰退により破綻し、覇権が多極化し、国家を超えた複雑な権力関係が多層的に重なり合う先進国の新中世圏、権威主義的国家群の近代圏、国家が破綻している混沌圏に解体されつつある。もはや人類の平等や人権と矛盾するナショナリズムは不要との田中と認識を共有しつつ、我々はイスラーム世界に焦点を合わせて、世界の多極化の現状を文明の再編の過程として素描することが求められているのである。

過去3世紀にわたって世界を支配しウェストファリア体制、領域国民国家システムを押し付けてきた西洋の覇権が衰退した21世紀、世界は文明の再編状況にある。西欧の自滅によって覇権国となったアメリカに対し、西欧はEUの結成によってアメリカへの対抗を目指した。ところが鍵を握るイギリスが2016年EU離脱を決めたことから、西欧文明は、イギリスがアメリカと結び英語圏諸国が一つの文明圏として西欧文明から緩やかに分裂するか、イギリスを蝶番としてEUとアメリカが競合しつつも一つの文明圏に留まるかの岐路に立たされている。

この文明の再編過程は、短期的に見ると1980年代のレーガン大統領時代のネオリベラリズムと呼ばれる経済政策に端を発する。アメリカの産軍複合体と結び付いた多国籍企業を利するこのネオリベラリズムとグローバリズムはアメリカの世界の覇権の維持を目的とするものであったが、その攻勢の前にアフガニスタン侵攻で疲弊したソ連は崩壊したが、グローバリゼーションの名を借りたアメリカ化に対する反発が世界各地で生じ、ナショナリズムの高揚と地域ブロック化が同時に進行した。EUはその最も成功した例であった。

ロシアについて言えば、レーガンは「悪の帝国」と呼びソ連をターゲットにネオリベラリズムの経済政策により軍拡競争を仕掛けることでソ連を崩壊に追いやった。当時のソ連の指導者ゴルバチョフ(共産党書記長、後に大統領)は、共産主義による世界制覇の野望を断念し、中央アジアのムスリム系の共和国カザフスタン、キルギスタン、タジキスタン、ウズベキスタン、トルクメニスタン、アゼルバイジャンを切り捨て、「ヨーロッパ共通の家」構想を掲げ、ペレストロイカ、グラスノスチ政策を取り自由民主主義化、あるいは西欧化に舵をきり、西欧文明に同化することで東方正教文明と西欧文明の再統合を図った。しかしこのゴルバチョフの構想はヨーロッパから受け入れられなかったばかりではなく、ロシア国内でも受け入れられず、ソ連は解体し、ゴルバチョフは失意のうちに大統領を辞任することになった。

後任のエリツィンを経て、プーチンはロシア経済を立て直し、ロシアの栄光を復興するとの大ロシア主義外交を取るようになった。2001年の9・11に端を発しアメリカが呼びかけた「対テロ戦争」に際してプーチンはアメリカに協力したが、アメリカは中央アジアに対する軍事プレゼンスを強め、勢力圏におさめようとした。それゆえプーチンは再び態度を硬化させ、ドゥーギンの新ユーラシア主義に基づく拡張主義的政策に再び舵をきった。

2013年から顕在化したウクライナ危機への対応において、プーチンは2014年にクリミアを武力編入したが、988年にキエフ・ルーシ公国ウラジーミル大公（1015年没）が正教の受洗をした地を取り戻した、として歴史的にクリミア併合を正当化している。ウクライナ問題をめぐっても、ロシアの東欧での影響力の伸長を抑えようとするアメリカと、ロシアとの融和を模索するドイツ、EUとでは微妙な温度差が存在する。

東南アジアはアメリカの新自由主義・グローバリズムに対し地域経済ブロックASEANの強化によって応じたが、1997年のアジア通貨危機において、反米親イスラーム政策を取っていたムスリム国マレーシアの当時の首相マハティールだけが、IMFの勧告に抗し独自の対応によって金融危機を乗り切ったことは、東南アジアは文明論的に中国文明、インド文明、イスラーム文明の混淆であり、将来におけるイスラーム性が顕在化の可能性の兆候として記憶されてもよかろう。またイスラーム地域研究の領域においても近年、カリフ制、汎イスラーム主義との関係からイスラーム文明としてのオスマン帝国と東南アジアの関係の再考を促すSaim Kayadibi, *Ottoman Connections to the Malay World: Islam, law and society,*（2013/1）, A.C.S. Peacock, Annabel Teh Gallop（Ed）, *From Anatolia to Aceh: Ottomans, Turks, and Southeast Asia*（Proceedings of the British Academy）（2015/3）のような研究が現れている。

インドについては、梅棹忠夫が半世紀以上前に「ロシアブロックがまず、革命による厚生策に成功する。中国、インドも着々と効果をおさめつつある。」と述べているが、この四半世紀のインドの経済成長は中国と並んで著しく、また世界最大の民主主義国家としての相対的政治的安定もあいまって地域大国としての地位を確立しており、梅棹の慧眼を示しているとも言えよう。

しかし、領域国民国家システムの枠組みを離れて考えると、ことはそう単純ではない。今日のインドの経済的繁栄はインドの枠組みで語られるが、インドはブリティッシュ・ラージ（英領インド帝国）の後継国家として世俗主義を政体としているにもかかわらずヒンズー・ナショナリズムが高まりつつある。そもそもインドの独立はインド文明の世界国家であったブリティッシュ・ラージの解体であり、国家レベルでインドとパキスタン・イスラム共和国に分断され、更にパキスタンはその後東パキスタンがインドの支援で世俗主義のバングラデシュ人民共和国として独立し更に分かれ、インドとパキスタンの分離で１００万人、パキスタンの分裂で３００万人の犠牲者を出しており、今なおカシミールの帰属問題をめぐって紛争が続いている。

インド亜大陸のヒンズー教徒の人口比が今後100年で逆転する事態はありそうもない。しかしインド文明は、トインビーの言うところの世界国家をヒンズー教が持ったことは4世紀半ばから6世紀初めまで続いたグプタ朝以来なく、近世のインド文明の政治的な統一をもたらしたのは、イスラーム文明に属すムガール・ラージと政教分離の世俗主義に立つ西欧文明に属するブリティッシュ・ラージであった。文明史的観点からは、インドはまだ再編の過程にあり、政治的には領域国民国家システムの枠組み内で世俗主義のインド、バングラデシュ、イスラーム共和国のパキスタンとの分裂の現状が維持されるのか、インドがヒンズー教に基づく世界国家となるのか、ムガール・ラージのように全土がイスラーム・カリフ制の下に統一されるのか、未来は不透明であり、多くの可能性に向けて開かれている。

西欧は、ウエルベックの『服従』が描いたように旧ローマ帝国の南半分である地中海イスラーム世界と共にローマ帝国を再興するか、ソ連としての共産主義による世界の啓蒙が夢破れ再び東ローマ帝国の継承文明である正教文明の盟主を目指すロシアと共に東西ヨーロッパを再統合するか、イギリスを切り離し、英語文明圏と分離したEUに自閉した縮小西欧文明となるか、あるいはEUも解体しばらばらの領域国民国家の寄せ集めに戻るのか、現在、その岐路に立たされている。

「イスラーム国」の建国、ムスリム難民の西欧への流入は西欧の再編の触媒となっている。ハンチントンは西洋文明とイスラーム文明の衝突を予言した。しかしハンチントンの予言は成就したのであろうか。

ハンチントンはイスラーム文明と中国文明とが西洋文明と対立すると予言したが、アメリカ人にありがちな西欧文明の守護者であるという自意識過剰のアメリカ中心主義の被害妄想とでも言うべき誤謬に陥っている。確かに20世紀後半において、イスラーム復興運動は、世界覇権国、領域国民国家システムを護る「世界の警官」アメリカであり、それを劇的な形で世界に示したのが9・11同時多発攻撃であった。

しかし、軍事侵攻の結果アフガニスタンとイラクを破綻国家化させていたアメリカは、2010年に始まった「アラブの春」において、長年にわたって支え続けてきたエジプトのムバーラク独裁政権を支えることも、打倒を呼びかけたシリアのアサド独裁政権を倒すことも、シリア、リビア、イエメンの破綻国家化を阻止することもできず、その無力さを白日の下に曝け出すことになった。アメリカの国力の衰退に伴い、今や文明の衝突の舞台はユーラシアに移っており、アメリカはいまだ重要ではあるがもはやバイプレーヤーに過ぎないのである。

19世紀から20世紀にかけての英露による中央アジアからインド、特にアフガニスタンの支配をめぐる抗争を「グレートゲーム」と呼ぶが、ソ連の崩壊後の現代の世界で繰り広げられているのは「新しいグレートゲーム」である。

「中央アジアとコーカサスの独立以後①ロシアによる影響力の確保のねらいとこれに対する米国を筆頭とする欧米側の機構、②カスピ海地域の石油や天然ガスの開発と輸送路をめぐる域内・域外各国の経済的利害の対立、更には国際情勢を利用してイスラム過激派の封じ込め、自国の安全保障を確保し、国内少数民族による独立運動や隣国との紛争の有利な解決を図ろうとする域内諸国の思惑等を主たる要因として、ロシア、米を筆頭に地域大国たるトルコ、イラン、更に近年は中国も加わり『第二次グレートゲーム』とも称される勢力争いが展開されてきた。」（廣瀬徹也『テュルク族の世界』、東洋書店、2007年、56頁）

広瀬徹也もこの新しいグレートゲームにおいて重要なのは上海協力機構であると喝破しているが、その主たるプレーヤーはもはや英露ではなく、中露、そしてトルコである。新しいグレートゲームには、豊かな中央アジアの地下資源にかかわる経済的側面、各国の安全保障の思惑をめぐる地政学的側面など多様な側面がある。しかし文明論的に重要なのは、トルコ共和国が、イスラーム文明の世界国家オスマン朝の継承国家であっただけでなく、チュルク民族が過去1000年にわたり、宗教のアラブ民族、学問のペルシャ民族と並び、武のチュルク民族として、イスラーム、特にセルジューク朝以来スンナ派イスラームを支えた三大民族の一つであったことである。

現在の中国、ロシアは、中国文明、ロシア文明の世界国家である清朝、ソ連（ロマノフ朝ロシア帝国）の継承国家として、世界国家、覇権国を目指している。そして現在のトルコのエルドアン政権は、表向きは共和国の憲法的制約からケマリズムの世俗主義を掲げているものの、ナクシュバンディー教団のイスカンデル・パシャ支教団のプログラムに則ってカリフ制の再興を目指している。そして、今やトルコ国内でカリフ制再興の可能性が公然と論じられるようになっており、トルコ国内ではなく、アラブ世界をはじめイスラーム世界全土でエルドアンをカリフに、との声が高まっている。

そしてエルドアンのカリフ制再興への鍵を握るのが、東の東トルキスタンからカザフスタン、キルギスタン、ウズベキスタン、トルクメニスタン、アゼルバイジャンを経てトルコにつながるイスラーム・スンナ派チュルク民族ベルトである。このイスラーム・スンナ派チュルク民族ベルトは伝統的にマートゥリーディー神学、ハナフィー法学、ナクシュバンディー・スーフィー教団の教義を共有していた。

しかし中央アジアチュルク系5か国は無神論共産主義のソ連の支配下でイスラームは徹底的な弾圧、統制を被っており、独立後も政治体制は共産党の指導部がそのまま温存され、イスラームの弾圧、統制政策もソ連から継承している。それゆえこれらのチュルク系諸国はイデオロギーと政治体制を共有するロシア、中国と国際イスラーム運動対策に上海協力機構を組織したのであるが、上海協力機構は結成後、経済、治安協力の枠組みを超えて、軍事同盟の性格も帯びつつある。

ところがこれらの国々はソ連から独立した時点で、それぞれチュルク系国民国家として国民形成を強いられたが、国家アイデンティティとして誇れるものは、スンナ派イスラームの庇護者、聖戦士としての栄光以外にはなく、必然的にイスラーム化、それも政治的イスラーム化を促進せざるをえないという矛盾を抱え込んでいる。

表向きは現在も世俗主義国家であるトルコは、政治的イスラーム色を表に出さずに汎チュルク主義によって、トルコ、アゼルバイジャン、カザフスタン、ウズベキスタン、トルクメニスタン、キルギスタンが参加するチュルク語諸国首脳会議（1991年開催）、チュルク協働協調機関（1992年設立）、トルコ、アゼルバイジャン、カザフスタン、キルギスタンが参加するチュルク評議会（2009年発足、トルクメニスタン、ウズベキスタンは参加協議中）などの国際機関を通じて、これらのチュルク系諸国とのネットワークを強化する一方、これらのチュルク系諸国だけでなく中国の東トルキスタン（中国新疆ウイグル自治区）のトルキスタン・イスラーム党、ロシアのタタールスタン共和国などのチュルク系諸民族のイスラーム主義者たちに亡命先を提供している。

更に事態を複雑化させているのは、中央アジアは概して言うならイスラーム・スンナ派チュルク民族ベルトと一括できるとしても多民族、多宗教、多宗派社会であり、特に非チュルク系、非スンナ派のペルシャ系民族、シーア派が存在することである。イスラーム・スンナ派チュルク民族ベルトの覚醒は、トルコ（エルドアン政権）にとってカリフ制再興の悲願への鍵であるが、それは無神論、共産主義のイデオロギーに立脚する政体を有する中国やロシアにとってのみならずシーア派（12イマーム派）のイランにとっても脅威である。

イスラーム革命により「公式（憲法に謳って）」に12イマーム派の教義に基づく国家樹立を成し遂げ、更に領域国民国家システムを超えて、イラク、シリア、レバノン、イエメンにその「政治的」影響力を拡大してきたイランにとって、カリフ制再興を目指すトルコが主導するイスラーム・スンナ派チュルク民族ベルトの覚醒は、単なるエスニックなシーア派とスンナ派の宗派対立を超えた国体存亡をかけた政治的脅威であり、トルコとイランの対立はオスマン帝国とサファヴィー朝の対決に遡る世界国家を目指すイスラーム二大宗派の対決の様相を帯びつつある。

とはいえ、ロシア、中国、トルコ、イランは（スンナ派）イスラーム文明、ロシア文明、中国文明、（シーア派ペルシャ）イスラーム文明の世界国家の側面を有しつつも、一義的に表向きは領域国民国家システムを認めた上でその一アクターとして行動してきたのであり、全面戦争による目的達成は望んでいない。

ところが、領域国民国家システムを全面的に否定し、武力によるシステムの変革を厭わない「イスラーム国」の出現が状況を一変させた。「イスラーム国」は、アメリカの占領軍とそれ以上にシーア派を相手に熾烈な武力闘争を繰り広げたサラフィー・ジハード主義のイラク・イスラーム国を母体とするが、シリア内戦が勃発するとフロント団体「ヌスラ（援助）戦線」を立ち上げて合併しイラクとシリアのイスラーム国と改称し、シリアのラッカとイラクのモスルを占領し、シリアとイラクの国境を解放すると、領域国民国家システムの打破によるカリフ制の樹立を宣言し、イスラーム国を名乗ることになった。

「イスラーム国」は、チェチェンのムジャーヒディーンを筆頭とするロシア国内のイスラーム主義者を引き寄せ、またシリアのロシアの権益を脅かしたためにロシアの直接的軍事介入を招いた。また「イスラーム国」はトルコを経由してチュルク系スンナ派ベルトの東端の東トルキスタン（中国新疆ウイグル自治区）のウイグル人ムジャーヒディーンにも絶好の亡命先を提供することになったが、チェチェン人と並び「イスラーム国」最強とも呼ばれるウイグル部隊が東トルキスタンの独立のために帰国することは中国政府にとって悪夢以外の何物でもない。

イランは「イスラーム国」と戦うために、シリア、イラクに革命防衛隊の精鋭を送り込み、「イスラーム国」と交戦しているが、内戦当初からアサド政権の打倒を公言するトルコは、オスマン帝国のイラク支配の歴史を引き合いに出して、イランに支援されて戦うシーア派のイラク政府をけん制している。

また西欧は「イスラーム国」の出現に伴うシリア内戦の激化、国際化により、シリアと北アフリカから１００万人を超えるムスリム難民が殺到することにより、人類の自由、平等と人権を守る文明人との虚構の自己イメージを維持することが困難になり、人種差別とヘイトクライムが顕在化し、ＥＵの崩壊にとどまらず、西欧文明自体の崩壊の危機に見舞われていると言っても過言ではない。

21世紀は「新しいグレートゲーム」の時代となったが、「イスラーム国」は、それを加速させ、文明の再編というパンドラの箱を開かせたのである。

２０１５年1月に発表した小説『服従』の中で、２０２２年にイスラーム教徒がフランスの大統領になり新しいローマ帝国としてのヨーロッパを再興する可能性を示したのは、フランスのベストセラー作家ウエルベックであった。しかし、その直後からわずか1年の間に、シリアと北アフリカの内戦により１００万人を超えるムスリム難民が西欧（≒ＥＵ）に押し寄せる姿が可視化され、ヨーロッパ全土でイスラーム・フォビアが高まり、移民排斥運動、ヘイトクライムが急増化し、イギリスは国民投票でＥＵ離脱を決定するに至った。

しかし、移民排斥運動、ヘイトクライムなどの排外主義の高まりは、西欧だけの現象ではなく、それらの原因を「イスラームと西欧の衝突」に還元することはできない。現在起きていることは、ルネサンス、宗教改革に端を発する近代西欧の啓蒙のプロジェクトの最終的破綻の過程とみなすことができる。

近代西欧の啓蒙のプロジェクトは、中国文明の世界帝国清朝、イスラーム文明の世界国家オスマン朝が崩壊し、領域国民国家システム、ウェストファリア体制で地球を覆い尽し、国際連盟が結成され、第二次世界大戦後、西欧のアジア・アフリカの植民地が独立することで一応の完成を見た。しかし、アメリカが主導する資本主義とソ連が主導する共産主義という、普遍的理性によって人類の進歩が達成されるとする西欧発の二つの啓蒙主義のプロジェクトによる冷戦が、ソ連の崩壊によって資本主義の勝利に終わると、アメリカを本拠とする巨大多国籍企業群は経済の完全な自由化を推進すると称する新自由主義、グローバリズムを唱えて、世界経済の強引な支配へと乗り出した。

アメリカのグローバリズムは、経済的弱者に犠牲を強い勝者をますます富ませ、貧富の格差を拡大させるため、世界各地で反発を招き、一方で排外主義的なナショナリズム、他方で地域ブロック化を招来した。かつての中国文明の世界国家清朝の継承国家中華人民共和国、正教文明の世界国家ロシア帝国の継承国家ロシア連邦においては、近代国家としてのナショナリズムの強まりと文明圏の再興を目指す拡張主義的地域ブロック化が同時に進行している。またＥＵ

の結成により西欧は第二次世界大戦の荒廃を乗り越え人口と経済力でアメリカに匹敵する地域ブロックとなっていたが、領域国民国家システムの発祥の地でもある西欧では構成国のナショナリズムがいまだに深く根付いており、ムスリム難民受け入れ問題を契機に各国の個別の独善的ナショナリズムが浮上し排外主義の強まりに、イギリスの離脱を機にＥＵの解体という存亡の危機に陥ることになった。

西欧による啓蒙のプロジェクトの最大の矛盾は、人類すべてに平等に共有される普遍的なヒューマニティの概念と、領域と国民にのみ排他的な主権を与えるとされるナショナリズムに立脚する領域国民国家システムの間にある。ハーバーマスが「国民国家が問題なのは、それは超克不能な主権を有していると己惚れているからというよりも、むしろさまざまな民主的プロセスがその国境のなかでしか機能しないためである。」（遠藤乾『欧州複合危機』２０１６年、２００頁）と喝破した通り、手続き的にも現実はヒューマニティに反するナショナリズムの前に高邁なヒューマニティの理念はただの空手形に過ぎない。

西欧は、人類の平等を唱えつつ、近代西欧というローカルな一文化に過ぎないものを唯一の「普遍文明」と思いなし、他文化の住人を劣った民族、未開人として差別し政治的決定から排除し、搾取、場合によっては殲滅してきた。

トルベツコイが指摘した通り、西欧のロマンス・ゲルマン人たちは、自分たちだけが「人類」であるとあまりにもナイーブに信じて、自分たちの文化を「普遍的人類文明」と、そして自分たちのショーヴィニズムを「コスモポリタニズム」と呼んできたのである。

しかし、この西欧の普遍主義と自文化中心主義の間の矛盾は、アジア・アフリカの植民地化以前に、西欧内部でも既に露呈していた。フランシス・フクヤマは言う。「19世紀には民主化への大衆動員はナショナリズムによって乗っ取られたが、この現象は早くもフランス革命の間に初めて現れ、人権への呼びかけは、フランス国民の力づくの押し付けに転化した。」(Francis Fukuyama, Political Order and Political Decay, 2014, Profile Books, London, p.433) 啓蒙の名によって自分たちの文化を押し付け、西欧を急進的啓蒙主義によって塗りつぶそうとしたナポレオン戦争のフランスの試みが、西欧各地で反発をかいナショナリズムの勃興を招き失敗して以来、西欧ではヒューマニティの概念と根本的に矛盾するナショナリズムが「主権」を与えられる最高の価値となり、平等や、人権などの普遍主義的概念は、各国の国益追及の隠れ蓑として利用され、恣意的に解釈されて法制化され、支配と搾取の道具として運用されるようになった。西欧に植民地支配されたアジア・アフリカの国々が独立した後も、ナショナリズムと領域国民国家システムは、西洋の先進国（旧宗主国）が富と優秀な人材を貧しい後進国（旧植民地）から吸い上げ、旧植民地の住民たちを貧困、人権抑圧、政治的腐敗、社会経済格差のうちに閉じ込め、それを自国民の眼から巧妙に隠蔽する装置として存続してきた。

アメリカは自由の国を自称し、新自由主義の名の下にグローバル化を推し進めてきたが、資本とモノの国境を越えた移動を強要しながら、最も重要な基本的人権であるはずの国境を越えた人間の移動の自由を認めず、アメリカの国境を塞いでいる。このアメリカのまやかしの平等、自由の下では、国内では（1992年ニューメキシコの）マクドナルドのドライブスルーで珈琲を買って自分の膝にこぼして火傷を負ったとして訴えた者には64万ドルの懲罰的損害賠償を命じながら、アフガニスタンやイラクの空爆でアメリカ軍が殺した市民たちはコロテラル・ダメージ（巻き添えの犠牲）として処理され、殺害者は免責され損害賠償も行われない。

実のところアメリカの自由と平等の欺瞞の最たる問題が黒人差別問題であり、それは今なおアメリカの抱える最大の国内問題であり、ネイティブアメリカンの虐殺と並ぶアメリカの原罪である。そしてその最も先鋭な批判者がアメリカ生まれの黒人運動ネーション・オブ・イスラームである。アメリカのイスラームを語ることは、アメリカの黒人問題を語ることであり、アメリカの自画像にかかわる問題である。アメリカのムスリム人口比は２０００年現在で２・６％であり英仏独などと比べても少ないが、その存在感は圧倒的に大きい。それはムスリムの42％を占めると言われる黒人の改宗ムスリムによるものである。

２０１６年に亡くなったムハンマド・アリはアメリカだけでなく世界で最も有名なイスラームに改宗したアスリートであり、ヨルダンのアブドゥッラー国王、トルコのエルドアン大統領がその葬儀に参列した。葬儀ではビル・クリントン元大統領が「私たちの誰もが、アリにまつわる物語があります。私たちはアリがそうしたように、自分が与えられたものを世界に伝えることで、アリを称えるべきです」と述べ、オバマ大統領は大統領補佐官を通じて「彼はただの一人のムスリム、黒人、ルイスビルっ子だけではない。……中略……彼の生涯は我々の奴隷制と差別の原罪について語っており、彼の遍歴は我々の良心を呼び覚ます助けとなり、救済への回路へと我々を導いた。……中略……彼こそはアメリカであり、常にアメリカであり続けるでしょう」との弔辞を発表した。

西欧においていまだにイスラームが移民の宗教、異文化でしかなく、西欧の社会と文明に何の影響も与えていないのに対して、ネーション・オブ・イスラームは、アメリカ国内の差別と格差、アメリカの海外侵略、シオニズム支援に対する批判により、狭いムスリムのサークルを超えてアメリカの良心に訴える普遍的なメッセージを伝えている。アメリカにヨーロッパとは異なるイスラームとの共存の可能性があるとすれば、ネーション・オブ・イスラームによって提起されたアメリカの自由と平等の欺瞞と向き合い、それを克服することによるしかない。

ヒューマニティに反する領域国民国家システムそのものに初めて根本的な否をつきつけ、西欧の押し付けた国境を否定し、カリフ制の樹立を宣言し、民族、国籍を問わず全てのムスリムに移住を呼びかけたのが「イスラーム国」であった。しかしこの「イスラーム国」の文明史的挑戦に対して、利権を脅かされた西欧のみならず、西欧のエージェントであるムスリム諸国も、既得権を脅やかされてヒステリックな対応を示すばかりで理性的な反論を行うことができず、問答無用の武力行使によって「イスラーム国」の壊滅を試みるばかりであった。

その結果、シリアやリビアで領域国民国家の牢獄に「イスラーム国」が穿った風穴を通じて、破綻国家化していたシリア、リビア、イラク、アフガニスタン、マリなどから、１００万人単位の大量のムスリム「難民」が地中海をわたってヨーロッパに流入する事態が生じた。ところがヨーロッパがこれらの「難民」の移住を拒んだため、数千、数万の「難民」たちが、地中海で溺死し命を落とすことになった。

「イスラーム国」が人々を閉じ込める牢獄である「領域国民国家」の檻「国境」を無効化したため、ナショナリズム、領域国民国家システムが、虐げられた人々の命を奪うヒューマニティに対する犯罪であることが可視化されたのである。西欧は、いつまで、この事実から目を逸らし続けることができるのであろうか。

ナショナリズムこそ、ヒューマニティに立脚する西欧の啓蒙のプロジェクトが抱える最大の矛盾、病弊であり、イスラームこそがその処方箋になることを半世紀以上前に見通していたのが、トインビーであった。

既述のように、トインビーは『歴史の研究』の中で、文明の衰退の原因を分析し、自分で造った偶像の奴隷となり、選択の自由を失うこと、と分析している。トインビーによると、キリスト教だけでなくすべての高等宗教の教えに反する領域国民国家を崇拝するナショナリズムという偶像崇拝が、西欧のキリスト教だけでなく世界中で実際に人々が奉じている宗教になっている。このナショナリズムという偶像崇拝の悪魔的邪教は有史以来の21の文明のうちの14〜16の滅亡の原因であったばかりでなく、今日においては、デモクラシーの名を纏う国家主義の形を取ることによって、歴史上かつてないほどに戦争を残酷なものとしており、真に人類の文明にとっての重大な脅威となっている。

「愛国心が、西欧世界の宗教として、ほとんどキリスト教に取って代わってしまっている。いずれにせよ、地方割拠主義が西方キリスト教会に加えた圧力の結果生まれたこの怪物ほど、キリスト教の本質的な教え——、キリスト教だけでなく、他のすべての歴史的な高等宗教の教えとはっきり矛盾するものを思いつくことは困難である。」

トインビーは、近代西欧文明の枠組みを超えた視座から、近代西欧が生み出した「ナショナリズム」というイデオロギーを相対化し、それがキリスト教のみならず、全ての高等宗教の教義に反する悪魔的な偶像崇拝であることを明らかにする。

トインビーはナショナリズムを西欧の危険の源泉とみなし、ナショナリズム「に対する戦いにおいても、イスラーム的精神はもしそれが受け入れられるならば、高度の道徳的、社会的価値を実証するであろうような一つのはたらきを寄与することができるでありましょう。」と述べ、ナショナリズムが猖獗を極める日が来た時、その克服はイスラームにかかっていると考える。


「イスラーム教徒相互のあいだに見られるがごとき、民族意識の消滅は、イスラームのなしとげた数々の優れた道徳的偉業の一つであります。しかも今日の世界の現状においては、たまたまこのイスラーム的な美徳の普及が焦眉の急務なのであります。……中略……現在負けいくさをたたかっているように見える人種的寛容の努力も、再び退勢を挽回する可能性がいまだ残っているのであります。この係争を寛容と平和の側に有利に解決するうえに、イスラーム精神というものが急場を救う援軍となるかも知れないということは、十分考えられうることであります。……中略……」(『試練に立つ文明(全)』、284頁)

トインビーは、現時点では、汎イスラーム主義が「眠っている」ことを認めるが、その覚醒の可能性に期待をかけ、以下のように述べる。「過去の歴史的機会において、二回もイスラームが一東方社会を一西方侵略者に立ち向わせ、勝利を獲得させるための旗じるしとなった先例があります。『預言者（マホメット）』につづく数人の後継者のもとにおいて、イスラーム教徒はシリアとエジプトを、一千年近くも彼らを圧迫していたヘレニズム的支配から解放しました。ザンギー、ヌールッディーン、サラディン、及びマムルーク兵団のもとにおいてイスラーム教徒は受持軍と蒙古人の来襲を防ぎとめたのです。もしも現在の人類の情勢からいって『人種戦争』が拍車をかけられることになれば、イスラーム教徒はまたもや彼らの歴史的役割を演ぜざるをえなくなるのかもしれません。」

ナショナリズムが偶像崇拝の一形態であり、ナショナリズムとの闘いが、人類の一なる主に仕える一神教の真のヒューマニティの啓蒙のプロジェクトである。トインビーは、偏狭な西欧中心主義を超えて、イスラームがかつて西欧文明の淵源であるヘレニズムや十字軍からの解放の力であったように、今日また西欧が世界に蔓延させた偶像崇拝の病弊ナショナリズムから人類を解放する役割をイスラームに期待していた。（293頁）

そしてそれこそが人類と大地を人間による人間の支配から解放するカリフ制再興の動きであり、「イスラーム国」によるカリフ制樹立の宣言はその胎動を告げる前兆に他ならない。カリフ制は、ナショナリズムの否定であるだけでなく、法の支配による多文化の共存という、領域国民国家システムに対するオルタナティブでもある。

イスラーム法は属人法でありムスリムのみを拘束する。カリフ制とは、カリフの下にムスリムが秩序維持の責任を負い、イスラーム公法の施行により、ダール・イスラームの全住民の生命、財産、名誉の安全を保障する一方、納税（ジズヤ）を条件に、婚姻、離婚などの家族法や教育に至る広範な法的自治を非イスラーム教徒に与える、法の支配による多元的社会の共存のシステムである。イスラーム法は9～11世紀に完成した法体系であり、この「法の支配」の多元的社会の共存のシステムとしてのカリフ制は、アフリカから東南アジアに至る広大な複数の文明圏にまたがるイスラーム文明の政体として機能してきた。

そしてこのイスラーム法は、1922年にオスマン帝国が滅亡し、イスラーム法を施行する公権力が失われてからもなお、現在に至るまで、サハラ砂漠の遊牧民、東南アジアの熱帯雨林の農耕民から、ニューヨークの摩天楼にオフィスを構えるIT技術者に至る10数億人のムスリムにとって妥当する法であり続けている。

一方、西欧が「普遍的」であるとして他の文明圏に押し付けてきた「人権」は、時と場所を超えて実証的に見出される普遍的なものでは全くない。それは特定の時代の特定の地域の一部の集団、つまりは西欧のエスタブリッシュメントの価値観に過ぎない。しかしより悪いことは、そのような「人権」は起草者自身が真摯に実践する意図を当初より欠くものであり、領域国民国家システムによって予め「貧しく遅れた」アジア・アフリカの旧植民地国を自分たちから隔離した上で、それらの国々をその「後進性」ゆえに差別し隔離することを正当化するための口実でしかなくなっていることである。

西欧の「人権」概念の虚偽性を示す例は枚挙にいとまがないが、近年、それを最も劇的に見せつけたのはフランスの「ブルキニ」禁止令であろう。フランスは2011年にムスリムの女性が公的空間で顔を覆うことを禁じたのに続き、2016年には海で全身を覆う水着、通称「ブルキニ」を禁じ、ニースの海水浴場では武装警官がムスリム女性のブルキニを無理やりに引きはがす映像がニュースで世界中に拡散された。ムスリムへの差別と蔑視から女性の服装の自由を力づくで奪うあからさまな人権侵害の暴挙もまたフランスにおいては、後進的な宗教による抑圧から女性の人権を守るという口実で、文明の名の下に正当化されるのである。

今でこそ、フランスの啓蒙の理念はすっかり色褪せているが、啓蒙思想家たちの中にあってイスラーム法の文明論的意義をよく理解していたのが外ならぬフランスの思想家ルソーであった。ルソーは言う。「(ユダヤの法と)10世紀ものあいだ世界の半ばを支配してきたイシュマエルの子〔ムハンマド〕の法は、これらを制定した人々の偉大さを、いまなお告げている。そして高慢な哲学者や盲目な党派心をもつ輩は、これらの法律を制定した人々は幸運な山師にすぎないと考える。しかし真の政治家はこうした制度のうちに、永続的な事業を司る偉大で強力な精神の現れをみいだし、称えるのである。」(『社会契約論』、94頁)

ルソーは代議制の否定者、「一般意思」なる神秘的な概念の提唱者として知られているが、実のところ、『社会契約論』にはより分かりやすい形でその立法理解が示されている。

ルソーは「人間に法を与えるのは、神々でなければならない。」(87頁)と言う。ルソーによると、「建国者はいかなる時代にあっても神に頼ったのであり……中略……崇高な理性が決定した法律を、あたかも神々の口から語られたものであるかのように装った。」ルソーは、立法が文字通りの天啓であると信じていたわけではない。しかしやはり真なる法はある意味で天啓であり、「奇跡」の産物である。「神々に語らせたり、自分が神の言葉を語っているのだと主張して、人々に信じてもらったりすることは、誰にでもできることではない。立法者の偉大な魂こそが真の意味の奇跡」（93頁）に他ならないからである。

フランスのブルキニ禁止法、アメリカのマクドナルドの懲罰的賠償の例に見た通り、まやかしの「普遍的人権」で偽装しようとも、西欧の法制度は、一握りの人間の思惟を強大な国家権力の暴力を背景に強制するもので、人による人の支配に過ぎない。そしてイスラーム文明の「法の支配」に対して、「人による人の支配」こそ、加藤隆が指摘した通り、キリスト教の司牧概念に由来する西欧文明の基本構造に他ならないのである。

二十世紀最大の法哲学者の一人ラートブルッフ（1949年没）によると、法の本質は法的安定性（Rechtssicherheit）にあり、1000年以上にわたって大都市から砂漠、熱帯雨林まで、多様な民族、言語、宗教集団の共存のシステムを形成し「世界の半ばを支配した」イスラーム法こそは実証的な普遍性を有する「法の中の法」であり、「法の支配」の理念型の最近似と言うことができる。

アダム以来の神の預言者たちは、一なる世界の創造神、全人類の主の啓示を伝えることで、手を携えて、啓蒙のプロジェクトを推し進めてきた。最後の啓示宗教であるイスラームは、アッバース朝期に世界の高文明を有機的につなげるグローバルなネットワークの原型を作り上げ、それはモンゴルの軍事的世界征服を経て、モンゴル系4ハン国のうちイル・ハン国、キプチャク・ハン国（ジュチ・ウルス）、チャガタイ・ハン国がイスラーム化することで、イスラームによる啓蒙のプロジェクトは一応の完成を見た。しかしその後、啓蒙のプロジェクトは、ルネサンス、宗教改革を経て大航海時代以降、海洋から世界に進出した世俗主義化した西欧キリスト教文明によって引き継がれ、イスラーム世界はその後塵を拝することになった。

世界観を共有しない他者、異教徒との共存のシステムであるイスラーム法の支配、カリフ制の下に、ダール・イスラームに組み込まれた土地のイスラーム化とイスラームの土着化を緩やかに推し進めたイスラームの啓蒙のプロジェクトとは異なり、西欧世俗主義は、自らを唯一の文明とみなし、世界の西欧化＝文明化＝近代化を暴力的に推し進めた。しかし、この西欧版の啓蒙は、その普遍主義とナショナリズムの名を借りた人種主義、排外主義との根本的矛盾を抱えるものであり、人類の平等と人権の高邁な理念も、西欧による世界の政治、経済、文化的植民地支配の隠れ蓑の側面を否定することができなかった。

そしてこの西欧の植民地支配の最新形態であるアメリカの新自由主義、グローバリズムは、西欧による植民地支配から徐々に立ち直りつつある中国文明、ロシア文明、インド文明、イスラーム文明をして、防衛的反応を起こさせしめた。それが現在進行中の文明の再編過程であり、その触媒となっているのが、文明の再統合が最も遅れているイスラーム文明なのである。

地政学的にアフリカ大陸からユーラシア大陸にまたがるイスラーム文明は、この文明の再編過程において、最も重要な役割を果たす。というのは、イスラーム文明の中核である中東イスラーム世界は、地理的には西欧と同じ環地中海世界、ローマ帝国の版図であり、ヘレニズムとヘブライズムの伝統を継承する兄弟文明社会であり、ウエルベックが『服従』で描いたように新しいローマ帝国として再統合されることは決して夢物語ではない。そして実のところ、それはチュルク系キプロス人のナクシュバンディー教団の導師でイギリスのチャールズ皇太子のメンターであったとも信じられているムハンマド・ナーズィム・ハッカーニー師（２０１４年没）の計画でもあった。

この西欧と中東イスラーム世界の結節点は、歴史的にヨーロッパ外交のプレーヤーでもあり、ＥＵ加盟申請国でもあるトルコである。それゆえトルコのイスタンブール、即ち第二のローマことコンスタンチノープルを首都として新しいローマ帝国としてのカリフ制が成立し、トルコから中央アジアを経て東トルキスタン（中国新疆ウイグル自治区）まで延びるイスラーム・スンナ派チュルク民族ベルトのイスラーム覚醒がなるなら、トルコを中心としてロシア文明世界、インド文明世界、中国文明世界と隣接し、世界の中心に位置するユーラシアにまたがるイスラーム・カリフ帝国が現出することになる。

トルコは１９２３年に共和制を採用し、翌年にカリフ制を廃止して以来、「脱亜入欧」を目指しており、ＥＵの前身であるＥＥＣ（欧州経済共同体）にも１９６３年に加盟申請しているが、ヨーロッパ諸国はＥＵ結成後もトルコの加盟を拒んできた。

エルドアン政権は、シリアの難民問題に関する対応をめぐって、ＥＵの人権問題における二重基準への批判を強め、トルコがＥＵではなく上海条約機構に加盟する、と発言するに至り、政権内部でも親欧派に代わってユーラシア主義者が勢力を強めており、トルコはヨーロッパ志向からユーラシア主義に大きく舵を切りつつある。

ここにきて、世界の覇権を目指す同床異夢の中露がイスラーム・スンナ派チュルク民族ベルトのイスラーム主義による統合を抑圧するために設立した治安軍事同盟であった上海協力機構は、インドやイランの加盟も視野に入れ、ユーラシアにおける中国文明、ロシア文明、インド文明、イスラーム文明の再興、再編の調整機関に性格を変えつつある。

この文明の再編において、海洋国家から大陸国家へ世界の覇権が移行するという地政学的大変動に呼応し、過去3世紀にわたって世界の覇権国であった海洋国家英米が、英語文明として西洋文明から離脱し西洋文明が分裂する可能性も含め、無限の可能性が開かれている。しかし現在が領域国民国家システムの解体、文明の再編の時代であるにしても、文明の再編が、西欧が世界に蔓延させた自文化中心主義と国家の偶像崇拝に基づく覇権追及の競合である限り、人類の未来に希望はない。

現代において、人々の生活を実際に規定している真の宗教はリヴァイアサンの偶像崇拝、ナショナリズムであり、それはヒューマニティに反し人類の未来に影を落としている。そしてトインビーが指摘した通り、このリヴァイアサンの偶像崇拝、ナショナリズムと戦うことができるのは、覚醒したイスラーム文明、即ちナショナリズムによって分断されたイスラーム世界を再統合するカリフ制しかない、と筆者は信じている。

しかし、カリフ制が世界の再統合に成功するか否かは、「国籍をもたぬ新しいプロレタリアの社会生活に適用されたなら」とトインビーが条件付けた通り、カリフ制の理念が、国籍、文明の違いを超えて、民衆に届く言葉で世界の隅々まで宣べ伝えられることにかかっている。

あとがき

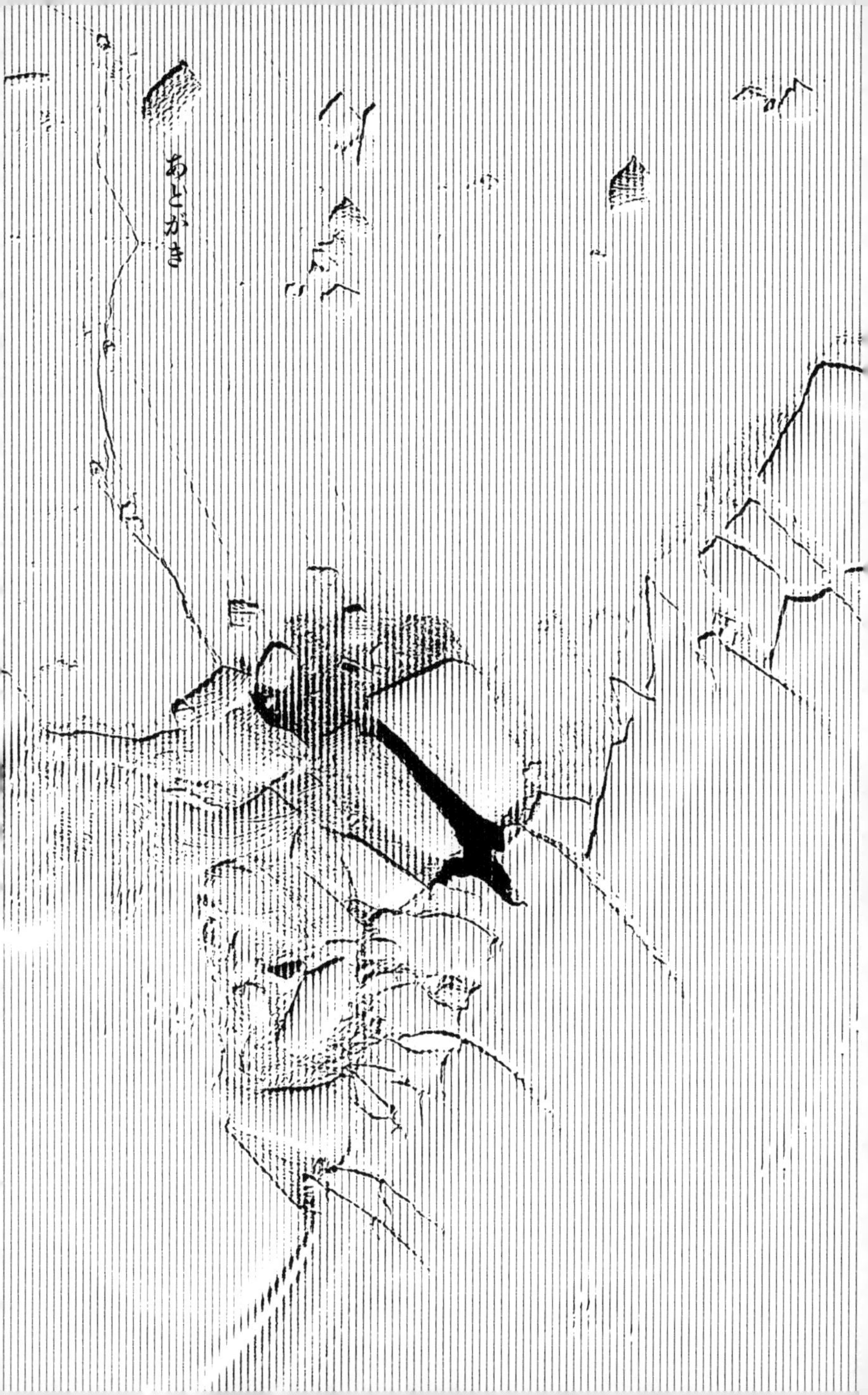

19世紀は西欧列強による世界の植民地化の時代、20世紀が二度にわたる世界大戦による西欧の破産とその破産管財人である米ソによる残務処理の時代であった。そして21世紀は、西欧の覇権の下にあった文明、中国文明、正教／ロシア文明、インド文明、そしてイスラーム文明の再興による、世界的な文明の再編の時代である。

海と陸のシルクロード経済圏の覇者を目指す中国の一路一帯構想、2014年のウクライナ内戦、クリミア危機におけるロシアの介入は、「大陸国家」である中国とロシアが文明の再編の主役であることを白日の下に晒している。しかし、私見によると現在進行中の文明の影の主役は「ダール・イスラーム（イスラームの家）」、あるいはイスラーム世界である。

サミュエル・ハンチントンが指摘した通り、イスラーム文明圏には中核国家が存在しない。シーア派にはまがりなりにも中核国家イランが存在するが、イスラーム教徒の絶対多数を占めるスンナ派は、主導権をめぐってサウジアラビア、トルコ、エジプト、パキスタンなどが競合、対立しており、まとまりを欠く。それゆえ、イスラーム世界の動きは、国家を主たるプレーヤーとする国際政治学の視野には入りにくい。しかしそれゆえにこそ逆にイスラーム世界は、西欧の世界支配の枠組である現行の領域国民国家システム自体を揺るがす可能性を秘めている。

そのことを劇的に示したのが、シリアとイラクの国境を解放し、サイクス・ピコ協定（1916年）を無効化し、領域国民国家システムに風穴を明けたとして、イスラームの合法政体であるカリフ制の復興を宣言した2014年6月の「イスラーム国」の成立であった。「イスラーム国」は、いわゆる「グローバル・テロ」を世界各地で実行し、ムスリム諸国を含める世界の全ての国々に敵対しているが、2017年6月24日現在、陥落が近いと言われながらもなおシリアのラッカとイラクのモスルを維持しており、むしろ東南アジアにまで教勢を広げつつある。

世界中の国々が束になっても「イスラーム国」を滅ぼすことをできない最大の理由は、領域国民国家システムが有する根本的な理念的道義的弱点、すなわち全ての人類は自由で平等に人権を有するとの建前と、領域国民国家が主権を有しそれぞれの「国民」は平等な人権など有していないという現実との間の矛盾、二重基準にある。

あらゆる国籍のムスリムにビザもパスポートもなく移住を呼び掛けた「イスラーム国」に対し、西欧諸国は国民の「イスラーム国」への移住を禁ずる一方で、30万人以上の死者を出した内戦を逃れるシリア難民の受け入れを拒否し、移民排斥運動が起こり、イスラームフォビア、ヘイトクライムの嵐を巻き起こした。１００万人を超えるムスリム難民の流入は西欧のアイデンティティを揺るがしつつある。

実はイスラームの合法政体カリフ制の樹立によるイスラーム世界、即ち、シャリーアの法治空間「ダール・イスラーム」を再興しようという動きは、「イスラーム国」だけのものではない。しかし腐敗した抑圧的な政権が乱立するムスリム諸国では、カリフ制の樹立を公言すれば反体制運動、テロリストとして過酷な弾圧に晒されることになるために、カリフ制再興の動きは、秘密裏に進められてきた。ところが「イスラーム国」によるカリフ制再興宣言は、それらの動きを加速化、可視化させた。なかでも最も重要なのがトルコ・カタル枢軸である。

トルコでは、ナクシュバンディー教団を中心とするオスマン帝国のウラマーとその弟子たちがオスマン・カリフ制再興のプロジェクトを準備していたが、現在のエルドアン政権は、その受け皿となっている。カリフ制再興運動は、定義上、国境を超えたネットワークを必要とするが、トルコのこのカリフ制再興運動が連携したのが、ムスリム同胞団の国際ネットワークであった。

ムスリム同胞団は、領域国民国家システム枠内のアラブ各国で選挙によって合法的に政権を握って、その国をイスラーム国家化し、それらの国々が合邦することでカリフ制を再興する戦略を取っていた。そして、ムスリム同胞団にとって、チャンスは思わぬところからやってきた。「アラブの春」である。「アラブの春」でチュニジアとエジプトで、ベン・アリー独裁政権、ムバーラク独裁政権が崩壊すると、権力の空白を埋めたのは、同胞団であった。「アラブの春」のきっかけとなったチュニジアでは同胞団系のナフダ（覚醒）党が議会第一党となったが、圧倒的により重要だったのは、同胞団の本拠地エジプトである。

エジプトでは同胞団系政党「自由と公正党」が議会第一党となったばかりか、団員のムルスィーが大統領に当選した。ムルスィー政権が成立すると、ナセル政権の弾圧を逃れてカタルに亡命し、同胞団の精神的指導者とみなされるカルダーウィーがエジプトに「凱旋帰国」し、イスラーム学の最高学府アズハルで金曜集団礼拝の導師を務めた。

しかし、「アラブの春」の自国への波及を恐れたサウジアラビアやＵＡＥ（アラブ首長国連邦）は、体制転覆を企んでいるとして、同胞団をテロ組織に認定し弾圧し、エジプトの軍部によるムルスィー政権に対するクーデターを密かに支援し、２０１３年７月軍事クーデターによりムルスィーは逮捕投獄され、クーデターに抗議する同胞団員数百人が殺害されることになった。

エジプト、サウジアラビア、ＵＡＥなどでの激しい弾圧、迫害を逃れた同胞団員に避難所を提供したのがカタルとトルコであった。エジプトで功を急ぎ同胞団ヴァージョンのイスラーム国家化を拙速で進めて失敗しかえって大弾圧を招き、アラブ世界でイスラーム国家を次々と樹立してカリフ制を再興するとの夢が破れた同胞団は、トルコのナクシュバンディー教団と合流してエルドアン政権のカリフ制再興のプロジェクトに参画することになった。

ムスリム同胞団の国際ネットワークを傘下に収めることによってカリフ制再興のプロジェクトの推進に拍車がかかったエルドアン政権であったが、思いがけない障害が現れることになる。それが２０１４年６月の「イスラーム国」のカリフ制再興宣言であった。シリアとイラクに跨る領域に実効支配を打ち立てた「イスラーム国」にカリフ制再興宣言の先を越されたことにより、世俗主義を国是とすることもありカリフ制についての言及を避けロープロファイルでカリフ制再興のプロジェクトを推し進めてきたエルドアン政権は困難な立場に置かれることになった。

「イスラーム国」によるカリフ制再興宣言は、ムスリム諸国だけでなく世界中に、「イスラーム国」の暴力的イメージと結びついた形でカリフ制の存在を知らしめ、それに対する警戒心と敵意を引き起こした。それゆえエルドアン政権は、一方でムスリム同胞団のカリフ制再興プロジェクトを潰そうとするサウジアラビア、ＵＡＥ、エジプトからの敵視だけでなく、カリフ制再興によるイスラーム世界の団結を恐れる欧米、ロシア、中国からも警戒されることになり、カリフ制再興への表立った動きが取り辛くなった。他方、国境を接するシリア、イラクにカリフ制を名乗るイスラーム国が成立することによって、カリフ制再興を希求する支持者が「イスラーム国」に流れないように忠誠をつなぎとめるために自らがカリフ制再興運動の正統な担い手であることを立証しなければならないというジレンマに陥り、ただでさえ多数の「イスラーム国」のシンパを含む250万人にものぼるシリア難民を抱え込んだエルドアン政権は極めて難しい舵取りを迫られることになったのである。

トルコでは2016年7月、未遂に終わった軍の一部によるクーデターが起き、エルドアンは危うく暗殺を免れた。この事件の首謀者はギュレン運動（1960年代のトルコにおいて、フェトフッラー・ギュレンの教えに共鳴した人々から生まれた社会運動）とされるが、ギュレンの亡命先であるアメリカだけでなくUAEも関与が疑われている。そして2017年6月5日にはサウジアラビア、UAE、エジプトがテロ支援を口実にカタルと断交し、カタルへの輸出入、カタル機の領空通航を禁止、カタル人を国外追放し、その後イエメン、バーレーン、モーリタニア、モルジブ、リビア（東部政府）が追随した。

アメリカのブッシュ政権が引き起こした「テロとの戦い」によるアフガニスタンのターリバーン政権、イラクのサッダーム・フサインの崩壊に始まった中東イスラーム世界の「液状化」のプロセスは、「アラブの春」を経て、オスマン（カリフ）帝国の本拠地トルコ、そしてイスラーム発祥の地アラビア半島にまで及び一挙に加速化し可視化されつつある。

トルコとカタルはダモクレスの剣（一触即発の危険な状態）の下にある。この後書を執筆しているときから、本書が書店に並ぶまでの間にクーデターがいつ起きてもおかしくない。しかし、混迷を深めつつあるのは、中東イスラーム世界だけではない。第二次世界大戦後、自滅、自己破産した西欧に代わってその覇権を管理したアメリカの力が不可逆的に弱まり、ロシア文明、中国文明が再び自己主張を始めたことにより、ハンチントンが言うところの「文明の断層線（フォルト・ライン）」の、そこここで紛争が火を噴きつつある。

欧米の没落は、アメリカの経済、軍事的力の衰えだけによるものではない。それはなによりも西欧の道義的力、即ち「自由民主主義」の欺瞞が、インターネットによる情報のグローバリゼーションの進行の中で、もはや維持し誤魔化し通すことができなくなったことによる。独裁者たち、そして「テロとの戦い」などの名の下にやってきた国連や欧米の侵略者たちの兵器によりなす術もなく殺される人々を見殺しにするだけでなく、そこから逃げ延びて来る者の移動の自由を奪い、国境という牢獄の檻の扉を閉ざし、キリングフィールドに閉じ込める「欧米」には、もはや自由、人権、民主主義、そして文明の擁護者を名乗る資格はない。

そして、これまでの偽善の仮面をかなぐり捨てて、あからさまな差別主義、排外主義を公言する勢力の台頭が欧米でも目立ち始めた。自由世界の擁護者を自任し、「移民の国」の異名を取るアメリカで、移民排斥、特にムスリム移民の入国禁止を公約として掲げたトランプが大統領に当選したことはそれを象徴する出来事であった。

欧米で顕在化しつつあるのは、領域国民国家システムの中で偽善的にオブラートに包まれ明言されずにきたナショナリズムの民族差別主義、排外主義だけではない。より本質的な問題は、欧米がこれまで自らのアイデンティティの拠り所としてきた自由、人権が次々と失われつつあることである。9・11アメリカ同時多発攻撃事件を機に、ブッシュ元大統領が制定した愛国者法を皮切りに、テロ対策を口実とする自由と人権の制限が、西欧諸国で進行しつつある。

それは勿論、西欧に限ったことだけではない。偽善的ではあっても、これまで自由と人権の擁護者の役目を演じてきた欧米、特に「世界の警察」を気取ったアメリカが、その役目を放棄したことにより、箍がはずれたロシアや中国のような旧共産圏の全体主義諸国、独裁者たちが支配する第三世界の国々は「テロとの戦い」を口実に、ますます人権を蹂躙し抑圧体制を強化しつつある。

東アジアの中国、韓国、北朝鮮、日本におけるナショナリズムの差別主義、排外主義の高まりも、このグローバルな動きの一環である。そして第二次世界大戦の敗戦後、米の占領の下での改憲によって国民を主権者とする国家に生まれ変わり欧米自由民主主義陣営に組み込まれたとはいえ、戦前のファシズムの十分な清算をすませることなく、西欧流の自由主義、民主主義、人権などの価値観を表層的にしか内面化してこなかった日本において、現在、欧米から、極右と呼ばれる政権によって特定機密保護法、共謀罪などが制定され、警察国家化が進行しているのは、むしろ当然とも言えよう。

筆者は、1986年から1992年にかけてムバーラク独裁政権のエジプト、故ファハド国王が専制政治を行うサウジアラビアで暮らしていたが、日本の現状には、奇妙な既視感を抱かざるをえない。まだ大きな隔たりがあるとはいえ、日本は着実に中東の独裁、専制国家への道を歩みつつあるように思われる。

これまで日本は、市民革命で民主化を達成した先進欧米諸国を範として学び近代化を進めてきた。麻生副総理は「ナチスの手口に学べ」と発言し物議をかもしたが、現代日本がモデルとしているのは、もはや欧米ではなく、中東諸国なのかもしれない。世界システム論者のイマニュエル・ウォーラーステインは、西欧は世界を、自らの属する西欧近代文明社会、他者たる近代以前の高文明社会、未開社会に分け、西欧近代文明社会の認識には社会科学（社会学、経済学、政治学、社会心理学ｅｔｃ．）、高文明社会の認識には東洋学（オリエンタリズム）、未開社会の認識には人類学を割り振ってきた。しかしグローバリゼーションと世界システムの一体化がここまで進行した現在、この認識論的分断はもはや維持できない。

そして皮肉なことにグローバリゼーションは、「進んだ」西欧によって啓蒙された世界ではなく、「遅れた東洋」の「専制」抑圧体制が西欧に浸透し、ハイブリッドな全体主義的システム独裁警察国家のジョージ・オーウェル的ディストピアを生み出そうとしているようにも見える。

そうであるならば、我々に今求められているのは、これまで「他者」として排除してきた「東洋（オリエント）」、特にエドワード・サイードの『オリエンタリズム』が主たる研究対象とした中東・イスラーム世界を、相互に絡まり支え混ざり合い一つのシステムを構成する同時代現象の一部として、自分たちの主体的な自己認識の中に組み込むことであろう。

本書が、イスラーム研究の立場から、我々が目の当たりにしているリアルタイムの帝国の復興と文明の再編のプロセスを描き出した所以である。30万人の死者、500万人の難民を出したシリア内戦は我々と無関係な遠い世界の問題ではない。「テロ」対策の名の下に万単位の国民を平然と殺すことができるアサド政権は、ブッシュの「テロとの戦争」が生み出した警察国家のディストピアの戯画であり、それは明日の日本の姿かもしれない。そして過去において多くの文明と共存し、それを統合し発展してきたイスラーム文明の歴史の中には、西欧文明の病理であるナショナリズムの差別主義、排外主義と、全体主義的システム独裁に対する解毒剤、有効な処方箋が見つかるかもしれない。

文明の再編は歴史の必然であるが、不幸なのは、世界的な政治の劣化の中でそれが行われつつあることとである。ブッシュは「対テロ」戦争の名の下に、アフガニスタンでターリバーン政権、イラクでサダム・フセイン政権を打倒した。軍事的には、勝敗の帰趨は最初から明らかであったが、政権崩壊後の青写真が描けないために、イスラーム地域研究者たちはおしなべて軍事行動に反対であった。ところがブッシュは圧倒的な軍事力、経済力があれば軍事的な制圧のみならず、その後の民主化、西欧化も容易であると考えて軍事行動に踏み切った。そしてその結果として、アフガニスタンでは国土の7割から8割がターリバーンの支配下に入り、イラクでは「イスラーム国」が樹立されるなど、両国は破綻国家化することになったのである。占領軍に対するレジスタンスが殆ど皆無であった第二次世界大戦後のドイツ、日本におけるアメリカの占領行政と比べても、今日のアメリカ政治の劣化は誰の目にも明らかである。

アメリカのネオリベラリズムに見られるように、病膏肓に入った資本主義社会において、資本は、あらゆるものを物理的な形を取り数量化され計算可能で短期的に確実な利益が見込めるものに還元し支配しようとするようになるが、そうした視野が狭く単眼的な資本主義的思考様式が至らしめるところが、現在欧米だけでなく日本でも進行しつつある政治の劣化なのである。

文明の再編がカタストロフをもたらさないためには、こうした政治の劣化に歯止めをかけねばならない。そのためには軍事や経済だけではなく、現在なお命脈を保っている諸文明が千年以上にわたって存続することを可能にさせたその基底にある世界観、即ち人間の生を宇宙と歴史と社会の中に位置づけ、生きる意味と行動の指針を与える宗教が蓄積してきた叡智に再び目を向け、謙虚に耳を傾ける必要がある。本書が、読者諸賢を今もなお生きる宗教の叡智の学びへと誘うことができれば筆者にとって望外の喜びである。

豊島区南長崎の寓居にて

２０１７年６月　中田考

参考文献

・井筒俊彦『イスラーム文化―その根柢にあるもの』岩波書店、一九九一年
・松山洋平『イスラーム神学』作品社、二〇一六年
・小杉泰『イスラームとは何か～その宗教・社会・文化』講談社、一九九四年
・井筒俊彦『イスラーム思想史』中央公論新社、二〇〇五年
・中田考『イスラームの論理』筑摩書房、二〇一六年
・鎌田繁『イスラームの深層「遍在する神」とは何か』NHK出版、二〇一五年
・井筒俊彦『イスラーム哲学の原像』岩波書店、一九八〇年
・中田考『イスラーム 生と死と聖戦』集英社新書、二〇一五年
・内藤正典・中田考『イスラームとの講和 文明の共存をめざして』集英社、二〇一六年
・中田考『私はなぜイスラーム教徒になったのか』太田出版、二〇一五年
・宮崎正勝『世界史の誕生とイスラーム』原書房、二〇〇九年
・中田考・橋爪大三郎『クルアーンを読む』太田出版、二〇一五年
・大塚和夫『イスラーム的 世界化時代の中で』講談社、二〇一五年
・濱田正美『中央アジアのイスラーム』山川出版社、二〇〇八年

・酒井啓子『〈中東〉の考え方』講談社、二〇一〇年
・中田考『カリフ制再興 ―― 未完のプロジェクト、その歴史・理念・未来』書肆心水、二〇一五年
・中田考監修・黎明イスラーム学術・文化振興会編・中田香織訳、下村佳州紀訳『日亜対訳 クルアーン ――「付」訳解と正統十読誦注解』作品社、二〇一四年
・中田考『イスラーム法とは何か?』作品社、二〇一五年
・トインビー著・長谷川松治訳『歴史の研究1〜3〈サマヴェル縮刷版〉』社会思想社、一九七五年
・アーノルド J・トインビー著・深瀬基寛訳『試練に立つ文明』社会思想社、一九六六年
・田中明彦『新しい中世―相互依存深まる世界システム』日本経済新聞社、二〇〇三年
・田中明彦『ポスト・クライシスの世界―新多極時代を動かすパワー原理』日本経済新聞社、二〇〇九年
・チャールズ・クローヴァー著・越智道雄訳『ユーラシアニズム ロシア新ナショナリズムの台頭』NHK出版、二〇一六年
・浜由樹子『ユーラシア主義とは何か』成文社、二〇一〇年
・小松久男編著『テュルクを知るための61章』明石書店、二〇一六年
・遠藤乾『欧州複合危機 苦悶するEU、揺れる世界』中央公論新社、二〇一六年
・ヘドリー・ブル著・臼杵英一訳『国際社会論―アナーキカル・ソサイエティ』岩波書店、二〇〇〇年
・ミシェル・ウエルベック著・大塚桃訳『服従』河出書房新社、二〇一五年
・J・J・ルソー著・桑原武夫訳、前川貞次郎訳『社会契約論』岩波書店、一九五四年
・三木亘『世界史の第二ラウンドは可能か―イスラム世界の視点から』平凡社、一九九八年
・池内恵『【中東大混迷を解く】サイクス=ピコ協定 百年の呪縛』新潮社、二〇一六年
・エドワード・W・サイード著・今沢紀子訳『オリエンタリズム〈上・下〉』平凡社、一九九三年
・山本雅男『ヨーロッパ「近代」の終焉』講談社、一九九二年

・フィリップ・K・ヒッティ著・岩永博訳『アラブの歴史〈上・下〉』講談社、一九八二年〈上〉、一九八二年〈下〉
・伊東俊太郎『十二世紀ルネサンス』講談社、二〇〇六年
・タミム・アンサーリー著・小沢千重子訳『イスラームから見た「世界史」』紀伊國屋書店、二〇一一年
・梅棹忠夫『文明の生態史観』中央公論社、一九九八年
・井筒俊彦『意識と本質―精神的東洋を索めて』岩波書店、一九九一年
・佐々木力『数学史入門―微分積分学の成立』筑摩書房、二〇〇五年
・E・フロム著・飯坂良明訳『ユダヤ教の人間観』河出書房新社、一九八〇年
・M・K・ユルゲンスマイヤー著・阿部美哉訳『ナショナリズムの世俗性と宗教性』玉川大学出版部、一九九五年
・廣瀬徹也著・ユーラシア研究所ブックレット編集委員会編集『テュルク族の世界―シベリアからイスタンブールまで』東洋書店、二〇〇七年
・坂本勉『トルコ民族の世界史』慶應義塾大学出版会、二〇〇六年
・エマニュエル・トッド著・堀茂樹訳『シャルリとは誰か？　人種差別と没落する西欧』文藝春秋、二〇一六年
・イマニュエル・ウォーラーステイン『社会科学をひらく』藤原書店、一九九六年

*「ムハンマド」は多岐にわたり登場するため割愛します。

す

せ

そ

た

ち

て

と

人名索引

あ

中田 考 なかた・こう

一九六〇年生まれ。同志社大学客員教授。一神教学際研究センター客員フェロー。八三年イスラーム入信。ムスリム名ハサン。灘中学校、灘高等学校卒。早稲田大学政治経済学部中退。東京大学文学部卒業。東京大学大学院人文科学研究科修士課程修了。カイロ大学大学院哲学科博士課程修了(哲学博士)。クルアーン釈義免状取得、ハナフィー派法学修学免状取得、在サウジアラビア日本国大使館専門調査員、山口大学教育学部助教授、同志社大学神学部教授、日本ムスリム教会理事などを歴任。著書に『イスラームのロジック』(講談社)、『イスラーム法の存立構造』(ナカニシヤ出版)、『イスラーム 生と死と聖戦』(集英社)、『カリフ制再興』(書肆心水)。監修書に『日亜対訳クルアーン』(作品社)。

帝国の復興と啓蒙の未来

二〇一七年七月二八日　第一刷発行

著者　中田考
編集発行人　穂原俊二
営業担当　森一暁
発行所　株式会社太田出版
〒一六〇-八五七一　東京都新宿区愛住町二二　第三山田ビル四階
電話〇三-三三五九-六二六二　FAX〇三-三三五九-〇〇四〇
振替〇〇一二〇-六-一六二一六六
ホームページ http://www.ohtabooks.com/
印刷・製本　㈱シナノパブリッシングプレス
978-4-7783-1585-6 C0030